ANG
MENSAHE
SA
KRUS

ANG
MENSAHE
SA
KRUS

Dr. Jaerock Lee

URIM
BOOKS

ANG MENSAHE SA KRUS ni Dr. Jaerock Lee
Gimantala sa Urim Books (Tinugyanan: Seongkeon Vin)
361-66, Shindaebang-Dong, Dongjak-Gu, Seoul, Korea
www.urimbooks.com

Katungod Pagpanag-iyag Sinulat © 2013 ni Dr. Jaerock Lee
ISBN: 978-89-7557-698-0
Ang Paghubad Katungod Pagpanag-iyag Sinulat © 2012 ni Dr. Esther K. Chung. Gigamit na may pagtugot.

Gimantala og una sa Korean paagi sa Urim Books kaniadtong 2002

Naunang Gimantala Abril 2013

Gihikay pagpatik ni Dr. Geumsun Vin
Gidibuho sa Editoryal na Buhatan sa Urim Books

Para sa dugang nga kasayuran pagduol sa urimbook@hotmail.com

V

UNANG PAMULONG

Gipangandoy kanimo nga imong masabtan ang kasingkasing sa Dios ug ang Iyahang dako nga plano sa gugma ug magbutang ug magahi nga sukaranan para sa imong pagtoo.

Gidala sa *Ang Mensahe sa Krus* ang dili-maihap nga mga tawo sa dalan sa kaluwasan sukad sa 1986 ug gipasundayag ang daghang mga buhat sa Espiritu Santo paagi sa daghan nga mga krusada. Sa kaulahian, gipakabulahan ko sa Dios nga Amahan nga imantala kiini. Akong gihatag ang tanang pagpasalamat ug himaya Kaniya!

Nag-ingon ang daghang mga tawo nga nitoo sila sa Dios nga Mamumugna ug nakaila sa gugma sa Iyahang Anak nga Hesukristo, apan dili makahimo nga magwali sa ebanghelyo nga may pagsalig. Sa katinuoran, pipila lang nga mga Kristiyano ang makasabot sa kasingkasing ug kabubut-on sa Dios. Sa dugang pa, ang ubang mga Krsitiyano hingbulag sa Dios tungod mi wala pa sila makadawat ug matin-aw nga mga katubagan sa daghang mga pangutana nga gipakita sa Biblia ug mi dili pa makasabot sa kahibudnganan sa kabubut-on sa gugma sa Dios.

Sa pananglitan, unsa man ang imong isulti kung ikaw pangutan-on sa musunod nga tulo ka mga pangutana: "Nganong gibutang man sa Ginoo ang kahoy sa kahibalo sa maayo ug dautan ug gitugutan nga mukaon ang tawo gikan sa kahoy?" "Nganong gihimo man sa Dios ang impiyerno bisan pa og Iyahang gisakripisyo ang Iyahang Anak nga si Hesukristo?" ug "Nganong si Hesus ra man ang *bugtong* nga Manluluwas?"

Dili pa nako takos sarang nga masabtan ang halawom nga kabubut-on sa Dios sa minugna ug ang Iyahang sekreto nga kabubut-on nga gitago sa krus sa panahon sa unang pipila ka mga tinuig sa akong kinabuhi nga pagkaKristiyano. Pagkahuman nga ako gitawag ingon sa usa ka ministro sa ebanghelyo, gisugdan nako ug pangutana ang akong kaugalingon, "Unsaon nako pagdala sa daghang tawo sa dalan ngadto sa kaluwasan ug himayaon ang Dios?" Gipahayag nako nga angay nakong masabtan ang tanan nga mga Pulong sa Biblia lakip ang mga panudlo nga lisod hangpon paagi sa interpretasyon sa Dios ug ang pagwali kanila sa ibabaw sa kalibotan. Nagpuasa ako kanunay ug nangampo para niini. Pito ka tuig ang hinglipas kanhi gisugdan sa Dios ang pagpapadayag kanila.

Kaniadtong 1985, samtang gapangampo ko ug tinood, gipuno ko sa Espiritu Santo. Gisugdan Kaniya og paghubad sa tinago nga sekreto nga kabubut-on sa Dios. Kini ang "Mensahe sa Krus". Giwali kini kanako matag Domingo sa buntag nga pagsimba sa biente-uno ka mga semana. Gi-impluwensiya sa mga cassette tapes nga "Mensahe sa Krus" ang daghang mga tawo sa sulod ug sa gawas sa pungsod. Bisag asa giwali ang "Mensahe sa

Krus," ang Espiritu Santo nagtrabaho og murag nagdilaab nga kayo. Daghang mga tawo ang hingbasul sa ilang mga sala ug natambalan sa ilang mga sakit o balatian. Gilabay nila ang tanang mga pagduda mahitungod sa kabubut-on sa Dios ug nakaangkon sa tinuod nga pagtoo ug ang kinabuhi nga walay-katapusan. Hangtud niini, wala nila mailhan ang Dios ug ang Iyahang tukma nga halawom nga gugma. Gisugdan nila ug pagsabot sa plano sa Dios, mailhan Siya, ug maglaom para sa walay-katapusan nga kinabuhi paagi kining mensahe.

Kon klaro nimong nasabtan nganong gibutang sa Dios ang kahoy sa kahibalo sa maayo ug dautan sa Tanaman sa Eden, imong masabtan ang Iyahang kabubut-on para sa pagpa-ugmad sa katawhan ug higugmaon og labing pag-ayo ang Dios. Sa dugang pa, sa pagkasayod sa tinuod nga katuyoan sa imong kinabuhi, mahimo nimong magpaningkamot batok sa imong mga sala, sa punto nga magpaagas ug dugo, sulayan ug labing-maayo nga mapag-amgid ang kasingkasing sa Ginoong Hesukristo, ug magmatinuohon sa Dios ngadto sa punto nga kamatayon.

Ipakita kanimo sa *Ang Mensahe sa Krus* ang sekreto sa kabubut-on sa Dios nga gitago sa krus ug tabangan ka nga magbutang og magahi nga pundasyon para sa tinuod ug maayo nga Kristiyano nga kinabuhi. Busa, bisan kinsa nga makabasa niining libro mahimo makasabot sa halawom nga kabubut-on ug gugma sa Dios, adunay tinuod nga pagtoo, ug magtukod ug magpadulong sa Kristiyano nga kinabuhi aron mahimong himuot sa Iyahang mga mata.

Akoang gihatag ang tanan nakong mga pagpasalamat ni Dr.

Geumsun Vin, ang Direktor ug and iyahang mga sakop sa Editorial Bureau sa Urim Books kung kinsa ang naghimo sa tanang mga paningkamot aron mamantanla kining buhat.

Unta dili-maihap nga mga tawo ang makasabot sa halawom nga kabubut-on sa Dios, mailhan ang Dios sa gugma, ug maluwas ingon sa tinuod nga mga anak sa Dios—ang tanan kini akong gi-ampo sa pangalan sa Ginoong Hesukristo!

Jaerock Lee

PAILA-ILA

Ang Mensahe sa Krus mao ang kaalam ug gahom sa Dios, ug usa ka gamhanan nga mensahe nga kinahanglan gakson sa matag usa ka Kristiyano sa bug-os nga kalibotan!

Akong gihatag ang tanang pagpasalamat ug himaya sa Dios nga Amahan kung kinsa ang naghimo sa tanang mga paningkamot aron mamantanla kining *Ang Mensahe sa Krus*. Busa daghang mga miyembro sa Manmin palibot sa kalibotan nagpaabot sa pagmantala niini. Kining libro naghatag ug tin-aw nga mga tubag sa daghang mga pangutana nga nagpahibulong sa daghang mga Kristiyano: 'Unsa man ang Dios nga Mamumugna sa wala pa ang signugdanan?' 'Nganong gibuhat man sa Dios ang tawo ug gitugutan nga mabuhi niining kalibotan? 'Nganong gibutang man sa Dios ang kahoy sa kahibalo sa maayo ug dautan sa Tanaman sa Eden? 'Nganong gipadala man sa Dios ang Iyahang usa ug bugtong nga Anak ingon sa usa ka pambayad-sala nga sakripisyo?' 'Nganong giplano man sa Dios ang kabubut-on sa kaluwasan paagi sa sagalsalon nga kahoy nga krus?' ug sa daghan pang mga pangutana, ug uban pa.

Nasakop niining libro ang gipuno-sa-espiritu nga mga mensahe nga giwali ni Dr. Jaerock Lee ug gipahayag nimo nga mahibaw-an ug masabtan ang halawom, halapad, ug dako nga gugma sa Dios.

Kapitulo 1, "Ang Dios nga Mamumugna ug ang Biblia," gipaila kanimo ang Dios ug unsaon Niya magpaningkamot apil kaninyo. Paagi kining Kapitulo makapangita ka ug mga ebidensya sa buhi nga Dios ug makamatngon sa pagkatinuod sa Biblia mahitungod sa kasaysayan sa katawhan. Sa dugang pa, gipamatud-an niini ang teyorya nga ebolusyon dili-tinuod ug ang binuhat sa Dios mao'y tinuod.

Kapitulo 2, "Gibuhat sa Dios ug Gipa-ugmad ang Tawo" gisaksihan nga ang Dios nagbuhat sa tanang mga butang sa kalibotan ug giumol ang tawo sa Iyang dagway. Sa dugang pa, kining Kapitulo nagpanudlo sa tinuod nga kahulogan sa kinabuhi sa tawo, ug ang Iyahang tuyo sa pagpadako sa mga tawo ingon sa Iyahang tinuod nga espirituwal na mga anak.

Kapitulo 3, "Ang Kahoy sa Kahibalo sa Maayo ug Dautan," naghatag sa mga tubag sa mga pagasaligan nga pangutana sa tanang mga Kristiyano: Nganong gibutang man sa Dios ang kahoy sa Kahibalo sa Maayo ug Dautan? Kining Kapitulo detalyado nga nagpatin-aw sa rason ug mutabang kanimo sa pagsabot sa halawom nga gugma ug kahibudnganan sa kabubut-on sa Dios nga nagpa-ugmad sa mga tawo kining kalibotan.

Kapitulo 4, "Ang Sekreto nga Gitago Sa Wala Pa Gisugdan ang Panahon," gipatin-aw ang kalabotan sa tunga sa balaod sa paglukat sa yuta ug ang espirituwal nga balaod sa kaluwasan sa katawhan (Levitico 25). Gipatin-aw sad nga ang tanang tawo kinahanglan nga muadto sa paagi nga kamatayon tungod sa ilahang mga sala apan giandam na sa Dios ang kahibulongan nga paagi sa ilahang kaluwasan sukad sa wala pa gisugdan ang panahon. Sa katapusan, gipanudlo niini ug nganong gitagoan sa Dios ang dalan sa kaluwasan sa katawhan hangtod sa panahon nga Iyahang pilion ug unsa katakus si Hesus alang sa mga kondisyon sa balaod sa paglukat sa yuta.

Kapitulo 5, "Nganong Si Hesus man ang Atong Bugtong nga Manluluwas?" nagpatin-aw ug unsa ang plano sa Dios para sa kaluwasan sa katawhan nga gitagoan sukad sa wala pa gisugdan ang panahon gituman pinaagi kang Hesus, ang rason sa Iyahang paglansang, ang mga pagkabulahan ug mga katungod sa mga anak sa Dios, Ang kahulogan sa pangalan nga "Hesukristo," ang rason nganong walay ubang pangalan nga gihatag ang Dios apan Hesukristo sa silong sa langit kung hain ang mga tawo kinahanglan maluwas, ug sa pagpadayon mabati kanimo ang dili-masukod nga gugma sa Dios kon ikaw makasabot sa espirituwal nga implikasyon sa mensahe nga gipahulagway sa kining Kapitulo.

Kapitulo 6, "Ang Kabubut-on sa Krus" nagpatin-aw kanimo ug halawom nga mga kahulogan sa mga sakripisyo ni Hesus.

Nganong gipanganak man si Hesus sa toril sa mga sapat ug gibutang sa pasongan kon Siya ang tinuod nga Anak sa Dios? Nganong pobre man Siya sa tanan Niyang kinabuhi? Nganong gibunal man siya sa bug-os Niyang lawas, gikoronahan ug mga tunok, ug gilansang lahos sa Iyahang mga tiil ug mga kamot? Nganong hing-antos man Siya sa kasakit ngadto sa punto nga gipaagas Niya ang tanang dugo ug tubig?

Kining Kapitulo naghatag sa tukma nga mga tubag sa ingon niining mga pangutana ug mutabang nimo sa pagsabot sa espirituwal nga implikasyon sa Iyahang mga sakripisyo. Ang tanang mga sakit ug mga kadaut kuyog ang mga problema parehas sa kapobre, ang dili pag-uyonay sa pamilya, kalisod sa negosyo, ug uban pa masulbad paagi sa imong pagsabot ug pagtoo sa espirituwal nga mga kahulogan sa mga sakripisyo ni Hesus. Ang kining Kapitulo mutabang nimo nga makasayod kining halawom nga gugma sa Dios, magpalayo sa bisag unsang klase sa kadaut, ug musalmot sa langitnon nga kinaiya.

Kapitulo 7, "Ang Siete Palabras ni Hesus sa Krus," nagpatin-aw sa espirituwal nga implikasyon sa siete palabras ni Hesus sa krus katong hana Siyang mamatay. Paagi sa siete palabras sa krus, natuman Niya ang Iyahang misyon nga nadawat Niya gikan sa Iyahang Dios nga Amahan. Gipalutaw niining Kapitulo nga kinahanglan nimong masabtan ang dako nga gugma ni Hesus para sa katawhan, maghuwat sa Iyahang Ikaduhang Pag-abot, ug makig-away sa maayong pag-away ngadto sa katapusan nga may paglaom para sa pagkabanhaw.

Kapitulo 8, "Ang Tinuod nga Pagtoo ug ang Walay-Katapusan nga Kinabuhi," nagsugid kanimo nga hingpakig-usa kita uban ang Pamanhonon nga si Hesukristo uban lamang sa tinuod nga pagtoo. Ang Biblia nagpasidaan sa pipila nga muingon nga sila nitoo sa Manluluwas nga si Hesukristo apan dili maluwas sa Adlaw sa Paghukom. Ang Biblia hingbutang og kabug-at dili lamang sa pagdawat ni Hesukristo apan ang pagkaon sad sa unod sa Anak sa Tawo ug ang pag-inom sa Iyahang dugo aron maabot ang walay-katapusan nga kaluwasan. Makakuha ka og tinood nga pagtoo nga makadala nimo ngadto sa dalan sa kaluwasan kon imohang kan-on ang Iyahang unod ug imnon ang Iyahang dugo. Gipanudlo sad kining Kapitulo nimo ang kinaiya sa tinood nga pagtoo, unsaon pag-angkon niini, ug unsa ang kinahanglan nimong himuon aron maabot ang bug-os nga kaluwasan.

Kapitulo 9, "Aron Mapanganak sa Tubig ug sa Espiritu," hinghisgot og una sa pagsinultihay ni Hesus ug Nicodemo. Ang kining pagkahinabi naghuman sa *Ang Mensahe sa Krus*. Ang imong kasingkasing kinahanglan nga kanunay bag-ohon paagi sa tubig ug ang Espiritu Santo hangtud sa pagbalik ni Hesukristo ug kinahanglan nimong padayunon nga walay-lama ang imong bug-os nga espiritu, kalag, ug lawas sa Ikaduhang Pag-abot sa Ginoong Hesukristo, ang panahon kung hain ang Ginoo mudawat nimo ingon sa Iyahang maanyag nga pangasaw-onon.

Kapitulo 10, "Unsa Man and Erehiya?" nag-usisa paingon sa

erehiya ug nagpakighisgot sa negatibo ug dili tinood nga pagsabot sa daghang Kristiyano nga aduna niini. Sa karon, daghang mga tawo ang nagsayop o nagbasol sa mga kusog nga binuhatan sa Dios maingon nga masupakon o danghag nga sayop tungod wala sila makahibalo sa biblikal nga kahulogan sa erehiya. Gipasidan-an kining Kapitulo kanimo nga kinahanglan dili nimong basolon o sudyaan ang mga buhat sa Espiritu Santo maingon nga erehitikal ug nagpatin-aw og unsaon nimo angay mailhan ang Espiritu sa kamatuoran ug ang espiritu sa kasaypanan, ug mahitungod sa erehitikal nga mga denominasyon. Sa katapusan, gipalutaw niining Kapitulo nga kinahanglan kanimong padayon nga magbantay ug mag-ampo ug magpuyo sa kamatuoran aron dili mahulog sa mga pagpanulay sa espiritu sa kasaypanan.

Ang apostol nga si Pablo nag-ingon mahitungod sa mensahe sa krus, ang kaalam sa Dios, sa 1 Korinto 1:18, *"Nga kabuangan ang pulong sa krus sa mga mangamatay, apan sa ato nga maluwas kini ang gahom sa Dios."* Bisan kinsa mahimo nga makaangkon sa tinood nga pagtoo, mailhan ang buhi nga Dios ug magpangalipay sa usa ka Kristiyanong kinabuhi sa kinapun-an kon iyahang masabtan ang tinagong sekreto sa krus ug makamatngon sa halawom nga kabubut-on nga dako nga gugma sa Dios para sa katawhan.

Ang Mensahe sa Krus mao ang sukaranon nga panudlo sa imong kinabuhi. Busa, giampo nako sa pangalan sa Ginoo nga mahimo nimong mabutang ang pundasyon para sa imong

Kristiyano na kinabuhi ug maabot ang bug-os nga kaluwasan ug walay-katapusan nga kinabuhi.

Geumsun Vin
Diretor da Bureau Editorial

LISTA SA MGA UNOD

Kapitulo 1

ANG DIOS NGA MAMUMUGNA UG ANG BIBLIA

- Ang Dios ang Mamumugna
- Ako Man ang Mao AKO
- Ang Dios Nakahibalo-sa-Tanan ug Makagagahom-sa-Tanan
- Ang Dios ang Tagsulat Sa Biblia
- Ang Matag Usa nga Pulong sa Biblia Tinuod

"Sa sinugdan gibuhat sa Dios ang mga langit ug ang yuta."

Genesis 1:1

Daghang mga tawo niining kalibotan nagpamugos nga walay Dios. Aduna sad ubang mga tawo nga hingsimba sa mga dios nga gibuhat sa imahinasyon sa tawo o naghimo ug mga dagway sa mga binuhat sa Dios ug gisimba sila ingon sa mga dios. Bisan pa nga dili nato Siya makita, buhi gayud ang Dios, ug adunay usa lang ka Dios kon kinsa kinahanglan natong simbahon. Ang Dios ang mamumugna niining kalibotan, sa tanang mga butang, ug ang katawhan. Siya ang nagpamuno ug ang hukom sa tanang mga butang.

Unsa man klaseng linalang ang Dios? Sa katinuoran, dili man sayon para sa tawo ang mupatin-aw mahitungod sa Dios. Ang tawo usa ra ka binuhat. Gilabawan man sa Dios ang tanang limitasyon sa tawo. Walay kinotuban ug walay utlanan. Ang Dios bisan unsaon nato ug paghunahuna sa atong kaalam, dili kita makapuno og pagsabot ug makahibalo mahitungod sa Dios.

Bisan dili kita makapuno og kahibalo mahitungod sa Dios, adunay kita'y mga sukarunon nga kinahanglan masayran ingon sa mga anak sa Dios. Ang masukaron nga mga punto patinoon sa pagdetalye.

Ang Dios ang Mamumugna

Karon, adunay daghang mga libro sa kalibotan, apan walay lain nga libro kon dili ang Biblia ang maghatag kanimo ug detalyado ug klaro nga mga tubag sa mga pangutana mahitungod sa gigikanan ug pagbuhat sa kalibotan, ug ang sinugdan ug ang katapusan sa katawhan.

Hinghatag ang Biblia og klaro nga tubag sa pangutana sa gigikanan sa kalibotan ug ang kinabuhi. Gisulti sa Genesis 1:1, *"Sa sinugdan gibuhat sa Dios ang mga langit ug ang yuta"* ug mabasa sa Mga Hebreohanon 11:3, *"Tungod sa pagtoo kita makasabot nga ang kalibotan gibuhat pinaagi sa pulong sa Dios, nga tungod niana ang mga butang nga makita gibuhat gikan sa mga butang nga wala magpadayag."*

Dili ang tanang makita nabuhat gikan sa butang nga diha na. Gibuhat kiini gikan sa "wala" suno sa sugo sa Dios.

Ang tawo makahimo og usa ka butang gikan sa usa pa ka butang nga naa na, parehas sa, paglain og porma o pagtipon sa mga materyal nga naa na aron makabuhat og usa ka butang apan dili siya makabuhat og usa ka butang gikan sa wala.

Dili mahanduraw nga ang tawo makabuhat og usa ka buhi nga organismo. Bisan pa nga iyaha nang napa-ugmad ang syentipiko nga teknolohiya igo nga makahimo og artipisyal nga kaalam (artificial intelligence (A. I.)) nga mga kompyuter o mga clone nga mga karnero, dili gani siya makabuhat bisan usa ka ameba gikan sa wala.

Busa, gipanguha ra sa mga tawo ang mga buhi nga mga organismo gikan sa mga butang nga gitahag sa Dios, ug gitipon kanila sa nagkalainlain nga mga pamaagi. Kinahanglan masayod kanimo nga wala na'y labaw ana.

Sa ingon niini, kinahanglan masayod kanimo nga ang Dios lamang ang gayud makabuhat og usa ka butang gikan sa wala. Ang Dios lamang nga Mamumugna ang hingbuhat sa kalibotan sa Iyahang sugo ug pagdumala sa tibuok nga kalibotan, ang kasaysayan sa kalibotan, ang kinabuhi ug ang kamatayon, ug ang mga himaya ug ang mga paghimaraot sa katawhan.

Ebidensiya nga Mohimo Kanimo nga Motoo sa Dios nga Mamumugna

Ang tanan–balay, lamesa, o lansang–gidisenyo sa usa ka linalang. Mao nga bisag dili pa isulti adunay manog disenyo niining lapad nga kalibotan. Aduna gayud nga tag-iya nga hingbuhat niini ug si kinsa mao'y nagdumala niini. Kini ang Dios nga Mamumugna kon asa ang Biblia nagbalikbalik og sulti kanimo.

Kon magtan-aw ka sa palibot, adunay dagaya nga ebidensiya sa mga binuhatan. Para sa sayon nga ehemplo, hunahunaa ang kadako nga gidaghanon sa mga tawo sa kalibotan. Walay bali sa rasa, edad, og lalake ba o babaye, estado sosyal, ug unsa pa, ang tanan adunay duha ka mga mata, usa ka ilong nga adunay duha ka mga bangag, ug usa ka baba.

Bisan pa nga ang matag mananap adunay diotay nga kalahian suma sa iyahang matang, aduna niini og parehas nga mga itsura sa estraktura. Pananglitan, ang elepante adunay taas nga ilong (trunk) apan naa kini sa tunga sa iyang nawong, ug sa ibabaw sa iyang baba. Wala kini sa ibabaw sa iyang mga mata, sa ilawom sa iyang baba, o sa ibabaw sa iyang ulo. Ang matag usa nga elepante dunay duha ka mga bangag sa ilong, duha ka mga mata, duha ka mga dunggan, ug usa ka baba. Ang tanang langgam sa hangin, ang tanang isda sa lawod o suba adunay parehas nga estruktura.

Dili lang ang matag usa ka mga mananap nag-ambit og parehas nga mga estruktura sa nawong, apan ang panghilis ug ang mga sistema sa lawas para sa pagpanganak niining matag usa ka linalang, parehas sad. Sa parehas nga paagi, ang matag usa mukaon paagi sa iyang baba, ug bisan unsa ang musulod sa iyang baba muadto sa tiyan ug mugawas sa lawas. Ang tanang mga linalang makighilawas sa hilain nga kinatawo ug ipanganak ang ilahang anak.

Og idungan kanimo og butang ang kining mga dayag nga mga kinaiya, dili ka mahimo makaingon nga kini naatol ra o kini ebidensiya sa ebolusyon nga gisugo paagi sa "pagluwas sa pinaka-may-sarang." Wala niini ang mahimo kanunay mapatin-aw paagi sa teyorya nga ebolusyon.

Busa, ang kamatuoran nga ang duroha nga mga tawo og mga mananap adunay parehas nga mga organiko nga estruktura sakto nga ebidensiya nga ang tanang butang gibuhat ug gidisenyo sa Dios ang Mamumugna. Kon ang Dios dili lang ang bugtong nga Dios apan usa ra sa mga daghang mga dios, ang mga linalang mahimong adunay nagkalainlain nga mga organo ug nagkalainlain nga mga estruktura sa lawas ug mga posisyon.

Sa sama, kon mutan-aw ka og duol sa kinaiyahan ug sa kalibotan, makakita ka pa og daghan pang mga pruweba sa binuhatan kanila. Unsa ka katingadhan kini nga mailhan nga ang tanang mga butang sa sistema nga solar parehas sa paglibot sa kalibotan ug pagtuyok nagtrabaho nga wala'y bisan gamay nga pagkasayop!

Tan-awa ang relo sa imong pulso. Niini adunay daghan kaayong mga detalyado nga mga pisa. Dili niini mutrabaho bisan ang pinakagamay ra nga pisa ang nawala. Sa ingon, kining kalibotan gidisenyo nga mudagan sa ilawom sa kabubut-on sa Dios.

Sa pananglitan, bisa'g asa sa tawo o uban nga porma sa kinabuhi dili mahimong mabuhi kon wala ang bulan nga nagtuyok palibot sa kalibotan. Ang bulan dili mahimong ipalayo og gamay o iduol sa kalibotan kaysa iyahang karon nga pagkabutang. Gibutang niini sa Dios sa tarong nga gilay-on aron mabuhi ang tawo sa kalibotan.

Tungod sa karon nga pagkabutang sa bulan, ang pwersa niini sa pagbira nihimo sa pagtaob ug paghunas sa dagat. Niining pagtaob hingbuhat sa dagat nga muoyog ug mapuro. Sa sama, ang tanang butang sa kalibotan gibuhat nga molihok og tukma suma sa kabubut-on sa Dios.

Nganong Adunay Pipila nga Dili Motoo sa Dios nga Mamumugna?

Pipila ka mga tawo motoo sa Dios nga Mamumugna ug nangabuhi suma sa Iyahang Pulong. Ngano ang mga tawo, nga makarason ug makapangita aron masayod sa mga tubag sa siyensiya, dili motoo sa Dios nga Mamumugna?

Kon imong natun-an nga ang Dios buhi ug Makagagahom

nga Mamumugna gikan sa matinuohon nga mga Kristiyano sukad sa pagkabata, dili lisod nga motoo sa Dios nga Mamumugna.

Apan, karon, daghan kaninyo ang naimpluwensiyahan na sa ebolusyonismo sukad pa sa inyong pamatan-on nga mga tinuig, ug adunay daghan kaayo nga "kaalam" nga dili gayud tanan tinuod. Hing-uban sad ka ngadto sa mga dili tumuluo sa Dios o nagduda Kaniya.

Human nga makapuyo ka niining kalikopan, kon muadto ka og iglesia ug mamati sa Pulong sa Dios, kanunay naa ka sa kaduda ug kasumpakian ug dili makatoo sa Dios nga Mamumugna tungod ang imong nahaunang kaalam nagkontra sa imong gitun-an ug nabatian sa iglesia.

Mentras dili ka maghilayo sa mga panghuna-huna o kaalam nga imong natun-an sa kalibotan bisan pa nga kasagaran ka muadto sa iglesia, dili ka makaangkon sa espirituwal nga pagtoo–ang gikan-sa-Dios nga pagtoo–nga layo kaayo sa bisan unsa nga duda.

Dili ka mahimong motoo sa langitnon nga gingharian o impiyerno og wala'y espirituwal nga pagtoo. Imong gihuna-huna nga ang makit-an nga kalibotan mao lamang nga kalibotan, ug nagpanginabuhi sa imong kaugalingon nga mga pamaagi.

Pila ka beses ka nakakita sa pipila ka mga teyorya, kon asa giila ug gidawat anang panahona, unya gibali o gipulihan sa bag-o nga teyorya? Bisan dili pa kini ang tukma nga kaso, tinuod nga ang mga kombensiyonal nga mga teyorya ug mga pagpiho kanunay unya nga giusab o gidugangan sa mga bag-o nga nakit-an nga mga katinuoran.

Sa paglipas sa panahon ug pag-asenso sa siyensiya, ang mga

tawo mohimo og mas maayo nga mga pagpatin-aw ug mga teyorya bisan pa dili ang mga niini hingpit. Dili ko kaingon nga ang mga maniniksik kon asa ang kadaghanon mga siyentipiko sayop tanan. Aduna pa'y daghan nga mga butang sa kalibotan nga dili mapatin-aw sa kasarangan sa tawo, busa imo kinahanglan ilhon kining kamatuoran.

Pananglitan, kon mahitungod sa kalibotan, wala ka pa kaadto sa pinakalayo nga bahin sa kalibotan gikan kining yuta, ni wala ka pa sa kanunay nakabalik sa karaan nga mga panahon. Pero, ang mga tawo naninguha og patin-aw sa kalibotan paagi sa pagtukod sa nagkalainlain nga mga pangagpas ug mga teyorya.

Sa wala pa nakaadto ang tawo sa bulan, atong kinuno-kuno nga, "Adunay pipila ka mga buhi nga mga organismo ngadto sa kaitasaan o ang mga organismo mahimo nga naa sa usa ka dapit niining sistema sa solar nga halayo pa sa kalibotan." Apan, pagkahuman sa paglakaw sa tawo sa bulan, atong gi-anunsiyo nga, "Wala'y buhi nga organism ngadto." Karong mga adlawa, nag-ingon ang mga siyentipiko, "Adunay kalagmitan sa buhi nga organismo sa Mars" o "Adunay pipila ka timaila nga tubig sa Pulang Planeta."

Bisa'g dugay kaayo kang naniksik ug nidugang sa imong kaalam, kon dili kanimo masayod ang tugon, ang kabubut-on ug ang gahom sa Dios nga mumugna, mupabilin ka nga mangatubang sa limitasyon sa kasarangan sa tawo.

Busa, mabasa sa Mga Taga-Roma 1:20 nga *"Kay sukad pa sa pagtukod sa kalibotan ang Iyang dili makita nga kinaiya, nga mao ang Iyang dayong gahom ug pagka-Dios, sa tin-aw naila na pinaagi sa mga butang nga iyang nabuhat, busa wala silay ikapangulipas."*

Kon kinsa man ang mobukas sa iyahang kasingkasing ug magpamalandong mahimong mabati ang gahom sa Dios ug ang Iyahang pagka-Dios paagi sa mga binuhat parehas sa adlaw, ang bulan, ug ang mga bituon–mga butang kon asa ang Dios mitugot kanimo nga mailhan ang pagkabuhi Niya ug ang pagtoo Kaniya.

Ako Man ang Mao AKO

Sa pagpamati mahitungod sa Dios nga Mamumugna, daghang mga tawo ang mahimong mahibulong, "Giunsa man Niya pagkabuhi sa una?" Asa man ni Siya gikan?" o "Sa unsang hitsura Siya nabuhi?"

Ang kaalam ug panghuna-huna sa tawo dili makalapas sa usa ka piho nga limitasyon, kon hain nagdikta nga kinahanglan adunay usa ka sinugdanan ug usa ka katapusan sa tanang mga linalang. Busa, atong gidimanda ang klaro nga mga tubag sa kining mga pangutana. Apan, ang pagkabuhi sa Dios lapas sa pagsabot sa tawo, busa Siya ang "Sa Una," "Sa Karon," ug ang Umalabot."

Gihulagway sa Exodo 3 ang usa ka eksena kon asa gisugo sa Dios si Moises nga dad-on ang mga Israelinhon ngadto sa yuta sa Canaan. Gibali og pangutana ni Moises ang Dios og unsaon niya pagtubag ang mga Israelinhon og pangutan-on siya mahitungod sa pangalan sa Dios.

Sa kining panahona, giingnan sa Dios si Moises, *"AKO MAN ANG MAO AKO,"* ug gisugo kaniya nga ingnon ang mga Israelinhon, *"AKO MAN mao ang nagsugo kanako nganha kaninyo"* (Exodo 3:14).

"AKO MAN" ang pulong nga gigamit sa Dios para itumod mismo ang Iyahang kaugalingon, ug nagkahulogan nga wala'y nagpanganak Kaniya, o hingbuhat Kaniya, apan Siya ang hingpit nga linalang, ang mismo nga Mamumugna.

Sa Sinugdan ang Dios Kahayag nga may Tingog

Mabasa sa Juan 1:1, *"Sa sinugdan mao na ang Pulong, ug ang Pulong uban sa Dios, ug Dios ang Pulong."* Niining paagi, ang Dios nga mao ang Pulong sa sinugdan usa ka linalang kon asa nabuhi nga hingpit mao ra ang usa nga wala gibuhat. Giunsa ug asa man Siya nabuhi?

Ang Dios Espiritu, busa Siya naa sa porma nga Pulong sa ikaupat nga dimensiyon, ang espirituwal nga ginharian, dili ang ikatulo nga dimensiyon nga makit-an. Ang Dios wala nabuhi sa bisan unsa nga porma apan ingon sa usa ka halawom ug nindot nga kahayag uban ang puro og tin-aw nga tingog, ug Siya naghari sa tibuok nga kalibotan.

Busa, nag-ingon sa 1 Juan 1:5, *"Ang gipahibalo nga among nadungog gikan Kaniya ug karon among ginamantala kaninyo mao kini: nga ang Dios kahayag ug diha kaniya wala gayuy kangitngit."* Adunay niini nga espirtuwal nga kahulogan ug adunay usa ka pagpahayag sa dagway sa Dios kon kinsa mao ang kahayag sa sinugdan.

Sa sinugdan, nabuhi ang Dios ingon sa kahayag uban ang tingog niini. Ang Iyang tingog puro, tam-is, ug humok, ug nagbagting sa tibuok nga kalibotan. Ang katong nakabati sa tingog sa Dios makasabot gayud sa iyang kaugalingon niini.

Usara ang Dios Sa Wala Pa Gisugdan ang Panahon

Klarong gipakita sa Genesis 1:26 ang dagway sa Santatlo ug parehas niining dagway kaniadtong pagbuhat Niya sa mga langit ug ang yuta. *"Ug miingon ang Dios: 'Buhaton nato ang tawo sumala sa atong dagway, ingon sa kasama nato; ug magabuot sila sa mga isda sa dagat, ug sa mga langgam sa kalangitan, ug sa mga kahayopan, ug sa tibook nga yuta, ug sa tanan nga nagakamang sa ibabaw sa yuta.'"*

Ang Dios nga Mamumugna nabuhi sa wala pa gisugdan ang panahon, giplano nga padakuon ang Iyang tinuod nga mga anak ug gipahinayon kini. Busa, kon bug-os kanimong nasayod ang Dios AKO, kinahanglan kanimong gub-on ang tanan kanimong mga paagi sa panghuna-huna, mga teyorya, ug mga pangklase-klase ug kinahanglan dugang pa nga dawaton ang hinimo nga mga buhat nga gihatag sa Dios.

Dili sama sa mga butang nga gibuhat sa Dios, ang mga butang nga hinimo sa tawo adunay ilang mga kahangturan ug mga depekto. Sa padayon nga pag-uswag sa kaalam ug sa sibilisayon sa katawhan, mas maayo nga mga produkto ang gihimo apan daghan gihapong mga kakulangan.

Pipila ang nihimo og mga idolo gikan sa bulawan, pilak, bronse, ug metal ug gitawag kining mga dios kaniadto kon hain hingduko sila ug nangampo para sa mga himaya. Kini mga kahoy, metaliko, o bato nga mga dagway nga dili makaginhawa, makasulti, o bisa'g makapamilok sa ilang mga mata (Habacuc

2:18-19).

Bisan pa nga giangkon nila nga sila maalam, ang tawo dili tinuod makaaninag tunga-tunga sa kamatuoran og pamakak, apan mohimo hinuon og mga dagway ug tawgon kining ilang mga dios nga ilang gisimba (Taga-Romano 1:22-25). Unsa ka kabinu-angan og maka-ulaw niini?

Busa, kon ang mga tawo gisimba ug gi-alagaran ang mapakyason nga mga dios tungod nga sila walay-kaalam sa Dios, kinahanglan nila nga hingpit nga magbasol niini, simbahon ang Dios AKO, ug tumanon ang mga katungdanan ingon sa Iyang mga anak.

Ang Dios Nakahibalo-sa-Tanan ug Makagagahom-sa-Tanan

Ang Dios nga Mamumugna nga hingbuhat sa tibuok nga kalibotan mao ang hingpit nga linalang nga nabuhi sa wala pa gisugdan ang panahon, ug Siya ang nakahibalo-sa-tanan, ug makagagahom-sa-tanan. Gisaysay sa Biblia ang daghang mga kahibudnganan ug mga milagro nga dili mabuhat sa gahom ug kaalam sa katawhan.

Kining gamhanan nga mga binuhat sa nakahibalo-sa-tanan ug ang makagagahom-sa-tanan nga Dios kon kinsa ang parehas gahapon ug karon nahinabo sa panahon sa Bag-ong Kasabotan nga panahon ug sa Daan nga Kasabotan nga panahon paagi sa daghang mga tawo sa Dios nga adunay gahom Kaniya.

Kini tungod sa gisulti ni Hesus sa Juan 4:48, *"Gawas kon*

makakita ka og mga ilhanan ug mga katingalahan, dili ka motoo" ang mga tawo dili motoo gawas kon makakita sila sa mga binuhat sa Makagagahom nga Dios.

Nagpakita ang Dios og Katingalahan nga mga Milagro ug mga Timaan

Detalyadong gisaysay sa Exodo nga ang nakahibalo-sa-tanan ug ang makagagahom-sa-tanan nga Dios hingbuhat og katingalahan nga mga milagro ug mga timaan paagi ni Moises sa pagdala Niya sa mga Israelinhon gawas sa Egipto ngadto sa yuta sa Canaan.

Sa pananglitan, kaniadtong gipadala sa Dios si Moises ngadto ni Faraon, ang hari sa Egipto, gidala Niya ngadto ang Napo ka mga Salot sa iyaha ug sa iyahang nasod, gihimo nga palakawon ang mga Israelinhon sa mala nga yuta paagi sa pagpikas sa Red Sea ug gisilhig ang mga gilisang nga mga Egiptohanon nga sundalo ngadto sa baskog nga balod.

Bisan sa pagkahuman sa Exodo, hinggawas ang tubig gikan sa bato paghapak niini ni Moises sa iyang sungkod, ang pait nga tubig hingbaylo sa tam-is nga tubig, ug nahulog ang mga manna gikan sa langit aron minilyon nga mga tawo ang mabuhi nga wala'y pagkabalaka sa pagkaon.

Sa ulahi sa Daang Kasabotan, Makita nato nga gitagaan sa Dios Si Elias og gahom nga tag-anon tulo ug tunga ka mga tuig nga wala'y tubig, hing-uwan paagi sa iyang pag-ampo, ug gipabanhaw ang patay.

Sa Bag-ong Kasabotan, nakita nato si Hesus, ang Anak sa

Dios, nga gibanhaw si Lazarus nga upat ka mga adlaw na nga namatay, gibuksan ang mga mata sa mga bulag, ug gipaayo ang daghang mga tawo nga adunay nagkalainlain nga mga sakit, kaluyahon, ug mga demonyo nga mga espiritu. Naglakaw siya sa tubig ug gipakalma ang hangin ug ang mga balod.

Ug ang Dios naghimo og dagkong mga milagro pinaagi sa mga kamot ni Pablo, nga tungod niana ang mga masakiton gipanagdad-an ug mga panyo o mga tapis nga nahidapat sa iyang lawas, ug sila nangaayo sa ilang mga sakit ug namahawa kanila ang mga espiritu nga dautan (Mga Buhat 19:11-12). Daghang mga timaaan ang misunod ni Pedro nga usa sa mga hawod nga tinun-an ni Hesus. Nga tungod niana ila na gayud gipangdala ang mga masakiton ngadto sa kadalanan, ug gibutang sa mga lantay ug mga higdaanan, sa pamasin nga aduna kanilay mahilandungan sa anino ni Pedro inig-agi niya. (Mga Buhat 5:15).

Sa sama, gibuhat sa Dios ang mga kahibudnganan ug nagpakita og mga timaan paagi ni Esteban ug ni Felipe sa Biblia, ug gipadayon Niya og pakita paagi sa atong iglesia bisan karon.

Daghang walay-kaayohon nga mga sakit parehas sa kanser, pangonsumo, leyukemya, ug AIDS ang naayo. Ang mga patay gibanhaw ug ang mga lulid mitindog, milakaw, ug midagan.

Sa dugang pa, gipakita sa Dios ang dagkong mga timaan ug mga kahibudnganan, tumalagsaon nga mga milagro, ug mga malatngonon nga mga butang: paagi sa pag-ampo sa telepono ug sa mga panyo nga akong gipangampoan, daghang mga tawo ang naayo, ang mga guba nga makinarya napatul-id, ug ang mga gipaninguhaan sa kasingkasing nahuman.

Busa, kon kinsa man ang motoo sa Gamhanan nga Dios ug

mangampo suma sa Iyahang pagbuot makuha ang mga tubag sa unsa man ang iyahang pangayuon sa pag-ampo.

Ang Dios ang Tagsulat Sa Biblia

Ang Dios Espiritu, busa Siya dili-makita apan kanunay nga nagpakita sa Iyang kaugalingon sa daghang mga pamaagi. Kasagarang nagpakita ang Dios paagi sa kalikopan ug labi na sa mga pagsaksi sa mga tawo nga giayo ug nakadawat sa mga tubag gikan Kaniya. Detalyado sad Niyang gipakita ang Iyang kaugalingon sa Biblia.

Busa, paagi sa Biblia, mahimo kanimong mailhan ang Usa ug tinuod nga Dios, mailhan Siya ug maabot ang kaluwasan ug walay-katapusan nga kinabuhi paagi sa pagkamatngon sa buhat sa Dios. Sa dugang pa, mahimo kanimong mabuhi sa usa ka malamposon nga kinabuhi ug mohatag og himaya sa Dios paagi sa pagsayod sa kasingkasing sa Dios ug makamatngon kon unsaon Siya higugmaon ug unsaon higugmaon Kaniya. (2 Timoteo 3:15-17).

Ang Kasulatan Mao ang Gininhawa sa Dios

Nag-ingon sa 2 Pedro 1:21 nga *"Tungod kay wala may panagna nga miabot pinaagi sa kabubot-on sa tawo, hinonoa minandoan sa Espiritu Santo nanagpanulti ang mga balaang tawo sa Dios."* ug mabasa sa 2 Timoteo 3:16 ang *"Ang tibuok nga Kasulatan gituga sa Dios."* Nangahulogan niini nga ang

Biblia gikan sa Genesis padulong sa Padayag mao ang Pulong sa Dios nga gisulat lamang sa pagbuot sa Dios.

Busa, daghang mga kapulongan parehas sa "Giingon sa Dios," ug ang "giingon sa Ginoong Dios." Kini nagkompirma nga ang Biblia dili ang Pulong sa tawo kon dili sa Dios.

Ang Biblia adunay saysenta-isayis nga mga libro sakop ang trayenta-inuybe sa Daan nga Kasabotan ug ang biente-siete sa Bag-ong Kasabotan nga mga libro. Ang gidaghanon sa mga tagsulat gibanabana nga 34. Ang panahon sa pagsulat sa Biblia hingtaas gikan sa B.C. 1500 hangtud sa A.D. 100 nga hapit sa 1,600 ka mga tuig. Ang kahibudngan mao nga bisan daghan nga nagkalain-lain nga mga tagsulat ang hingsulat niini, ang Biblia sa iyang kinatibuk-an hingpit nga makataronganon gikan sa gisugdan hangtud sa katapusan, ug ang matag usa nga bersikulo hingtakdo sa ubang mga bersikulo.

Busa mabasa sa Isaias 34:16 nga, *"Susiha ninyo gikan sa basahon sa GINOO, ug basaha: walay usa niini nga mawala, walay makulangan sa iyang kauban. Kay ang akong baba, kini nagsugo na ug ang iyang Espiritu, maoy nagtigom kanila."*

Kini mahimong mahitabo tungod ang orihinal nga tagsulat sa Biblia mao ang Dios, kay ang Espiritu Santo naghari sa mga kasingkasing sa mga tagsulat ug gidungan og panipon ang mga Pulong. Ang imong kinahanglan nga hinumdumon mao nga ang mga tagsulat sa Biblia mga hingtindog ra ingon sa mga tagsulat nga hingsulat ra para sa Dios ug ang orihinal nga tagsulat sa Biblia mao ang Dios.

Magkuha ta ug ehemplo. Pananglitan adunay tiguwang nga babaye nga nagpuyo sa bukid nga lugar. Hingpadala siya ug sulat sa mas bata nga anak na lalake sa siudad. Siya dili makasulat o makabasa busa iyang gilarino ang iyang mensahe sa iyang maguwang nga anak na lalake. Sa pagdawat sa sulat sa mas bata nga anak nga lalake sa siudad, iyang hinumdumon nga ang sulat gikan sa iyang inahan, dili gikan sa iyang igsuon, bisan pa nga kini sa matuod gisulat sa iyang igsuon. Parehas niini sa Biblia.

Ang Sulat sa Paghigugma sa Dios Puno sa Kabulahanan ug mga Saad

Ang Biblia gisulat sa mga Napuno-sa-Espiritu nga mga alagad sa Dios aron maipakita ang Dios sa Iyang kaugalingon. Kinahanglan kanimong tuohan ang kamatuoran nga mao ang Pulong sa matinud-anon nga Dios nga nagpakita sa Iyang kaugalingon.

Ang Pulong sa Dios mao ang espiritu ug kinabuhi (Juan 6:63), busa kon kinsa man ang makabati ug motoo makakuha niini ug walay-katapusan ng kinabuhi uban ang iyang kalag nga mudawat og dagaya nga kinabuhi. Kon kinsa man ang motoo ug mutuman sa Pulong sa Dios mangalipay sa usa ka mainuswagon nga kinabuhi ug mahimong usa ka hingpit nga tawo sa Dios nga hingliwat ni Hesukristo.

Ang Dios niari sa yuta sa unod aron ipakita ang Iyang kaugalingon sa katawhan, ug ang unod mao si Hesus. Si Felipe, usa ka tinun-an ni Hesus, ignorante niini ug nidemanda ni

Hesus nga kinahanglan ipakita kaniya ang Dios. Napakyas siya sa pagmatngon nga si Hesus mao ang Dios nga nabuhi sa unod, og murag mutuman sa usa ka panultihon nga niingon, "Ang banwag dili musidlak sa iyang sampot."

Ang Juan 14:8 ug ang misunod nga mga bersikulo nagpahibalo sa pagsinultihay sa tunga-tunga ni Felipe ug ni Hesus:

Ug si Felipe miingon kaniya, "Ginoo, ipakita kanamo ang Amahan, ug igo na kana kanamo." Si Hesus mitubag kaniya, "Kadugay Ko nang pakig-uban kaninyo, ug wala ka pa diay makaila Kanako, Felipe? Ang nakakita Kanako nakakita sa Amahan. Naunsa bang miingon man ikaw, 'Ipakita kanamo ang Amahan?' Wala ka ba diay magtoo nga Ako anaa sa Amahan ug nga ang Amahan ania Kanako? Ang mga pulong nga Akong gisulti kaninyo, wala ko isulti kini sa kinaugalingon Kong kagamhanan; hinonoa ang Amahan nga nagapuyo sa sulod Nako, siya mao ang nagahimo sa iyang mga buhat." (Juan 14:8-10).

Bisan pa nga si Hesus mihatag og pagpatoo nga ebidensiya nga Siya ug ang Dios usa ra paagi sa pagbuhat og mga milagro nga imposible unta kon wala ang gahom sa Dios, gusto ni Felipe nga ipakita ni Hesus kaniya ang Amahan. Miingon kaniya si Hesus nga motoo sa Iyang mga panudlo uban mismo ang mga ebidensiya nga mga milagro.

Miari ang Dios niining kalibotan sa unod aron ipakita ang

Iyang kaugalingon ug gipasulat sa Dios ang Biblia tungod kasagaran imposible para sa mga tawo ang makita Siya sa tawhanon nga mata.

Busa, mahimo kanimong maangkon ang kabulahan ug mga tubag nga gisaad sa Dios sa Biblia kon anaa kay bilihon nga panagkuyog uban ang buhi nga Dios paagi sa Biblia, ilahon ang Iyang panugon ug kabubut-on, ug panid-an ang Iyang Pulong.

Ang Matag Usa nga Pulong sa Biblia Tinuod

Ang makasaysayan nga mga pagtala nagpasugot kanimo nga mukuha og kaalam mahitungod sa mga tawo o mga hitabo sa usa ka tukma nga panahon nga niagi. Ang kasaysayan mao ang pangasoy sa mga pag-usab sa panahon ug mahimo niini nga masayod kanimo sa detalye ang tukma nga mga butang, mga tawo, o kahimtangan sa kabuhi kaniadtong mga panahona.

Gipamatud-an sa kasaysayan sa katawhan nga ang Biblia tinuod. Makita kanimo sa imong kaugalingon nga ang Biblia makasaysayan og may katinuoran, labina kon imohang tan-awon og maayo ang mga hitabo, mga tawo, mga lugar, o mga gawi nga natala sa Biblia.

Kay ang Daang Kasabotan gayud gipamilin nga gibase sa mga ugbayon nga mga kamatuoran parehas sa mga importante o ginagmay nga mga bahin sa impormasyon nga nahitabo sa mga indibidwal, mga tawo o grupo gikan sa panahon ni Adan og Eva, giila sa Israel ang Daang Kasabotan ingon sa sagrado ug makasaysayan nga dokumento sa ilang nasod ug katunolan hangtud niining adlaw. Bisa'g ang daghang mga manugsaysay giila ang Biblia ingon sa masaligan nga kakuhaan.

Gipamatud-an sa Kasaysayan ang Katinuoran sa Biblia

Una sa tanan, base sa Biblia, tugti ko nga ipaambit ang kasaysayan sa Israel kaninyo ug pamatud-an nga ang Pulong sa Dios mao ang tinuod.

Si Adan nga mao ang unang-amahan sa katawhan nakasala batok sa Dios, busa ang tanang katawhan nga iyang mga kaliwat og ang kasunod niini nangadto sa dalan sa sala ug nabuhi nga wala'y kahibalo sa Dios, ang ilang Mamumugna. Anang panahon, gipili sa Dios ang usa ka nasod ug gituyo nga ipakita ang Iyang tugon ug kabubut-on paagi niini.

Una, gitawag sa Dios si Abraham kon kinsa adunay labing maayo nga "kalaparon nga kasingkasing" gihinlo siya, ug gitukod siya ingon sa amahan sa pagtoo. Si Abraham mao ang amahan ni Isaac, Si Isaac mao ang amahan ni Jacob, ug gitawag sa Dios si Jacob "Israel" ug hingbuhat og dose ka mga tribo gikan sa dose niyang mga anak na lalake.

Sa buhi pa si Jacob, gibalhin siya sa Egipto sa Dios ug gitagaan siya og higayon nga mubuhat og usa ka nasod paagi sa pagdugang sa iyang mga kaliwat ug sa katapusan gidala sila sa Canaan nga yuta.

Gihatag sa Dios ang Balaod ni Moses sa panahon sa iyang pagpuyo sa kasiotan, gibansay ang mga Israelinhon nga mangabuhi suma sa Iyang Pulong, ug gidala lamang sila sa Iyang Pulong.

Pagkahuman nga sila gidala ngadto sa Canaan nga yuta, hinguswag lang sila kon misunod sila sa Balaod. Sa panahon nga ang Israel hing-alagad sa mga idolo ug hinghimo og kadaut, ang iyang nasodnon nga gahom nikunhod ug hing-antos kini gikan sa mga langyaw nga pagsulong. Ang mga Israelinhon napriso o giulipon. Sa panahon nga nagbasol sila, nauli ang ilang nasod. Kining panaglibot nagsige lang og balik-balik.

Sa ingon niini, gipakita sa Dios sa tanang katawhan paagi sa kasaysayan sa Israel nga ang Dios buhi ug Iyang gidumala ang tanan nga butang paagi sa Iyang Pulong.

Imo sad makit-an nga ang mga pagpanagna sa Biblia natuman na ug naa sa proseso sa pagtuman. Pananglitan, sa Lucas 19:43-44, gihinambit ni Hesus ang pagkatumba sa Jerusalem, nga niingon:

> *Kay ikaw pagahiabtan ra sa mga adlaw nga ang imong mga kaaway magapakural ug yuta libot kanimo, ug ikaw pagalikusan ug pagapiiton sa tanang dapit, ug igapusdak ikaw sa yuta, ikaw ug ang imong mga kabataan sa sulod kanimo, ug dili nila ikaw binlan ug usa ka bato nga magapatong sa bato; kay ikaw wala man makaila sa panahon sa pagduaw kanimo.*

Sa kining mga bersikulo, gipasabot ni Hesus og unsaon pagguba sa siudad sa Jerusalem tungod sa ilang midako nga pagkamadinauton. Ang pagpanagna gituman kaniadtong 70

A.D., kon asa gipabuhat ni Heneral Titus sa Romano nga Ginharian ang iyang mga tawo og diki batok sa Jerusalem, gipalibotan niini, ug gipamatay ang mga tawo sa sulod sa pader. Kini nahitabo kaniadtong kuwarenta katuig pagkahuman sa pagpanagna ni Hesus.

Miingon si Hesus sa Mateo 24:32, *"Gikan sa kahoyng igira tun-i ninyo kining usa ka pananglitan: inigpanglumoy na gani sa iyang mga sanga ug manalingsing na, nan, inyong masayran nga nagakaduol na ang tingadlaw."* Ang kahoyng igira nganhi hingsimbolo sa nasod ng Isarel, ug kining pasumbingay mitudlo nga ang Israel mahimong independente sa pagduol sa Ikaduhang Pagkari ni Hesus. Sa ulahi, ang kasaysayan mosaksi nga kining Pulong sa Dios napamatud-an kaniadtong natumba ang Israel sa 70 A.D. og milagrong gitukod niini usab kaniadtong Mayo 14, 1948–1900 ka mga tuig pagkahuman sa pagkaguba niini.

Ang Panagna sa Daang Kasabotan ug ang Katumanan Niini sa Bag-ong Kasabotan

Akong gipamatud-an nga ang Pulong sa Dios sa Biblia tinuod paagi sa pagtu-on og giunsa ang panagna sa Daang Kasabotan natuman sa panahon sa Bag-ong Kasabotan

Ang Balaod sa Daang Kasabotan dili hingpit nga paagi sa "sa pagkuha sa mga tinuod nga mga anak sa Dios." Landong ra to sa pagpadayag sa Dios. Mao kato kon nganong gisaad sa Dios ang pag-abot sa Misiyas sa tibuok nga Daang Kasabotan. Pag-abot sa panahon, Iyang gipadala si Hesukristo niining kalibotan para tumanon ang Iyang saad.

Tin-aw gayud nga si Hesus hing-abot sa yuta hapit 2,000 ka mga tuig nga niagi. Ang Kasadpan nga kasaysayan gitunga sa duha ka mga grupo suma sa pagpanganak ni Hesus. Ang buot pasabot sa "B.C." mao ang Before Christ, nga ang kahulogan mao ang kasaysayan sa wala pa ang panahon ni Hesus, samtang ang "A.D." buot pasabot nga Anno Domini nga ang kahulogan mao ang "sa tuig sa atong Ginoo." Bisan pa ang kasaysayan mismo makapamat-ud sa pagpanganak ni Hesus. Tan-awon nato og una ang Genesis 3:15:

> *Ug ibutang Ko ang panagkaaway sa taliwala mo ug sa babaye, ug sa taliwala sa imong kaliwat ug sa iyang kaliwat; siya magasamad sa imong ulo, ug ikaw magasamad sa iyang tikod.*

Ang bersikulo hingtag-an nga ang atong Manluluwas, nga mao ang binhi sa babaye, moabot ug gub-on ang gahom sa kamatayan. Ang "Babaye" sa niining panultihon mao ang Israel. Sa tinuod, si Hesus moabot sa yuta nga mao ang anak nga lalake ni Jose nga sinakop sa tribo ni Judah sa Israel. (Lucas 1:26-32).

Mabasa sa Isaias 7:14 nga, *"Busa ang GINOO gayud maoy mohatag kaninyo ug usa ka timaan: ania karon, ang usa ka ulay manamkon, ug magaanak ug usa ka anak nga lalake, ug pagatawgon ang iyang ngalan Emmanuel."*

Kini nagpasabot nga ang Anak nga lalake sa Dios ipadala para panghimayad sa mga sala sa katawhan paagi sa pagpanamkon sa Espiritu Santo. Gayud, si Hesus gipanganak ni

Birheng Maria paagi sa Espiritu Santo (Mateo 1:18-25).

Si Hesus gipanag-an nga matawo sa rehiyon sa Bethlehem, nga mabasa sa Miqueas 5:2:

Apan ikaw, Beth-lehem Ephrata, ikaw nga maoy diyutay nga lungsod diha sa taliwala sa mga linibo nga banay sa Juda, gikan kanimo dunay usa nga mogula nganhi kanako nga mahimong magmamando sa Israel; kang kansang kaagi sa kagikanan gikan pa sa kanhing panahon, gikan sa walay-katapusan.

Sa pagtuman niining Pulong, si Hesus gipanganak sa Bethlehem, Judah sa panahon ni Haring Herodes. Bisan pa ang kasaysayan mipamatuod sad niini.

Ang pagpatay sa daghang mga puya ni Haring Herod sa panahon sa pagpanganak ni Hesus (Jeremias 31:15; Mateo 2:16), Ang pagsulod ni Hesus sa Jerusalem (Zacarias 9:9; Mateo 21:1-11), ug ang pagsaka ni Hesus sa langit (Mga Salmo 16:10; Mga Buhat 1:9) suma gipanag-an ug natuman.

Sa dugang pa, ang pagluib ni Hudas Iscariot, kon kinsa nisunod ni Hesus sa tulo ka mga tuig (Mga Salmo 41:9) ug ang iyang pagluib ni Hesus alang sa trayenta kabuok nga mga pilak (Zacarias 11:12) parehong gipanag-an ug nakab-ot.

Ingon niini mahimo kang makatoo nga ang Biblia tinuod ug katinuoran niini nga Pulong sa Dios, labi na kon makit-an kanimo nga ang tanang gipanag-an sa Daang Kasabotan tukmang natuman.

Mga Panag-an sa Biblia nga Kab-utunon pa

Gibuhat sa Dios si Hesukristo ang atong manluluwas paagi sa pagtuman sa tanang mga panag-an sa Daang Kasabotan sa panahon sa Bag-ong Kasabotan. Ang matag usa nga panag-an kang Hesus, ang pagdagan sa kasaysayan alang sa Israel, ug ang kasaysayan sa katawhan nahuman nga walay bisag usa ka kasaypanan. Makit-an sa pagtuki sa kasaysayan sa kalibotan nga ang tanang mga pulong nga panag-an sa Biblia nahimong tinuod ug mahimong tinuod.

Ang mga manalagna sa parehong Daang Kasabotan ug Bag-ong Kasabotan nga mga panahon gipanagna ang pagsaka ug ang pagkatumba sa gahom sa kalibotan, ang pagkaguba ug ang pagtukod usab sa Jerusalem, ug ang uamaabot nga mga tulumanon sa mga importante nga mga tawo. Daghang mga panagna sa Biblia ang natuman ug karon gipatuman, ug makit-an pa sa mga tawo ang Ikaduhang Pag-abot ni Hesus, ang Kahimayaan, ang Milenyo nga Ginharian, ug ang Paghukom sa Dakong Puti nga Trono. Giandam na sa atong Ginoo ang imong lugar suma sa Iyang saad, (Juan 14:2), ug sa dili madugay dad-on ka Niya sa walay-katapusan nga lugar.

Ang atong kalibotan karon nag-antos na sa mga tinggutom, mga paglinog, lahi sa naandan nga mga panahon, og kinadak-an nga mga aksidente. Dili kanimo niini huna-hunaon nga usa ra ka pag-atol apan himatngonon hinuon nga ang Ikaduhang Pag-abot ni Hesus nagkaduol na, (Mateo 24:3-14). Maabot kanimo ang tibuok nga kaluwasan paagi sa pag-amgo ug pagpadayan-dayan sa imong kaugalingon maingon nga usa ka pangasaw-onon.

Kapitulo 2

GIBUHAT SA DIOS UG GIPA-UGMAD ANG TAWO

- Gibuhat sa Dios Ang Katawhan
- Nganong Gipa-ugmad man sa Dios ang Katawhan
- Gihimulag sa Dios ang Trigo gikan sa Uhot

"Ug gibuhat sa Dios ang tawo sa iyang kaugalingong dagway, sa dagway sa Dios gibuhat Niya sila, lalake ug babaye Iyang gibuhat sila. Ug gipanalanginan sila sa Dios. ug miingon ang Dios kanila: 'Sumanay ug dumaghan kamo, ug pun-on ninyo ang yuta, ug magagahom kamo niini, ug magbaton kamo sa kagamhanan sa ibabaw sa mga isda sa dagat, ug sa mga langgam sa kalangitan, ug ibabaw sa tanan nga binuhat nga buhi nga nagalihok sa ibabaw sa yuta.'"

Genesis 1:27-28

Sa kinaminosan, kausa sa imong kinabuhi, mahimo kang mangutana sa masukaron nga mga pangutana sama sa gigikanan, destinasyon, katuyoan, ug kahulogan sa kinabuhi. Unya tinguhaaan kanimong makuha ang mga tubag. Daghang mga tawo ang naninguha og nagkalainlain nga mga pamaagi aron masulbad kining mga problema apan namatay nga wala pa makakuha og orihinal nga mga tubag.

Ang mga bantog sa kalibotan nga mga makinaadmanon parehas ni Confucius, Buddha, o Socrates naninguha sad og pagkuha niining mga masukaron nga mga tubag. Gialinag ug maayo ni Confucius ang mga moralidad, kon asa gipahinungdan nga ang perpekto nga birtud gihunahuna nga usa ka etika nga mithi, ug hingdala og daghang mga disipilo. Si Buddha hingbuhat og dugay kaayo nga paghinulsol aron salbaron gikan sa pangkalibotanon nga kinabuhi. Gisundan ni Socrates ang kamatuoran sa iyang kaugalingon nga paagi ug naniksik alang sa tinuod nga kaalam.

Wala sa ila, hinuon, nakapangita og permanente, masukaron nga solusyon, nakab-ot ang tinuod nga kamatuoran, o nakakuha sa malungtaron nga kinabuhi. Kato bangud ang kamatuoran nga gitagoan sa wala pa mabuhat ang kalibotan mao ang usa ka butang nga ispirituwal nga dili makita og dili makamkam. Dili ka makapangita og klaro nga mga tubag sa kinabuhi hangtod masayod kanimo ang kabubut-on sa Dios nga Mamumugna mahitungod sa pagpa-ugmad sa tawo.

Gibuhat sa Dios Ang Katawhan

Usa ka misteryoso nga pag-umol sa mga organo ug mga selyula ug mga tehido sa lawas sa tawo ang dili masukod. Ang Dios nga nagbuhat sa tawo sa niining paagi gustong makakuha og tinuod nga mga anak kung asa Siya makapaambit og gugma sa kahangturan ug labaw pa. Para sa niining katuyoan, gibuhat sa Dios ang tawo sa Iyang dagway ug sa Iyang panagsama ug gipa-ugmad ang tawo ug giandam ang langit.

Unya, giunsa man pagbuhat sa Dios ang tanang butang sa kalibotan ug pag-umol sa tawo?

Ang Unom-ka-adlaw nga Binuhatan sa Dios

Gidibuho ug maayo sa Genesis 1 ang proseso niadto kon asa gibuhat sa Dios ang mga langit ug ang yuta sa unom ka mga adlaw. Miingon and Dios, *"Mahimo ang kahayag,"* ug dinha ang kahayag (Genesis 1:3). Ug miingon Siya, *"Matingub ang mga tubig nga anaa sa ilalum sa mga langit ngadto sa usa ka dapit ug tumungha ang yuta nga mamala,"* ug *nakahibalo kita nga mao kini.* (Genesis 1:9). Ug sa pagkanunay.

Sa miingon sa Hebrehanon 11:3, *"Tungod sa pagtoo kita makasabot nga ang kalibotan gibuhat pinaagi sa pulong sa Dios, nga tungod niana ang mga butang nga makita gibuhat gikan sa mga butang nga dili madayag.*" Gibuhat sa Dios ang kalibotan paagi sa Iyang Pulong.

Gibuhat sa Dios ang kahayag sa unang adlaw, ug gibuhat ang kahawan sa langit sa ikaduhang adlaw. Sa ikatulong adlaw, og asa miingon ang Dios, *"Matingub ang mga tubig nga anaa sa ilalum sa mga langit ngadto sa usa ka dapit ug tumungha ang yuta nga mamala"* (Genesis 1:9), nahimo niini ug gitawag sa Dios ang yuta nga mala nga kalibotan, ug ang matingub na mga tubig gitawag Niyang mga kadagatan. Ug miingon ang Dios, *"Magpaturok ang yuta ug balili; talamnon nga magahatag ug binhi, ug himunga nga mga kahoy sa kalibotan nga magahatag og bunga ingon sa ilang matang diin anaa kaniya ang iyang binhi"* (b.11), gidala sa yuta ang balili, mga talamnon nga naghatag og binhi ingon sa ilang matang, ug ang mga himunga nga mga kahoy ug bunga kanila, ingon sa ilang matang. Sa ika-upat nga adlaw, gibuhat Niya ang adlaw, ang bulan, ug ang mga bituon sa kahawan sa langit, ug gihimo ang adlaw ang maghari sa kahayag ug ang bulan maghari sa gabii. Sa ikalimang adlaw, gibuhat Niya ang mga linalang sa kadagatan ug matag usa nga buhi ug molihok nga butang og asa ang tubig natingub, suma sa iyahang matang, ug ang matag usa nga adunay pakpak nga langgam suma sa iyang matang. Sa ika-unom nga adlaw, gibuhat Niya ang kahayopan, ang mga nangamang sa yuta nga binuhat, ug mga ihalas nga mga mananap, tagsa sa iyang matang.

Gibuhat ang Tawo sa Dagway sa Dios

Giandam sa Dios nga Mamumugna ang usa ka palibot sa

unom ka adlaw kon asa ang tawo makapuyo, ug unya gibuhat ang tawo sa Iyang dagway. Gipanalanginan niya ang tawo ingon sa makagagahom sa tanang mga binuhat, ug giingnan siya ang mogahom ug magbuot sa ibabaw kanila.

"Ug gibuhat sa Dios ang tawo sa iyang kaugalingong dagway, sa dagway sa Dios gibuhat niya siya, lalake ug babaye iyang gibuhat sila. Ug gipanalanginan sila sa Dios; ug miingon ang Dios kanila "Sumanay ug dumaghan kamo, ug pun-on ninyo ang yuta, ug mogahom kamo niini; ug magbaton kamo sa kagamhanan sa ibabaw sa mga isda sa dagat, ug sa mga langgam sa kalangitan ug ibabaw sa tanan nga binuhat nga buhi nga nagalihok sa ibabaw sa yuta." *(Genesis 1:27-28).*

Giunsa, man, sa Dios pag-umol sa tawo?

Ug giumol sa GINOONG Dios ang tawo gikan sa abog sa yuta, ug gihuypan niya sa mga bangag sa iyang ilong sa gininhawa sa kinabuhi, ug ang tawo nahimong linalang nga may kinabuhi. (Genesis 2:7).

Niining bersikulo, ang abog naghisgot sa lapok. Usa ka maabilidad nga magkukulon, gamit ang may kalidad nga lapok, mohimo og celadon nga porselana o putting porselana nga may mataas nga bili sa kuwarta. Sa pikas nga bahin, pipila ka mga magkukulon mohimo og dili sidlak nga kulon, pang-atop nga baldosa, o mga tisa.

Ang bili sa usa ka buok nga plato sa kadaghanan nagdepende sa kon kinsa ang nihimo niini, unsa ka maabilidad niini gihimo, unsang klase sa lapok ang gigamit, ug unsang klaseng kulon niini. Sa pag-umol sa Makagagahom nga Dios nga Mamumugna sa tawo sa Iyang dagway, unsa kaanindot niini Niya gihimo?

Pagkahuman og pag-umol sa tawo sa Iyang dagway gikan sa abog, gihuypan sa Dios ang iyang mga bangag sa ilong ang gininhawa sa kinabuhi, kato mao ang buhi nga enerhiya. Ang gininhawa sa kinabuhi mao ang kabaskog, gahom, ug ang espiritu sa Dios.

Gihuypan sa Dios ang Tawo og Gininhawa sa Kinabuhi

Ug huna-hunaon kanimo ang mahitungod sa proseso sa pagsiga sa ploresen nga suga, mas madali kanimong masabtan ang proseso nga ang tawo gibuhat ingon sa usa ka buhi nga espiritu. Kon gusto kanimong mosiga ang usa ka suga nga ploresen, una kinahanglan kang moandam og usa ka gigama-og-maayo ug kini ipaslak sa kuryente. Bisan pa, dili niini mosiga hangtud imong paandaran ang kuryente.

Parehas sad ni sa telebisyon sa imong balay. Dili ka makakita og bisag unsa sa tabil og wala pa niini mipaandar, apan sa pagpaandar niini, makakita ug makapaminaw ka sa nagkalainlain nga klase nga mga panan-awon ug mga tingog. Makahimo ka og mga dagway nga panan-awon sa pagpaandar ra sa imong telebisyon. Apan, sa likod sa telebisyon, ang detalyadong mga pisa gitipon sa usa ka komplikado kaayo nga paagi.

Sa sama, giumol sa Dios dili lang ang hulma sa tawo apan apil ang kasudlan nga mga organo ug mga bukog kaniya gikan sa abog sa yuta. Gibuhat Kaniya ang mga ugat kon asa ang dugo moagi og ang sistema sa nerbiyos nga makahimong makatuman sa hingpit nga paglihok niini.

Ang gahom sa Dios makabaylo sa abog og mahimong panit kon Iyahang gustohon. Sama sa pagtugot nga molatay ang kuryente, Iyang gihuypan ang tawo sa gininhawa sa kinabuhi. Ug ang dugo sa sulod kaniya misugod og libot gilayon, ug siya nakaginhawa ug nakalihok.

Sa dugang pa, tungod ang Dios nagbuhat sa memorya nga mga yunit sa mga selyula sa utok sa tawo, ang mga tawo mopasulod ug memoryahon ang ilang mapaminawan, ug mabati sa mga selyula sa utok. Ang unsang mapasulod ug mamemorya mahimong kaalam, ug ang kaalam mapahuwad ingon sa mga panghuna-huna. Ug imong gamiton ang natipigan nga kaalam sa kinabuhi, gitawag kini nga kinaadman.

Ang katawhan, bisan og binuhat lamang, nidungag sa ilang kinaadman ug kaalam, ug mo-ugmad sa usa ka detalyado nga siyentipiko nga sibilisasyon. Karon, ilang gipaghibalag ang kalibotan ug mohimo og mga kompyuter ug mopasulod og kinadak-ang impormasyon kanila og gipaandar usab niini ug nakabenepisyo kini sila og maayo gikan sa mga kompyuter parehas lang nga gibuhat sa Dios ang mga yunit sa memorya sa mga selyula sa utok. Nakauswag sila ngadto sa paghimo og A.I. nga mga kompyuter nga makaila og mga letra o tingog sa tawo ug makaambit sa uban. Mahimo ni silang mo-uswag og samot sa paglipas sa panahon.

Unsa busa kasayon niini sa Gamhanan nga Dios nga Mamumugna nga iumol ang tawo gikan sa abog sa yuta ug huypan sa gininhawa sa kinabuhi aron mahimo siyang buhi nga linalang! Sayon ra kaayo sa Dios nga makabuhat og usa ka butang gikan sa wala, apan kini kahibudnganan ug dili matungkad sa tawo (Mga Salmo 139:13-14).

Nganong Gipa-ugmad man sa Dios ang Katawhan

Si Hesus nagpanudlo nato sa kabubut-on sa Dios paagi sa mga sambingay. Kay ang espirituwal nga ginsakpan dili masabtan sa tawo nga kaalam, gigamit Niya ang mga butang sa yuta sa mga sambingay aron ikaw mapasabot.

Daghan niini may kahilabtanan sa pagpa-ugmad. Pananglitan, aduna ang mga sambingay sa magpupugas (Mateo 13:3-23; Marcos 4:3-20; Lucas 8:4-15), ang sambingay sa liso sa mustasa (Mateo 13:31-32; Marcos 4:30-32; Lucas 13:18-19), ang sambingay sa mga sagbot sa uma (Mateo 13:24-30, 36-43), sabingay sa parasan (Mateo 20:1-16), ug ang sambingay sa mga saop (Mateo 21:33-41; Marcos 12:1-9; Lucas 20:9-16).

Kining mga sambingay mopakita nato nga, sa sama ang mag-uuma mohinlo sa yuta, mopugas og mga liso, paugmadun kanila, ug anihon ang mga produkto, ang Dios moumol ug mopa-ugmad sa katawhan sa yuta ug ihimulag ang tribo sa uhot.

Gusto sa Dios nga Ipaambit ang Tinuod nga Gugma uban sa Iyang mga Anak

Ang Dios dili lang adunay kabalaanan apan aduna sad og katawhanon. Ang kabalaanan mao ang gahom sa nakahibalo-sa-tanan ug ang makagagahom-sa-tanan nga Dios nga Mamumugna nga Iyang kaugalingon mismo, ang katawhanon mao ang hunahuna sa tawo. Busa, ang Dios nibuhat ug nihari sa tanang kalibotan, kasaysayan ug mga kabuhi sa tawo. Mabati sad Niya ang kasadya, kapungot, kasakit, kalipay, ug gustong iambit ang gugma uban sa Iyang mga anak.

Ang Biblia nagpakita nato sa pila ka beses nga ang Dios adunay kinaiya og pagkatawo; Ang Dios nagpangalipay ug nagpanalangin sa mga tawo niadtong sila, gibuhat sa dagway sa Dios, gihimo kon unsa ang matarong, apan nagkaguol ug nag-agulo sa kapungot kon sila mohimo og mga sala. Ang handom sa Dios nga makig-ambit sa Iyang mga anak ug hatagan sila ug maayo nga mga butang kanunay gipadayag sa Pulong sa Dios.

Kon ang Dios aduna ra'y balaan nga mga kinaiya, dili Siya unta mupahulay pagkahuman sa unom-ka-adlaw nga pagbuhat sa kalibotan, ug dili unta gustong magpanag-uban kanato, nga miingon, *"Pag-ampo kamo sa walay paghunong"* (1 Mga Taga-Tesalonica 5:17), ug *"Tawgon mo ako, ug ako motubag kanimo, ug magapakita kanimo ug dagkong mga butang, ug malisud, nga wala mo hibaloi"* (Jeremias 33:3).

Usahay gusto kanimong mag-usahanon, apan malipayon sa panahon nga uban kanimo ang parehas-og-hunahuna nga abyan nga mahimong makapa-ambit kanimo sa iyang gugma. Sama sad, gibuhat sa Dios ang tawo sa Iyang dagway kay gusto Niyang makigbaylo og gugma sa uban. Gipa-ugmad niya ang tawo nga mga espiritu niining yuta kay gusto Niya ang tinuod nga mga anak kon asa makasabot sa Iyang kasingkasing ug higugmaon siya gikan sa ilang mga kasingkasing.

Gusto sa Dios nga Mutuman ang mga Anak sa Ilang Kaugalingong Pagbuot

Ang uban mahimong mahibulong og nganong gibuhat man sa Dios ang katawhan ug gipadako sila bisan pa daghang masinundanon nga mga anghel ug ang hukbong langitnon sa langit. Apan, ang kadaghanang mga anghel walay mga kinaiya nga tawhanon nga labing importante sa pagpa-ambit sa gugma. Sa ubang pulong, wala sila mismong kaugalingong pagbuot nga mupili. Mituman sila og maayo sa mga sugo parehas sa mga robot, apan dili nila mabati ang kasadya, kapungot, kasubo, o kalipay parehas sa katawhan. Busa, dili sila makapa-ambit og gugma uban ang Dios gikan sa ilalom sa ilang mga kasingkasing.

Pananglitan, kunohay aduna ka'y duha ka mga anak. Ang usa sa kanila mosunod ra sa imong mga sugo nga wala'y paghayag sa bisan unsang pagbati, opinyon, o gugma parehas sa maayong pag-programa nga robot. Ang usa usahay mopasakit sa imong pagbati, apan sa dili madugay magbasol sa iyang mga lihok, katam-is kanimong mukapyot, ug mupahayag sa iyang kasingkasing sa daghang pamaagi. Unya, asa man sa kanila ang imohang labing higugmaon? Gayud, mao ang ulahi.

Kunohay aduna ka'y usa ka robot nga moluto, molimpiyo sa

balay, ug moalagad kanimo. Bisan pa, wala kanimo higugma-a ug labaw ang robot kaysa imong mga anak. Bisan unsaon pa og trabaho pag-ayo sa robot para kanimo ug unsa niini ka matinabangon, dili niini makabanos sa lugar sa imong mga anak.

Sama niini, mas gusto sa Dios ang katawhan nga malipayong mutuman Niya sa ilang kaugalingong pagbuot uban ang rason ug pagbati kaysa mga anghel ug ang hukbong langitnon, nga molihok og murag nakaprogramang mutuman nga mga robot. Gitahag Niya sa katawhan ang kaugalingong pagbuot ug ang Iyang Pulong. Ug gitudloan Niya sila og unsa ang maayo ug dautan ug unsa ang dalan padulong sa kaluwasan o kamatayon. Mapailubon Siyang muhuwat hangtud sila mahimong tinuod nga mga anak.

Ang Pagpa-umad sa Dios sa Tawo uban ang Ginikanang Pagbati

Gisulat sa Genesis 6:5-6 nga *"Ug nakita sa GINOO ang pagkadautan sa tawo sa yuta dako, ug nga ang tanang pagpalandong sa mga hunahuna sa iyang kasingkasing lonlon mga kadautan lamang gihapon. Ug kini nakapabasul sa GINOO nga gibuhat niya ang tawo sa yuta, ug nakapasubo kini kaniya sa iyang kasingkasing."*

Kini ba nagkahulogan nga wala kini nahibaloan sa Dios nga kamatuoran sa pagbuhat Niya sa tawo? Hingpit kining nahibaloan Kaniya. Ang Dios nakahibalo-sa-tanan ug makagagahom-sa-taan gani nakahibalo siya sa tanang butang sa wala pa gisugdan ang panahon. Bisan pa, gibuhat Niya ang mga tawo ug gipa-ugmad kanila.

Kon kamo mga ginikanan, mahimong mas sayon ninyong masabtan niini. Ug unsa kalisod manganak ug magpadako kanila! Samtang mabdos ang babaye, daghang klaseng mga kasakit parehas sa pagsuka sa sulod sa siyam ka mga buwan. Sa oras sa pagpanganak, dakong kasakit ang mouban sa inahan. Para pakan-on, ilisan, ug tudloan ang mga anak, ang mga ginikanan mohimo og dagkong mga paningkamot ug motrabaho og maayo adlaw ug gabii. Kon gabii na mupauli ang mga bata, magkabalaka ang ilang mga ginikanan kanila. Ug magdaut sila, ang ilang ginikanan mobati og mas dakong sakit kaysa sa ilang mga anak.

Nganong gipadako man sa mga ginikanan ang ilang mga anak baliwala sa tananng sakit ug pagpaningkamot? Ang rason mao nga ang mga ginikanan gusto nga adunay maka-ambit sa ilang gugma, parehas sa, mabati ang gugma sa mga ginikanan ug higugmaon ang ilang mga ginikanan gikan sa ilang mga kasingkasing. Para sa mga ginikanan, bisan sa kining mga kasakit nihatag og kalipay. Sa dugang pa, og duol nga magparehas ang mga anak sa ilang mga ginikanan, unsa ka maanyag kini sila! Gayud, ang tanang mga anak dili makahimo sa katungdanan sa ilang mga ginikanan. Pipila ka mga bata mohigugma ug motahod sa ilang mga ginikanan, apan pipila moguol kanila.

Sa sama, bisag nasayod sa tanang mga kasakit sa pagpadako sa mga anak, wala kining mga butang gihunahuna sa mga ginikanan ingon sa mga pasakit. Hinuon, mohimo sila og dagkong mga paninguha, magdahom na ang ilang mga anak mutubo og maayo ug mahimong ilang kalipay. Sa pareho nga paagi, Ang Dios nakahibalo nga ang mga katawhan mosupak, mahugaw, ug makaingon sa kaguol, apan nakahibalo sad Siya nga adunay pipila ka tinuod nga mga anak nga makig-ambit sa ilang gugma uban Kaniya. Busa, gibuhat sa Dios ang katawhan ug gipadako sila sa kaugalingong pagbuot.

Gusto sa Dios nga Himayaon sa Iyang Tinuod nga mga Anak

Gipa-ugmad sa Dios ang katawhan nga espiritu dili lang aron makuha ang tinuod nga mga anak apan para himayaon sad paagi kanila. Bisan pa nga makadawat ang Dios og himaya gikan sa dako nga katigoman nga mga anghel ug ang hukbong langitnon. Apan, ang iyang tinuod nga gusto mao ang himayaon paagi sa Iyang gipa-ugmad nga mga tinuod nga mga anak gikan sa kailawmon sa ilang mga kasingkasing.

Giingon sa Dios sa Isaias 43:7 nga *"Ang tagsatagsa nga gitawag pinaagi sa Akong ngalan, ug nga akong gibuhat alang sa akong himaya, nga akong giumol, bisan pa, ang akong gibuhat,"* ug mitudlo kanimo sa *1 Mga Taga-Corinto 10:31, "Busa, kon magakaon kamo o magainom, o magabuhat sa bisan unsa, buhata ninyo kining tanan aron sa paghimaya sa Dios."*

Ang Dios ang Mamumugna, Gugma, ug ang Hustisya. Gihatag Niya ang usa ug bugtong Niyang Anak aron maluwas kita, ug giandam ang mga langit ug ang walay-katapusan nga kinabuhi. Labaw pa sa takos Siya nga himayaon. Bisan pa, gusto Niyang ibalik ang himaya didto sa mga nihatag Niya og himaya.

Busa, kinahanglan ninyong mahimong tinuod nga mga anak sa Dios nga makapa-ambit sa gugma uban Siya sa kahangtoran paagi sa pagsabot og nganong gusto sa Dios nga himayaon paagi sa Iyang espirituwal nga gipa-ugmad nga mga anak.

Gihimulag sa Dios ang Trigo gikan sa Uhot

Gipa-ugmad sa mga mag-uuma ang yuta kay gusto nilang mangani og kadaghang mga pananom. Gipa-ugmad sad sa Dios ang mga espiritu sa tawo sa yuta aron makakuha og tinuod nga mga anak nga dili lang Siya higugmaon ug himayaon gikan sa ilang kasingkasing apan makig-ambit sad og gugma uban Kaniya sa langit sa kahangtoran.

Sa kanunay parehong adunay trigo og uhot sa pag-ani, busa ihimulag sa mag-uuma ang trigo gikan sa uhot, hiposon ang trigo ngadto sa ilang mga kamalig, ug sunogon ang uhot sa kalayo. Sa parehong paagi, ihimulag sa Dios ang trigo gikan sa uhot human sa pagpa-ugmad sa mga espiritu sa tawo:

Ang iyang paliran anaa na sa Iyang kamot, pagahinloan Niya ang Iyang giukan; ug hiposon niya ang iyang trigo ngadto sa dapa, apan ang mga uhot iyang pagasunogon sa kalayo nga dili arang mapalong (Mateo 3:12).

Busa, kinahanglan hugot kanimong tuohan nga gipa-ugmad sa Dios ang mga espiritu sa tawo sa yuta, ug sa Iyang kaugalingong panahon Iyahang hiposon ang trigo - tinuod nga mga anak – ngadto sa langit para sa walay-katapusan nga kinabuhi, apan sunogon ang uhot sa kalayo nga dili arang mapalong sa impiyerno.

Unya, atong dugang pa nga usisaon og unsang klaseng mga tawo ang trigo ug ang uhot sa panan-awan sa Dios, ug unsang mga klaseng mga lugar ang langit ug ang impiyerno.

Ang Trigo ug ang Uhot

Ang trigo nagtimaan kadto silang nidawat ni Hesukristo, hinglakaw sa kamatuoran, ug nakig-ambit sa gugma uban ang Dios. Sila ang mga anak sa kahayag nga hingbawi sa nawalang dagway sa Dios, ug mutuman sa bisa'g unsa nga sugo sa Dios.

Sa pikas nga bahin, ang uhot nagtimaan sa katong sila nga wala nidawat ni Hesukristo, o katong sila nga niangkon na nagtoo apan wala nabuhi paagi sa Pulong sa Dios, ug hingsunod sa ilang kaugalingong mga dautan nga pagpaninguha.

Gipamatbat sa 1 Timoteo 2:4 nga ang atong Dios mao *"nga nagatinguha nga ang tanang mga tawo mangaluwas unta ug managpakakab-ot sa kahibalo sa kamatuoran."* Kana mao, ang gusto sa Dios nga ang tanang mga tawo ang mahimong trigo ug musolod sa ginharian sa langit. Gitinguhaan sa Dios nga makamatngon ka niini sa daghang mga paagi ug dad-on ka ngadto sa dalan sa kaluwasan. Bisan unsaon pa, pipila ka mga tawo ang sa hingapusan nagpakasala sa tugon og kabubut-on sa Dios suma sa ilang kaugalingong pagbuot. Kining mga tawhana mas dautan pa kay sa mga hayop sa atubang sa Dios kay giwala nila ang kamahalon sa tawo.

Gisunog sa mga mag-uuma ang uhot sa kalayo o gigamit niini nga patambok kay kon ipangipon ang parehong trigo ug uhot sa kamalig, madunot ang trigo. Busa, dili pasudlon sa Dios ang uhot sa ginharian sa langit og asa ang trigo padulong. Dili parehas sa mga mananap, ang tawo adunay walay-katapusan nga espiritu kay gihuyop sa Dios ang gininhawa sa kinabuhi sa iya sa pagbuhat Niya kaniya. Busa dili mahimong gub-on sa Dios ang uhot, o bayaan silang mawad-an og hinungdanon.

Dili niini malikayan nga hiposon sa Dios ang trigo sa langit ug tugotan silang mangalipay sa walay-katapusan nga kasadya, ug sunugon ang uhot sa kalayo nga dili arang mapalong sa impiyerno sa kahangtoran. Busa, kinahanglan kanimong ibutang kining kamatuoran sa imong hunahuna aron dili malabay ngadto sa kalayo sa impiyerno.

Ang Kaanyag sa Langit ug ang Kalisang sa Impiyerno

Sa pikas nga bahin, ang langit sobra ka kaanyag ikumpara sa bisan unsa niining kalibotan. Pananglitan, ang mga bulak niining kalibotan molawos ra, apan ang mga bulak sa langit dili molawos mi matagak kay ang tanang butang sa langit matunhayon. Ang mga kalsada nahuman sa puro nga bulawan nga parehas katin-aw sa bildo, ang Suba sa Kinabuhi nagsidlak na mura og puro nga kristal nga nagdagan og lahos ug ang mga balay nahuman sa tanang klaseng masilakon nga mga alahas. Ang tanang butang dili masulti ang kaanyag (palihog tan-awa ang *Langit I & II*). Sa pikas nga bahin, ang impiyerno kon diin ang ilang ulod dili mamatay, ug ang kalayo nga dili mapalong. Ang matag-usa paga-asinan og kalayo (Marcos 9:48-49). Sa dugang pa, aduna ang linaw nga gakalayo nga asupre sa impiyerno nga pito ka beses mas maiinit kaysa sa linaw sa kalayo (Pinadayag 20:10, 15). Ang wala maluwas nga mga tawo kinahanglan mupuyo ngadto sa linaw nga dili mapalong nga kayo o sa linaw nga gakalayo nga asupre sa kahangturan. Unsa ka makalisang ang mupuyo ngadto nga walay-katapusan (palihog tan-awa ang *Impiyerno*)!

Busa, miingon si Hesus sa Marcos 9:43 nga *"Ug kon ang imong usa ka kamot mao ang makaingon kanimo sa imong pagpakasala, putla kini; kay maayo pa kanimo nga magasulod ka sa kinabuhi bisan pungkol kay sa may duha ikaw ka mga kamot apan igabanlud ka ngadto sa impiyerno, sa kalayo nga dili arang mapalong."*

Nganong kinahanglan sa Dios nga gugma buhaton ang parehong makalisang nga impiyerno ug ang kaanyag nga langit? Kon tugotan nga mosulod ang dautan ng mga tawo sa lugar kon asa ang mga maayo ug mahigugmaon sa Dios mopuyo, kini masakit sa maayong mga tawo ug ang langit mahugaw paagi sa dautan. Sa makadiyot, gibuhat sa Dios ang impiyerno kay gihigugma Niya ang katawhan ug gustong ihatag ang pinakamaayo sa Iyang mga anak.

Ang Paghukom sa Dakong Puti nga Trono

Parehas sa mag-uuma nga mopugas sa mga liso ug moani kanila sa tagsa nga tuig, gipa-ugmad sa Dios ang mga espiritu sa tawo sukad nga si Adan gipagawas sa Tanaman sa Eden ug himuon niini hangtud si Hesus moabot og usab.

Gipakita sa Dios ang Iyang pagbuot sa mga matinuohon nga naunang mga amahan parehas ni Noah, Abraham, Moses, Juan Bautista, Pedro, ug ang apostol nga si Pablo. Karon, nagpadayon Siya sa pagpa-ugmad sa mga espiritu sa tawo paagi sa Iyang mga ministro ug mga magbubuhat. Apan, kon ang katapusan kinahanglan moabot pagkahuman sa sinugdan, ang pagpa-ugmad sa mga espiritu sa tawo dili muhangtod sa katapusan.

Miingon ang 2 Pedro 3:8 nato nga, *"Apan mga hinigugma, ayaw kamo pagpakabuta niining usa ka butang nga tinuod, nga alang sa Ginoo ang usa ka adlaw ingon sa usa ka libo ka tuig, ug ang usa ka libo ka tuig ingon sa usa ka adlaw."* Parehas nga nipahuway ang Dios sa ikapitong adlaw human sa unom-kaadlaw-nga-pagbuhat sa kalibotan, ang pag-abot ni Hesus ug ang Bag-ong Milenyo, ang panahon sa Sabbath moabot pagkahuman sa unom ka libo nga tuig sukad sa pagsuway ni Adan. Pagkahuman ato, paagi sa Paghukom sa Dakong Puti nga Trono, tugotan sa Dios ang trigo nga mosulod sa langit ug ilabay ang uhot ngadto sa kayo sa impiyerno.

Busa, ako nag-ampo sa Ginoong Hesukristo nga halawom nga masabtan ang kabubut-on sa Dios ug gugma sa pagpa-ugmad sa katawhan, mopadulong sa usa ka gipanalanginan nga kinabuhi, ug himayaon ang Dios uban ang madilaabon nga paglaom para sa langit.

Kapitulo 3

Ang Kahoy sa Kahibalo sa Maayo ug Dautan

- Si Adan ug si Eva sa Tanaman sa Eden
- Si Adan Hingsupil sa Iyang Kaugalingong Pagbuot
- Ang Suhol sa Sala Mao ang Kamatayon
- Nganong Gibutang man sa Dios ang Kahoy sa Kahibalo sa Tanaman sa Eden?

"Ug gikuha sa GINOONG Dios ang tawo ug gibutang siya sa tanaman sa Eden aron kini iyang atimanon ug bantayan. Ug ang GINOONG Dios nagsugo sa tawo nga nagaingon, 'Makakaon ka sa tanan nga kahoy sa tanaman; apan sa kahoy sa kahibalo sa maayo ug sa dautan dili ka magkaon niini, kay sa adlaw nga mukaon ka niini, mamatay ka gayud.'"

Genesis 2:15-17

Katong wala nakaila sa dakong gugma sa Dios nga Mamumugna ug ang Iyang halawom ug mapalandongon nga kabubut-on sa pagpadako sa Iyang tinuod nga mga anak mahimong mangutana, "Nganong gibutang man sa Dios ang kahoy sa kahibalo sa maayo ug dautan sa Tanaman sa Eden? "Nganong gitugotan man Niya ang tawo ngadto sa dalan sa pagkaguba?" Naghunahuna sila nga ang tawo mahimong dili mamatay ug unta mangalipay sa kasadya nga kinabuhi sa kahangtoran sa Tanaman sa Eden kon wala lang gibutang sa Dios ang kahoy ngadto.

Pipila sa kanila miingon sad sa mga butang subay sa mga linya nga, "Tingali wala matag-anan sa Dios nga si Adan mukaon sa bunga sa kahoy sa kahibalo sa maayo ug dautan" kay wala sila motoo nga ang Dios nakahibalo-sa-tanan ug makagagahom-sa-tanan. Gibutang ba Niya ang kahoy sa Tanaman sa Eden uban ang kabos nga panabot nga wala nakahibalo sa pagsupil ni Adan sa umalabot? O gibutang ba og tuyo sa Dios ang kahoy ngadto ug gitultolan ang tawo sa dalan sa kamatayon? Dili gayud!

Unya, nganong gibutang man sa Dios ang kahoy sa kahibalo sa maayo ug dautan sa tunga sa Tanaman sa Eden? Nganong misupil man si Adan sa sugo sa Dios ug nahagbong ngadto sa dalan sa kamatayon?

Si Adan ug si Eva sa Tanaman sa Eden

Giumol sa Dios ang tawo gikan sa abog sa yuta ug gihuypan ngadto sa iyang mga bangag sa ilong og gininhawa sa kinabuhi, ug ang tawo nahimong buhi nga linalang (Genesis 2:7). Ang buhi nga linalang mao ang espirituwal nga linalang nga walay bisan unsa nga kaalam og kanus-a siya unang gibuhat. Mokuha ta ug usa ka sayon nga ehemplo. Ang usa ka bag-ong panganak nga puya walay kinaadman ug kaalam. Ang puya adunay sistema sa pagmemorya sa iyang utok, apan wala pa nakakita, nakapaminaw, o natudloan ug bisag unsang butang. Busa ang puya mulihok ra sa iyang kinaiyang gawi.

Sa parehas nga paagi, si Adan walay espirituwal nga kinaadman o kaalam sa unang paghimo kaniya nga buhi nga linalang.

Nakakat-on si Adan sa Kaalam sa Kinabuhi gikan sa Dios

Mitanom ang Dios og usa ka tanaman sa subangan, sa Eden ug gibutang si Adan ngadto. Gihatagaan sa Dios si Adan og kaalam sa kinabuhi ug ang kamatuoran usa-sa-usa, milakaw kuyog kaniya ngadto aron mabutang Niya si Adan nga modumala ug moatiman sa Tanaman sa Eden.

Mabasa sa Genesis 2:19, *"Ug giumol sa GINOONG Dios gikan sa yuta ang tanang mga mananap sa kapatagan ug ang tanan nga langgam sa kalangitan, ug sila gidala niya sa tawo aron makita niya kong unsaon niya paghingalan kanila; ug ang tanan nga gihinganlan sa tawo sa mga mananap nga buhi, kana mao ang ngalan niini."* Si Adan giandaman og igo nga kaalam sa kinabuhi para makasugo sa tanang mga butang.

Sa gihapon, ingon sa Dios murag dili maayo kang Adan nga usa ra. Busa, gipahinanok siya og katulog sa Dios aron mohimo og angay nga katabang alang kaniya. Mikuha ang Dios og usa sa mga gusok sa tawo ug gitakpan niya ang unod sa dapit niini samtang natulog ang tawo. Ug ang gusok nga gikuha Niya gikan sa tawo gibuhat niya nga usa ka babaye, ug gidala siya ngadto sa lalake. Gipaipon sa Dios ang tawo kauban ang iyang asawa, ug nahimo silang usa ka unod (Genesis 2:20-22).

Dili kini bangud si Adan sa iyang kaugalingon gimingawan apan kay ang Dios usahanon ra sa dugay kaayo nga panahon sa wala ba gisugdan and panahon ug nakaila og unsa ang kamingaw. Ang dakong gugma ug kaambong sa Dios modala Kaniya nga mohimo sa katabang ni Adan ug Siya, nga una nga nakahibalo sa kahimtang ni Adan, gipanalanginan ang tawo ug ang iyang asawa nga mahimong mabungahon, molambo, ug mopuno sa yuta.

Ang Taas nga Kinabuhi ni Adan sa Tanaman sa Eden

Unya, unsa kadugay si Adan ug ang iyang asawa hingpuyo sa Tanaman sa Eden? Ang Biblia wala mohisgot niini sa detalye, apan imong nahibaloan nga hingpuyo sila og mas dugay kaysa gihunahuna sa kadaghanang mga tawo.

Ang Biblia hingsugid sa tanang mga kamatuoran sa kadiotayon lang nga mga bersikulo. Busa, gihunahuna sa daghang mga tawo nga gikaon ni Adan ang gidilian nga bunga ug nahulog ngadto sa pagkaguba dili madugay pagkahuman og butang sa Dios niya sa Tanaman sa Eden. Pipila kanila nangutana, "Ang Biblia miingon nga ang kasaysayan sa katawhan mao ang unom ka libo nga mga tuig, apan unsaon man kanimo pagpatin-aw sa daghang mga fossil nga gipetsahan gikan kaniadtong daghang ginatos ka libo nga mga tuig?"

Ang kasaysayan sa pagpa-ugmad sa tawo sa Biblia hapit sa 6,000 ka mga tuig, gisugdan gikan sa panahon kon asa si Adan ug Eva gipagawas sa Eden. Wala kini giapil ang taas nga panahon kon asa sila hingpuyo sa Tanaman sa Eden. Sa paglipas sa taas nga panahon, adunay daghang dagkong heolohiya ug heograpiya nga mga pagbaylo parehas sa reaksyon sa ibabaw sa yuta ug ang daghang mga paglibot sa paghulad ug pagwagtang nga nahitabo niining kalibotan. Sa gihisgotan sa Kapitolo 1, daghang mga fossil ang makapamat-od niining kamatuoran.

Parehas sa pagpanalangin sa Dios ni Adan ug sa iyang asawa sa Genesis 1:28, ang unang tawo si Adan, sa wala pa siya gisumpa, hinglakaw uban ang Dios ug nanganak og daghang mga anak sa taas nga panahon ug gipuno ang Tanaman sa Eden. Ingon sa manugmando sa tanang gibuhat nga mga butang, si Adan ang hinggahom ug hingdumala sa yuta uban sad ang Tanaman sa Eden.

Si Adan Hingsupil sa Iyang Kaugalingong Pagbuot

Gihatag sa Dios ni Adan ug Eva ang pagbuot ug gitugotan

sila nga mangalipay sa kadaghan ug kasadya sa Tanaman sa Eden. Apan, adunay usa ka butang nga gidid-an ang Dios. Gisugo sa Dios kanila nga dili mukaon gikan sa kahoy sa kahibalo sa maayo ug dautan.

Kon nasabtan lang ni Adan ang halawom nga kasingkasing sa Dios ug gihigugma Siya og tinuod, wala unta siya mukaon sa ginadili nga bunga kay nakahibalo siya sa sugo sa Dios. Apan, wala siya mutuman niining pat-od nga sugo kay wala niya gihigugma og tinuod ang Dios.

Gibutang sa Dios ang kahoy sa kahibalo sa maayo ug dautan sa Tanaman sa Eden ug gitukod ang mapig-oton nga balaod sa tunga sa Dios ug sa tawo. Gitugotan Niya ang tawo nga mutuman sa sugo sa iyang kaugalingong pagbuot. Kato tungod gusto Niyang maangkon ang tinuod nga mga anak nga motoo Kaniya gikan sa gilawmon sa ilang mga kasingkasing.

Gipasagdan ni Adan ang Pulong sa Dios

Sa Biblia, kanunay gisaad sa Dios ang mga panalangin sa mga mutuman sa tanan Niyang sugo ug tagdon ang Iyang Pulong (Deuteronomio 15:4-6, 28:1-14). Apan, kinsa ang mutuman sa tanan Niyang mga sugo? Bisan ang Biblia hing-angkon nga adunay pipila lang ka mga tawo sa kalibotan ang makahimo.

Gitudloan man gayud seguro sa Dios si Adan nga mangalipay siya sa walay-katapusan ng kinabuhi ug mga panalangin basta mutuman lang siya sa Dios, apan muadto sa walay-katapusan nga kamatayon kon mosupil siya sa Dios. Gipasidan-an siya sa Dios nga dili mukaon gikan sa kahoy sa kahibalo sa maayo ug dautan.

Apan, gibaliwala ni Adan ug Eva ang sugo sa Dios, ug hingkaon sa ginadili nga bunga. Gitinguhaan og paggubot ni Satanas ang plano sa Dios sa pagpadako sa tinuod ug espirituwal nga mga anak sukad pa sa sinugdanan. Sa katapusan, si Satanas nilampos sa pagpapanulay kanila nga mukaon niini paagi sa halas nga mao ang labing limbongan sa tanang mga mananap nga gibuhat (Genesis 3:1). Gisupak ni Adan ug ni Eva ang sugo sa Dios. Giunsa, man, ni Adan pagsupil sa sugo sa Dios nga bisan pa usa siya ka buhi nga espiritu ug gitudloan lang sa Dios sa kamatuoran?

Sa Genesis 2:15, makita nato nga ang Dios gibuhat si Adan nga mudumala ug muatiman sa Tanaman sa Eden. Gidawat ni Adan ang gahom ug kagamhanan gikan sa Dios aron mudumala ug bantayan niini. Gibuhat siya sa Dios nga mubantay niini kay basig sudlan niini sa kaaway nga yawa ug ni Satanas. Bisan pa, wala mupakyas si Satanas sa pagdumala sa halas ug panulayan si Adan ug Eva paagi sa halas. Nganong nahimo man kini?

Sa usa ka pulong, Si Satanas usa ka dautan nga espiritu nga adunay kagamhanan sa ginharian sa kahanginan. Si Satanas walay hulma. Sa Mga Taga-Efeso 2:2, gisayod si Satanas ingon sa prinsipe sa gahom sa kahanginan, sa espiritu nga karon mao ang nagalihok diha sa mga anak nga masupilon.

Kay tungod nga si Satanas murag mga kayab sa radyo nga molupad sa kahanginan, madumala ni Satanas ang halas sa Tanaman sa Eden aron panulayan si Adan ug Eva. Gipakita sa Genesis 1 ang usa ka gibalik-balik nga tinuyo nga pulongan. Sa katapusan sa kada adlaw nga pagbuhat, ang Biblia hingbalik-balik nga, "Nakit-an sa Dios nga maayo niini." Kining pulongan wala gisulti sa ikaduhang adlaw kon asa gibuhat ang wanang.

Usab, ang Mga Taga-Efeso 2:2 miingon sa usa ka panahon *"nga niini nanaggawi kamo kaniadto uyon sa paagi niining kalibotana, suma sa prinsipe sa gahom sa kahanginan, sa espiritu nga karon mao ang nagalihok diha sa mga anak masupilon."* Unang nailhan sa Dios nga ang dautan nga mga espiritu magabuot sa ginharian sa kahanginan.

Nahulog si Eva sa Pagpanulay sa Halas

Ang halas usa ra sa sa mga mananap sa kapatagan. Giunsa man niini paglampos sa pagpanulay ni Eva aron mosupak siya sa sugo sa Dios.

Sa Tanaman sa Eden, ang mga tawo mahimong makig-ambit uban sa tanang buhi nga mga binuhat parehas sa mga bulak, mga kahoy, mga langgam, mga mananap, ug uban pa. Si Eva mahimong makig-ambit sad sa halas. Sa una, gilamian ang mga tawo sa mga halas, ug maayuhay kanila dili sama sa karong mga adlawa. Kini sila sa una mahamis kaayo, hinlo, taas, ug maalam gayud gihimut-an niini ni Eva. Nailhan kanila siya og maayo ug gipahimuot siya. Kini sama ra sa mga iro nga nahimut-an sa mga tag-iya kay mas alisto kini sila ug mas maayo mosunod kaysa bisan unsa nga ubang mga mananap.

Apan, miingon ang daghang mga tawo, "Ang mga halas makalisang, makahilo, ug makaluod." Ila gilayong hinawayan ang halas kay ang mga halas mao ang nilimbong sa unang tawo nga si Adan ug ang iyang asawa nga si Eva nga hingsupil sa sugo ug gitulod sila ngadto sa dalan sa kamatayon.

Aron masabtan ang kinaiya sa halas, kinahanglan kanimong

masayod ang ilhanan sa tinuod nga yuta. Ang matag yuta adunay nagkalainlain nga mga sagol ug nagkalainlain nga dinugtong nga kaigoan kanila. Suma sa mga elmento nga gidugang sa yuta, ang yuta mahimong maayo o timawa. Sa pagbuhat sa Dios sa tanang klase nga mga mananap sa kapatagan ug ang tanang klaseng mga langgam sa kahanginan, gipili Niya ang matag usa nga yuta nga angay alang sa matag mananap (Genesis 2:19).

Wala gibuhat sa Dios ang halas nga malimbongon sa una. Gibuhat niini sa Dios nga igo lang ang kaalam aron mahamut-an sa mga tawo. Apan, ang halas nahimong malimbongon pagkahuman nga ang dautan nga kinaiya niadto hingsulod niini. Kon wala modawat ang halas sa tingog ni Satanas apan gituman lang ang pagbuot sa Dios, nahimo unta niini og maalam ug maayo nga mananap. Kay tungod nga naminaw kini ug hingtuman sa tingog ni Satanas, busa, ang halas nahimong usa ka malimbongon nga mananap nga nilimbong ni Eva aron mahulog ngadto sa kamatayon.

Kay Giusab ni Eva ang Pulong sa Dios

Ang halas nakahibalo og unsa ang giingon sa Dios ni Adan: *"Makakaon ka sa tanan nga kahoy sa tanaman; apan sa kahoy sa kahibalo sa maayo ug sa dautan, dili ka magkaon niini, kay sa adlaw nga mukaon ka niini mamatay ka gayud."* (Genesis 2:16-17). Busa limbongan nga gipangutana sa halas si Eva, "Diay, nag-ingon ang Dios, "Diay, nag-ingon ang Dios, 'Dili kamo makakaon sa tanan nga mga kahoy sa tanaman'?" (Genesis 3:1)

Giunsa man pagtubag ni Eva sa halas?

Makakaon kami sa bunga sa mga kahoy sa tanaman, apan sa bunga sa kahoy nga anaa sa taliwala sa tanaman, miingon ang Dios, "Dili kamo magkaon niana, bisan maghikap niana, o mamatay kamo." (Genesis 3:2-3).

Gitagaan sa Dios si Adan og tin-aw nga pasidaan: *"Apan sa kahoy sa kahibalo sa maayo ug sa dautan dili ka magkaon niini, kay sa adlaw nga mukaon ka niini, mamatay ka gayud"* (Genesis 2:17). Iyang gipaundak nga dili sila mabuhi kon mukaon sila gikan sa kahoy. Apan, ang tubag ni Eva dili dayag. Hingtubag ra siya og dili tino, "Mamatay ka." Gilaktawan niya ang pulong nga "gayud." Sa uban nga mga pulong, ang gipasabot niya, "Kon mukaon ka sa ginadili nga bunga, mahimo ka o dili mahimong mamatay.

Wala niya gituman ang sugo sa Dios sa iyang hunahuna ug hingduda og gamay sa Pulong sa Dios. Human mapaminawan sa halas ang iyang dili tino nga tubag, hingdali kini sa pagpanulay niya og hugot. Giliso pa niini ang sugo sa Dios. Ang halas miingon sa babaye, "Dili ka gayud mamatay." Gisugdan niini og usab ang sugo sa Dios ug gipadasig ang babaye: *"Kay hingbaloan sa Dios, nga sa adlaw nga kamo mukaon niini mangabuka ang inyong mga mata, ug mahimo kamo nga sama sa Dios, nga manghibalo sa maayo ug sa dautan"* (Genesis 3:5). Gipanulayan niini siya og usab, gipagana og dugang ang iyang pagkamausisaon.

Hingsupil si Eva sa Iyang Kaugalingong Pagbuot

Human huypan ni Satanas og makakasala nga mga kinaadman ang babaye paagi sa iyang dili-tinuod nga mga hunahuna, ang kahoy murag nahilain sa iyang nailhan sa una. Mabasa sa Genesis 3:6 nga, *"Ug sa nakita sa babaye nga ang kahoy maayo nga kan-on ug nga kini makalipay sa mga mata, ug nga ang kahoy takus tinguhaon aron makapahimong makinaadmanon sa tawo, hingkuha siya sa bunga niini ug hingkaon; ug gihatagan usab niya ang iyang bana kauban niya, ug hingkaon siya."*

Iya unta dayung hingpit ug kumpleto nga gipahawa ang pagpanulay sa halas. Ang pagpangandoy sa makakasala nga tawo, ang kaibog sa iyang mga mata, ug ang garbo sa kinabuhi nilamon niya, ug gidala siya sa sala nga pagsupak.

Ang uban miingon, "Dili ba gikaon ni Adan og Eva ang bunga sa kahoy kay aduna sila'y 'makakasala nga kinaiya' kanila?" Wala ni sila og makakasala nga kinaiya apan kaayuhan lang sa wala pa sila mosupil. Aduna lang sila'y kaugalingon nga pagbuot kon asa sila mahimo o dili mahimong mukaon sa gidilian nga bunga batok sa sugo sa Dios.

Sa paglipas sa panahon, gipasagdan nila ang sugo sa Dios. Unya gipanulayan sila ni Satanas paagi sa halas ug hingsugot sila sa pagpanulay. Sa anang paagi, ang sala hingsulod kanila ug hinglapas sila sa mando nga gitukod sa Dios.

Parehas sa mga anak nga hingtubo sa dautan. Bisan pa ang anak nga madinaoton sa buhat ug pulong dili kanunay dautan gayud o madinaoton sa iyang pagpanganak. Sa una, misuon siya sa sagalsal nga mga pulong sa ubang mga bata nga wala makahibalo sa ilang kahulogan. O mahimong mosunod siya sa usa ka bata nga lalake nga gihapak ang uban, ug gikalipay ang paghapak sa ubang mga bata nga lalake ug makit-an silang muhilak. Busa mosige siya og panghapak sa uban ug gipanamkon ang dautan ug motubo kaniya.

Sa sama nga paagi, Si Adan wala'y makakasala nga kinaiya sa sinugdanan. Sa pagsupil niya sa sugo sa Dios ug hingkaon sa kahoy sa iyang kaugalingong pagbuot, gipanamkon ang sala ug natukod ang dautan kaniya.

Ang Suhol sa Sala Mao ang Kamatayon

Parehas sa giingon sa Dios ni Adan, "Dili ka mukaon sa kahoy sa kahibalo sa maayo ug dautan. Ug mukaon ka, mamatay ka gayud," namatay gayud si Adan ug Eva human nila og kaon sa kahoy. Miingon niini sa Santiago 1:15, *"Ug ang pagpangibog sa makapanamkon na, magapahimugsog sala; ug ang sala inigkagulang na, manganak ug kamatayon."*

Gitudlo kanimo sa Mga Taga-Roma 6:23 ang balaod sa espirituwal nga ginsakpan mahitungod sa sangpotanan sa sala, *"Ang suhol sa sala mao ang kamatayon."* Tan-awon nato og ginunsa pag-abot sa kamatayon ni Adan ug Eva tungod sa ilang pagsupak.

Kamatayon sa Ilang mga Espiritu

Tin-aw nga miingon and Dios ni Adan, *"Gikan sa kahoy sa kahibalo sa maayo ug dautan dili ka mukaon, kay sa adlaw nga mukaon ka gikan niini mamatay ka gayud."* Apan, wala sila nangamatay dayun human nilang gisupil ang sugo sa Dios. Nabuhi sila og dugay pa kaayo ug nanganak og daghan pang mga anak. Unya, unsa man ang "kamatayon" kon asa gipasidaan sa Dios?

Wala Siya nagpasabot sa kamatayon sa ilang mga lawas apan ang kamatayon sa ilang mga espiritu. Ang mga tawo gibuhat uban ang espiritu nga mahimong makig-ambit sa Dios, usa ka kalag nga alagad sa ilang espiritu, ug usa ka lawas kon asa ang ilang espiritu ug kalag mopuyo. Ang 1 Mga-Tesalonica 5:23 mingon nga ang mga tawo gigambalay sa espiritu, kalag ug lawas. Sa pagsupil ni Adan ug Eva sa sugo sa Dios, ang ilang mga espiritu, ang agalon sa tawo, namatay.

Dili mabasol ug wala'y mantsa ang Dios, ug ang Usang Balaan nga hingpuyo sa dili-maduolan nga kahayag, busa ang mga makakasala dili mahimong mouban Kaniya. Si Adan mahimong makig-ambit sa Dios sa siya buhi pa nga espiritu, apan dili na mahimong makig-ambit sa Dios humang namatay ang iyang espiritu tungod sa sala.

Ang Sinugdanan sa Masakit nga Kinabuhi

Ang Tanaman sa Eden kaniadtong una usa ka dagaya ug anindot nga lugar kon asa walay pagkabalaka ug kahigwaos, ug si

Adan ug Eva mahimong mopuyo ngadto sa kahangtoran nga mukaon gikan sa kahoy sa kinabuhi. Apan, gipagawas sila sa Tanaman sa Eden human silang nakasala. Gikan sa katong panahona, ang ilang mga kasamok ug kalisod hingsugod.

Ang babaye nagkaangkon og samot nga kasakit sa pagpanganak. Naninguha siya sa iyang bana ug ang iyang bana hingbuot kaniya. Human lang nga paugmadon sa tawo ang gipanghimaraot nga yuta nga sagalsalon, masakit nga pagkayod, og makakaon siya niini sa tanang mga adlaw sa iyang kinabuhi (Genesis 3:16-17).

Miingon ang Dios ni Adan sa Genesis 3:18-19, *"Kini magapaturok usab kanimo ug mga sampinit ug mga kadyapa; ug magakaon ka sa mga hilamon sa kapatagan; sa singot sa imong nawong magakaon ikaw sa tinapay, hangtud nga mopauli ka sa yuta, tungod kay gikan niini gikuha ikaw; kay abog ka, ug sa abog ikaw mobalik."* Paagi kining mga bersikulo, gipasabot sa Dios nga ang tawo kinanghalan mopauli sa usa ka hakop nga abog.

Kay si Adan, ang kagikanan sa katawhan, hinghimo og pagsupil ug ang iyang espiritu namatay, ang tanan niyang mga kaliwat gipanganak nga mga makakasala ug muadto sa dalan sa kamatayon.

Ang Mga Taga-Romano 5:12 nitala sa timgas nga kabilin ni Adan: *"Busa, maingon nga ang sala mosulod sa kalibotan pinaagi sa usa ka tawo, ug ang kamatayon mosulod pinaagi sa sala, ug nga tungod niini ang kamatayon mokuyanap ngadto sa tanang mga tawo sanglit ang tanan nakasala man."*

Ang Tanang Tawo Gipanganak Uban ang Orihinal nga Sala

Gitagaan og higayon sa Dios ang mga tawo nga mahimong mabungahon ug modugang sa kadaghan paagi sa mga binhi sa kinabuhi nga gihatag Niya sa paghimo kanila. Ang mga tawo gipanamkon paagi sa paghiusa sa usa ka tulos ug usa ka itlog nga gihatag sa Dios sa tagsa ka lalake ug babaye ingon sa mga binhi sa kinabuhi. Kay ang tulos o ang itlog adunay kinaiya sa tagsa ka ginikanan, ang puya nga gipanamkon paagi sa paghiusa sa tulos og sa itlog anggid sa iyang mga ginikanan sa mga hitsura, mga ilhanan, mga gilamian, mga ampay, mga panglakaw nga barog, ug uban pa.

Sa anang paagi, Ang makakasala nga kinaiya ni Adan gipasa sa iyang mga kaliwat human nga si Adan ang kagikanan sa mga tawo nakasala. Niini gipangalanan og "orihinal nga sala." Ang mga kaliwat ni Adan gipanganak uban ang orihinal nga sala. Busa ang tanang tawo dili malikayan nga mga makakasala.

Ang ubang dili tumuluo nireklamo, "Ngano o giunsa man sa yuta nga ako'y makakasala? Wala man ako nakahimo og sala." O ang uban nangutana, "Giunsa man na ang sala ni Adan gipasa kanako?

Kuhaon nato nga ehemplo ang usa ka bata. Ang gapasuso na inahan may usa ka bata nga wala pa'y usa ka tuig. Gipasuso niya ang usa ka bata sa atubang sa iyang kaugalingong anak. Lagmit nga ang puya masuko ug tinguhaan nga itulod ang usa ka puya. Og dili undangan og pasuso sa inahan ang usa ka puya o ang puya dili moundang og supsop sa iyang suso, ang iyang anak mahimong itukmod o hapakon ang iyang inahan o ang usa ka puya. Og padayonon pa sa inahan ang paghatag og gatas sa usa ka puya, mahimong muhilak ang iyang kaugalingong anak.

Bisan pa wala tudloi ang puya og kaibog, pangabugho, pagdumot, o paghapak, ang puya adunay mga dautan nga mga butang sa iyang hunahuna sukad nga siya natawo. Kining kamatuoran nagpatin-aw nga ang mga tawo gipanganak uban ang orihinal nga sala nga napanunod gikan sa ilang mga ginikanan.

Unsa man kadaghan pa ang sala sa matag tawo sa iyang kaugalingon sa tibuok niyang kinabuhi? Imo kinahanglan masabtan nga dili lang makakasala nga mga buhat apan ang tagsa ka dautan nga naa sa hunahuna sa usa sala sa atubang sa Dios kon kinsa mao ang kahayag mismo. Masabtan sa Dios ug mabantayan ang dautan sa hunahuna parehas sa pagdumot, kahakog, pagsudya, ug daghan pa.

Busa, Ang Biblia miingon nato nga walay mi usa nga mapahayag nga matarong sa pagtan-aw sa Dios paagi sa pagtuman sa kasugoan ug tanang mga tawo kabos sa himaya sa Dios kay sila nakasala. (Mga Taga-Roma 3:20, 23).

Dili Lang ang Tawo, Apan ang Tanang mga Butang sad Gipanunglo

Si Adam, kon kinsa mao ang nangamo sa tanang mga butang, nakasala ug gipanunglo, ang yuta ug ang tanang hayopan, ang tanang mananap sa kapatagan ug ang mga langgam sa kahanginan gipanunglo uban kaniya. Sukad adto, ang mga insekto nga makadaut ug makahilo parehas sa mga langaw ug mga lamok nga modala og tanan klaseng mga sakit nahimong linalang.

Ang yuta hingsugod paggama og mga tunok ug kadyapa ug ang mga tawo mahimong makaani og mga pananom alang sa pagkaon paagi sa masakit nga pagkayod ug paagi sa singot sa ilang agtang. Ang mga tawo napugos nga pagpangatubang sa mga luha, kasubo, kasakit, mga sakit, kamatayon ug anggid niini kay sila gipanunglo niining kalibotan.

Busa, mabasa sa Mga Taga-Roma 8:20-22 nga, *"Kay ang kabuhatan nailalum sa kakawangan, dili tungod sa kaugalingong pagbuot niini, kon dili tungod sa pagbuot niya nga mao ang nagpahimutang niini diha, uban sa paglaom kay ang kabuhatan ipahigawas ra unya gikan sa kaulipnan sa pagkadunot ug makaambit kini sa mahimayaong kagawasan sa mga anak sa Dios. Nahibalo kita nga ang tibuok kabuhatan nanagduyog sa pag-agulo sa pagbati hangtud karon."*

Unya, giunsa man pagpanunglo sa halas? Sa Genesis 3:14, miingon ang Dios sa limbongan nga halas nga hingpanulay sa mga tawo sa sala, *"Tungod kay ikaw nagbuhat niini, tinunglo ikaw labi pa kay sa tanan nga mga kahayopan, ug labaw sa tanan nga mga mananap sa kapatagan; sa imong tiyan magakamang ka, ug magakaon ikaw sa abog sa tanan nga mga adlaw sa imong kinabuhi."* Ang halas, ugaling, wala mukaon og abog apan buhi nga mga mananap sama sa mga langgam, mga baki, mga ilaga, o mga insekto. Tin-aw nga miingon ang Dios, *"Ug magakaon ikaw sa abog sa tanan nga mga adlaw sa imong kinabuhi."* Unsaon man kanimo pagbadbad niining bersikulo?

Ang "abog" nganhi nagtimaan og "mga tawo nga gibuhat sa abog sa yuta" (Genesis 2:7), ug "ang halas" nagtimaan sa kaaway nga yawa ug si Satanas (Ang Pinadayag 20:2). "Ug magakaon ikaw sa abog sa tanan nga mga adlaw sa imong kinabuhi" nagtimaan nga si Satanas ug ang yawa lamunon ang tawo nga dili manginabuhi sa Pulong sa Dios apan mulakaw hinuon sa kangitgit.

Bisan pa ang mga anak sa Dios mangatubang og mga kasamok ug mga kalisod nga gidala ni Satanas ug sa yawa og mohimo sila og dautan ug makasala batok sa pagbuot sa Dios. Karon, Si Satanas ug ang yawa moukoy sa palibot sama sa nagdahunog nga leon nga nangita og matukob (1 Pedro 5:8). Og makakita sila og usa, ila kining uliponon sa ilawom sa tunglo sa sala ug guyuron ang tawo sa dalan ngadto sa pagkaguba. Og posible, ilang tinguhaan nga panulayan bisan ang mga anak sa Dios.

Si Satanas ug ang yawa mupanulay sa kon kinsa moingon nga, "Ako nagtoo sa Dios," apan dili segurado sa Pulong sa Dios, ug modala nila sa dalan sa kamatayon. Sa kasagaran, si Satanas ug ang yawa maninguha og panulay kanimo paagi sa pinakaduol kanimo, parehas sa imong esposo, higala, ug mga kabanay – parehas sa pagpanulay nila ni Eva pinaagi sa halas, usa sa iyang pinalangga nga mga binuhi.

Pananglitan, ang imong esposo o higala mangutana, "Dili ba igo kanimo nga mosimba lang sa buntag nga pag-alagad sa Domingo?" Kinahanglan ba gayud nga mosimba pod ka sa panggabii nga pag-alagad sa Domingo?" o "Kinahanglan ba ninyong maninguha nga motigom adlaw-adlaw?" "Ang Dios nakasabot og nakahibalo bisan pa sa sulod sa ilawom kanimong kasingkasing kay Siya nakahibalo-sa-tanan ug makagagahom-sa-tanan. Kinahanglan pa ba ka nga motiyabaw sa pag-ampo?"

Gisugo sa Dios kanimo nga hinumdumon ang Adlaw sa Pahuway ug himuon kining balaan (Exodo 20:8), magpaninguha og pagtigom sa ngalan sa Dios (Mga Hebreohanon 10:25), ug motiyabaw sa pag-ampo (Jeremias 33:3). Si Satanas dili makapanulay mi makapasala sa mga hingpit nga namuyo sa Pulong sa Dios (Mateo 7:24-25).

Sama sa miingon sa Mga Taga-Efeso 6:11, *"Isul-ob ninyo ang tibuok hinagiban sa Dios, aron makabarug kamo batok sa mga malipatlipatong kaugdahan sa yawa,"* kinahanglan kanimong himan-an ang imong kaugalinong uban sa mga Pulong nga Tinuod sa Dios ug maisogon nga pagawason ang kaaway nga yawa og si Satanas paagi sa pagtoo.

Nganong Gibutang man sa Dios ang Kahoy sa Kahibalo sa Tanaman sa Eden?

Gibutang sa Dios ang kahoy sa kahibalo sa maayo ug dautan sa Tanaman sa Eden dili aron dad-on ang tawo ngadto sa pagkaguba apang aron matagaan sila og tinuod nga kasadya. Sa dili pagsabot sa Iyang halawom nga plano, daghang mga tawo ang hingsayop sa pagsabot sa gugma ug hukom sa Dios ug dili gani motoo sa Dios. Nangabuhi sila sa usa ka puol o haw-ang nga kinabuhi nga wala makit-an ang tinuod nga tuyo sa ilang mga kinabuhi.

Ngano, man, gibutang sa Dios ang kahoy sa kahibalo sa maayo ug dautan sa Tanaman sa Eden ug nganong muhatag man kana og dakong mga panalangin kanimo?

Wala Kahibalo si Adan ug Eva Sa Tinuod nga Kasadya

Ang Tanaman sa Eden kaniadto labing anindot ug dagaya lapas sa imong imahinasyon. Gibuhat sa Dios and tanan klaseng mga kahoy nga hingturok gikan sa yuta. Mahimuot kini sa panan-aw ug maayo nga kalan-on. Sa taliwala sa Tanaman anaa ang kahoy sa kinabuhi ug ang kahoy sa kahibalo sa maayo ug dautan (Genesis 2:9).

Ngano, man, nga gibutang sa Dios ang kahoy sa kahibalo sa maayo ug dautan taliwala sa Tanaman uban sa kahoy sa kinabuhi aron makit-an niini og maayo? Wala gituyo sa Dios nga dad-on sila sa pagkaguba paagi sa pagpanulay kanila nga mukaon sa kahoy. Adunay kabubut-on ang Dios nga makasabot kita sa kalabotan paagi sa kahoy sa kahibalo sa maayo ug dautan ug mahimong Iyang tinuod nga espirituwal nga mga anak og mabati and Iyang kasingkasing.

Samtang ang mga tawo makasinati og paghilak, pagkasubo, pagkapobre, o mga sakit, mohunahuna ang mga tawo nga si Adan ug Eva seguro sadya kaayo sa Tanaman sa Eden kay wala sila makasinati og mga kasakit sama sa paghilak, pagkasubo, pagkapobre o mga sakit sa kalibotan. Apan, ang mga tawo sa

Tanaman sa Eden wala makahibalo sa tinuod nga kasadya mi sa tinuod nga gugma kay wala sila makasinati sa kalabotan.

Magkuha kita og ehemplo. Adunay duha ka mga bata na lalake. Ang usa gipanganak ug hingdako sa kapobre, apan ang usa gipanganak sa kadaghan ug nangalipay niini. Og imo silang tagsatagsa tagaan og mahalon kaayo nga dulaan ingon sa gasa, unsa nga mga klase sa bawos ang himuon sa kada usa kanila? Sa pikas nga bahin, ang bata nga lalake nga hingdako sa kaadunahan dili kaayo mopasalamat kay tagsa ra niya mabati ang bili sa dulaan. Sa pikas nga bahin, ang usa ka bata nga lalake nga hingdako sa kapobre mopasalamat og tinuod ug tamdon ang dulaan nga bilihon kaayo.

Ang Tinuod nga Kasadya Makuha Paagi sa Kalabotan

Sama sa niining paagi, katong nakasinati sa adunay kalabotan nga mga butang sa kagawasan o kadaghan nakahibalo ug nangalipay sa tinuod nga kasadya o tinuod nga kagawasan. Dili sama sa Tanaman sa Eden, daghang mga adunay kalabotan nga mga butang sa kalibotan. Ug gusto kanimong mailhan ug mangalipay sa tinuod nga bili sa bisan unsa nga butang, kinahanglan kanimong masinatian ang kalabotan nga mga butang niini. Dili kanimo mamatngonan og bug-os ang tinuod niini nga bili hangtod nga masinatian kanimo ang kaatbang nga mga aspeto niini.

Pananglitan, ug imong gipangandoy nga mailhan ang tinuod nga kasadya, kinahanglan kanimong masinatian ang kasub-anan.

Og imong gipangandoy nga mailhan ang tinuod nga gugma, kinahanglan kanimong masinatian ang kasilag. Dili kanimo mamatngonan ang kapuno nga bili sa kahimsog hangtud anaa ka sa kasakit tungod sa mga sakit o dili maayong kahimsog. Dili kanimo mamatngonan ang bili sa walay-katapusan nga kinabuhi ug dili mopasalamat sa Dios nga Amahan nga niandam alang sa maayong langit hangtud imong masabtan nga adunay gayud kamatayan ug impiyerno.

Ang unang tawo nga si Adan nangalipay sa bisag unsa gusto niyang kan-on ug adunay kagamhanan nga modumala sa tanang mga butang sa Tanaman sa Eden. Naangkon niya kining tanan nga walay sakit nga pagkayod o singot sa iyang agtang. Alang anang rason, wala siya mopasamalat sa Dios nga hinghatag kining tanan mi wala niya mailhan ang Iyang kaambong ug gugma sa iyang kasingkasing.

Unya, gisupil ni Adan ang sugo sa Dios paagi sa pagkaon sa bunga. Buhi pa siya nga espiritu kaniadto, apan human nga nakasala siya, namatay ang iyang espiritu ug nahimo siyang tawo sa unod. Siya ug ang iyang asawa gipagawas sa Tanaman sa Eden ug hingpuyo niining yuta. Gisugdan niya og antos ang wala niya masinatian kaniadto sa Tanaman sa Eden: paghilak, pagkasubo, mga sakit, kasakit, kalautan, kamatayon, ug unsa pa. Sa katapusan, nasinatian niya ang tanang mga kaatbang sa kalipay sa Tanaman sa Eden.

Sa niining proseso, mahimong masabtan ni Adan ug Eva ug mabati kung unsa ang kasadya o kasubo ug unsa ka malahalon ang kagawasan ug kadaghan nga gihatag sa Dios kanila sa Eden kaniadto.

Ang imong kinabuhi mahimong walay kahulogan og walay-katapusan kang mabuhi nga dili ka makahibalomog unsa ang kalipay ug ang kasubo. Bisan pa aduna ka'y mga kalisod karon, ang imong kabuhi mahimong may bili ug may kahulogan kon imohang mabati ang kasadya unya.

Pananglitan, bisan pa nga ang mga gikinan nagpaabot nga ang ilang mga anak malisdan sa pagtuon, paadtuon nila sa eskwelahan ang ilang mga bata. Ug gihigugma nila ang ilang mga anak, tabangan gayud dayon sa mga ginikanan ang ilang mga anak sa pagtuon og maayo o makasinati sa daghang mga maayo nga mga butang. Sama niini sa kasingkasing sa Dios nga Amahan nga mopadala og mga tawo niining kalibotan ug paugmadon kanila ingon sa Iyang tinuod nga mga anak paagi sa tanan klaseng mga sinati.

Sama sa anang rason, gibutang sa Dios ang kahoy sa kahibalo sa maayo ug dautan sa Tanaman sa Eden ug wala gipugngan si Adan og Eva sa pagkaon sa ilang kaugalingong pagbuot. Giplano Niya ang tanang mga butang aron masinatian sa mga tawo ang tanang klaseng kalipay, kasuko, kasubo, ug kalami niining kalibotan ug mahimong Iyang tinuod nga mga anak paagi sa pagpa-ugmad sa tawo.

Paagi sa sakit nga mga kasinatian, sa katapusan mahimo nilang masabtan ang tinuod nga bili ug kahulogan sa katong mga butang usa-usa sa gilawmon sa ilang mga kasingkasing.

Kay mailhan nila ug mabati ang tinuod nga kasadya paagi sa pagpa-ugmad sa tawo, dili na usab mosupil ang mga anak sa Dios dili sama ni Adan sa Tanaman sa Eden bisag unsa kadugay molipas ang panahon. Hinuon, higugmaon og samot nila Siya og dako, mahimong puno sa kalipay ug pagpasalamat ug mohatag og dako nga himaya Kaniya.

Tinuod nga Kasadya sa Langit

Ang mga anak sa Dios nga nakasinati sa paghilak, pagkasubo, kasakit, mga sakit, kamatayon ug uban pa niining kalibotan makasulod sa matunhayon nga langit ug mangalipay sa walay-katapusan nga kasadya, gugma, kalipay, ug pagpasalamat ngadto sa kahangtoran. Mabati nila ang hingpit nga kalipay sa langit.

Sa niining kaunoran nga kalibotan, ang tanang butang madunot ug mamatay, apan didto walay pagkadunot, kamatayon, mga luha, ug kasubo sa walay-katapusan nga langitnon nga ginharian. Ang bulawan giila ug pinakataas kaayo niining kalibotan apan and tanang mga kalsada sa Bag-ong Jerusalem sa langit gibuhat sa puro nga bulawan. Ang langitnon nga mga balay gibuhat sa maanyag ug malahalon nga mga alahas. Unsa ka makahingangha ug kaanyag sila!

Akong gitagad ang bulawan og mga alahas ingon sa mga pinakamahal hangtud akong nailhan ang Dios, apan sa panahon nga akong natun-an ang mahitungod sa walay-katapusan nga langit, akong nailhan nga ang tanang butang niining kalibotan pakyas, o walay bili. Ang kinabuhi niining kalibotan usa lang ka daglit nga panahon kumpara sa walay katapusan nga gingharian. Og tinuod kang motoo ug molaom sa walay-katapusan nga langit, dili kanimo higugmaon kining kalibotan. Hinuon, imo lang hunahunaon og unsa ang imong himoon o mahimong himoon nga makaluwas og usa pa ka tawo o unsaon kanimo pagsangyaw sa tanang tawo sa panaglibot na kalibotan. Motapok ka og mga bawos sa langit paagi sa paghatag sa imong labing maayo nga mga halad sa Dios uban sa bug-os kanimong kasingkasing nga wala mopundo og mga manggad sa yuta.

Ang apostol nga si Pablo nahimo ang lisod nga mga kaagi hangtud sa katapusan uban ang kalipay ug pagpasalamat, kay nakit-an niya ang ikatulong langit nga gipakita sa Dios kaniya sa usa ka panan-aw. Niaantos siya og pagkadako nga mga kalisod ingon sa usa ka apostol sa mga Hentil. Gipakita sa Dios kaniya ang maanyag nga langit ug gipadasig siya nga mulakaw hangtud sa katapusan nga may paglaom sa langit. Gibunalan siya og mga tood, gilatos og pag-ayo, gibato, gipriso kanunay, ug gipaagas ang iyang dugo samtang nagwali sa ebanghelyo sa Ginoo. Bisan pa kining tanan, nakahibalo si Pablo nga ang katong tanan nga mga butang bawosan og dako lapas sa kahulagwayan sa langit. Sa katapusan, ang tanan niyang mga kalisod mao ang alang sa dako nga langitnon nga mga panalangin.

Ang mga tawo sa Dios wala molaom niining kalibotan. Mohandom lang sila alang sa langitnon nga gingharian. Kining kalibotan usa lang ka daglit nga panahon sa panan-aw sa Dios, apan ang kinabuhi sa langitnon nga ginharian walay kahangtoran. Walay mga paghilak, o kasubo, o pag-antos o kamatayon sa langit. Busa mabuhi sila sa kanunay nga malipayon nga molaom alang sa dako nga mga premyo nga ibawos sa Dios kanila suma sa ilang gipugas o gihimo.

Busa, Gi-ampo ko sa ngalan sa atong Ginoo Hesukristo nga imong masabtan ang dako nga gugma ug kabubut-on sa Dios nga Mamumugna ug iandam imong kaugalingon nga makasulod sa langit aron mangalipay sa walay-katapusan nga kinabuhi ug tinuod nga kasadya sa masilakon nga kaanyag ug mahimayaon ng langit.

Kapitulo 4

ANG SEKRETO NGA GITAGO SA WALA PA GISUGDAN ANG PANAHON

- Ang Pagtugyan sa Kagamhanan ni Adan Ngadto sa Yawa
- Ang Balaod sa Paglukat sa Yuta
- Ang Sekreto nga Gitago Sukad sa Wala Pa Gisugdan ang Panahon
- Si Hesus may Sarang Suma sa Balaod

"Ngani, kami managsulti man ug kaalam ngadto sa mga magtotoo nga hamtong na; hinoon kini maoy kaalam nga dili iya niining kapanahonan karon ni sa iyang mga punoan niining kapanahonan, kinsang gahom nagapaingon na sa pagkawagtang; apan ang among panagsultihan mao ang tinagoan ug sinalipdan nga kaalam sa Dios, nga sa wala pa ang kapanahonan gitagana sa Dios alang sa atong kahimayaan; walay bisan usa sa mga punoan niining kapanahonan karon nga nakasabot niini; kay kong nakasabot pa, ang Ginoo sa kahimayaan dili unta nila ilansang sa krus."

1 Mga Taga-Corinto 2:6-8

Si Adan ug Eva gipanulayan paagi sa halas sa Tanaman sa Eden, hingsupil sa sugo sa Dios, ug hingkaon gikan sa kahoy sa kahibalo sa maayo ug dautan kay aduna sila'y paninguha sa ilang panghunahuna nga misama sa Dios; Ang nadangatan, mao nga sila ug ang ilang mga kaliwat nahimong mga makakasala.

Gikan sa panan-aw sa tawo, Si Adan ug Eva gihunahuna nga makaluluoy kay sila gipagawas sa Tanaman sa Eden ug kinahanglan muadto sa dalan sa kamatayon. Sa pamulong nga espirituhanon, apan, usa niini ka kahibulongan nga panalangin sa Dios kay mahimo silang makakuha og kahigayonan nga makapangalipay sa kaluwasan, walay-katapusan nga kinabuhi ug langitnon nga mga panalangin paagi ni Hesukristo.

Paagi sa pagpa-ugmad sa tawo, ang sekreto nga gitago alang sa imong himaya sa wala pa ang gisugdan nga panahon gipadayag ug ang dalan ngadto sa kaluwasan halapad nga gibuksan sa tanang mga nasod. Atong halawom nga usisaon ang tinago nga sekreto sa wala pa gisugdan ang panahon ug giunsa pagbukas sa dalan ngadto sa kaluwasan.

Ang Pagtugyan sa Kagamhanan ni Adan Ngadto sa Yawa

Sa Lucas 4:5-6, makit-an nato nga gipanulayan sa yawa si Hesus nga bag-o lang nakahuman sa 40-ka adlaw nga puasa:

Ug sa itaas gidala Siya sa yawa ug gipakitaan sa usa ka paglantaw sa tanang gingharian sa kalibotan. Ug giingnan Siya sa yawa, "Kanimo ihatag ko kining tanang kagamhanan ug ang ilang kahimayaan; kay kini gikatugyan man kanako ug igahatag ko kini kang bisan kinsa nga akong kagustohan."

Miingon ang yawa nga iyang itugyan ang kagamhanan ni Hesus kay gihatag kini kaniya gikan sa uban. Ngano man ang Dios, nga nagdumala sa tanang butang, motugot nga itugyan ang tanang kagamhanan sa yawa?

Miingon niini sa Genesis 1:28, *"Ug gipanalanginan sila sa Dios; ug miingon ang Dios kanila, 'Sumanay ug dumaghan kamo, ug pun-on ninyo ang yuta, ug magagahom kamo niini; ug magbaton kamo sa kagamhanan sa ibabaw sa mga isda sa dagat, ug sa mga langgam sa kalangitan ug ibabaw sa tanan nga binuhat nga buhi nga nagalihok sa ibabaw sa yuta."*

Gidawat ni Adan ang kagamhanan ug gahom nga modumala ug momando sa tanang mga butang gikan sa Dios. Siya ang nangamo sa tanang mga butang apan pagkahuman sa taas nga panahon, siya ug ang iyang asawa gilimbongan og hingkaon gikan sa kahoy sa kahibalo sa maayo ug dautan paagi sa limbongan nga halas. Hinghimo siya og sala nga pagsupil sa Dios.

Mabasa niini sa Mga Taga-Roma 6:16, *"Wala ba kamo masayud nga kon itugyan ninyo ang inyong kaugalingon ingon nga mga masinugtanong ulipon ngadto kang bisan kinsa, kamo mga ulipon niya nga inyong ginasugot, mga ulipon nga iya sa sala nga nagahatud ngadto sa kamatayon, o iya sa pagkamasinugtanon nga nagahatud ngadto sa pagkamatarong?"* Ulipon ikaw sa sala o pagkamatarong. Ug hinghimo kag og mga sala, ulipon ka sa sala ug dad-on ngadto sa kamatayon. Ug motuman ka sa Pulong sa pagkamatarung, hinuon, ulipon ka sa pagkamatarong ug mosulod ka sa langit.

Hinghimo si Adan og sala sa pagsupil sa Dios ug nahimong ulipon sa sala. Busa dili na siya makaangkon sa tanang kagamhanan ug gahom nga gihatag niya sa Dios. Kinahanglang itugyan na niya ang kagamhanan ug gahom ngadto sa yawa sama sa tanang mga kabtangan sa usa ka ulipon paghisakop sad sa iyang agalon. Sa hamubo, gitugyan ni Adan ang iyang kagamhanan ug gahom ngadto sa yawa kay nakasala siya ug nahimong ulipon sa sala.

Ang pagsupil ni Adan hingdangat sa mga sala sa tanang tawo. Nakaingon niini kaniya ug sa tanan niyang mga kaliwat nga moalagad sa yawa ingon sa mga ulipon ug nasangputan sa kamatayon.

Ang Balaod sa Paglukat sa Yuta

Unsa man ang kinahanglan himuon sa tawo aron makabuhi gikan sa kaaway nga yawa ug ni Satanas ug maluwas gikan sa mga sala ug kamatayon? Ang uban moingon, "Ang Dios hingpit nga mopasaylo sa tanan kay ang Dios gugma. Siya nagkabuhong sa puangod ug kalooy." Apan, miingon sa 1 Mga Taga-Corinto 14:40 nga, *"Apan mao lamang nga kinahanglan ang tanang mga butang pagahimoon sa paagi nga maligdong ug mahusay."* Ang Dios mohimo sa bisan unsang butang sa mahusay nga paagi suma sa balaod sa espirituwal nga ginsakpan. Dili mohimo ang Dios ug bisan unsa nga pagbatok sa espirituwal nga balaod kay Siya ang Dios sa katarong ug sa kaangayan.

Sa espirituwal nga ginsakpan, adunay balaod nga mosilot sa mga makakasala, nga miingon, "Ang suhol sa sala mao ang kamatayon." Gayud, adunay balaod sa paglukat sa mga makakasala. Kining espirituwal nga balaod kinahanglan ipasulod sa buhat aron makuha og usab ang kagamhanan ni Adan nga gitugyan ngadto sa yawa.

Unya, unsa man ang balaod sa paglukat sa mga makakasala? Mao niini ang balaod sa paglukat sa yuta nga natala sa Daang Kasabotan. Sa wala ba ang sinugdan nga panahon, ang Dios nga Amahan hingandam og sekreto nga paagi sa pagluwas sa tawo suma sa balaod.

Unsa man ang Balaod sa Paglukat sa Yuta?

Mao kini ang sugo sa Dios sa mga Israelinhon sa Levitico

25:23-25:

Ug ang yuta, gawas niini, dili igabaligya nga sa walay-katapusan, kay ang yuta Ako man; kay kamo mga lumalangyaw ug mga dumuloong uban Kanako. Busa sa tanan nga yuta nga inyong kaugalingon, magahatag kamo sa paglukat sa yuta. Kong ang imong igsoon mahimong kabus ug magabaligya ug diyutay niadtong iya na nga kaugalingong yuta, nan moanha ang iyang labing duol nga kabanayan ug pagalukaton niya ang gibaligya sa iyang kabanay.

Ang matag-usa nga bahin sa yuta gipanag-iyahan sa Dios ug dili kini igabaligya nga sa walay-katapusan. Og gibaligya sa usa ang iyang yuta tungod sa iyang kapobre, ang Dios motugot niya o ang iyang labing duol nga kabayanan sa paglukat sa gibaligya nga yuta. Kini mao ang balaod sa paglukat sa yuta.

Ang mga tawo sa Israel nagbuhat sa sirtipiko nga kontrata sa yuta suma sa balaod sa paglukat sa yuta nga dili permanente igabaligya ang yuta, kon ilang ibaligya ug paliton ang yuta.

Mosulat ang tigbaligya ug ang magpapalit og detalyado nga mga unod sa sertipiko nga kontrata sa yuta aron ang tigbaligya o ang labing duol niya nga kabayanan mahimong malukat niini unya sa bisan unsang panahon. Mobuhat sila og kopya niini ug patikan sa pareho nilang mga selyo sa duha ka mga kontrata sa atubang sa duha o tulo ka mga saksi. Ang usa ka kontrata selyuhan ug ibutang sa bodega sa balaan nga templo. Ang usa pa ka kontrata ibutang sa entrada sa kuwarto, binuksan ug dili selyado. Ang balaod sa paglukat sa yuta motugot sa tigbaligya ug and iyang labing duol nga kabayanan nga molukat sa yuta sa bisan unsang oras.

Ang Balaod sa Paglukat sa Yuta ug ang Kaluwasan sa Tawo

Nganong giandam man sa Dios ang dalan ngadto sa kaluwasan sa tawo suma sa balaod sa paglukat sa yuta? Tin-aw nga miingon nato ang Genesis 3:19 ug 23 nga ang balaod sa paglukat sa yuta adunay direkta nga koneksiyon uban sa kaluwasan sa katawhan:

Sa singot sa imong nawong magakaon ikaw sa tinapay, hangtud nga mopauli ka sa yuta; tungod kay gikan niini gikuha ikaw; kay abog ka, ug sa abog ikaw mopauli (Genesis 3:19).

Tungod niini gihinginlan siya sa GINOONG Dios gikan sa tanaman sa Eden, aron sa pag-ugmad sa yuta nga gikuhaan kaniya. (Genesis 3:23).

Miingon ang Dios ni Adan human niyang hingsupil, "Kay abog ka, ug sa abog ikaw mopauli." Nganhi ang, "abog" nitimaan sa mga tawo nga giumol sa abog. Busa, mopauli ang mga tawo sa abog human pagkamatay.

Ang balaod sa paglukat sa yuta miingon nga ang tanang yuta

iya sa Dios ug dili igabaligya nga sa walay-katapusan (Levitico 25:23-25). Kining mga bersikulo nagkahulogan nga ang tanang tawo nga gibuhat sa abog sa yuta gipanag-iyahan sa Dios ug dili mabaligya nga sa walay-katapusan. Hingpasabot sad ni nga walay mga kagamhanan ug gahom nga nadawat si Adan gikan sa Dios sa Tanaman sa Eden nga mahimong igbaligya nga sa walay-katapusan kay gipanag-iyahan sila sa Dios.

Ang kagamhanan ni Adan gitugyan ngadto sa kaaway nga yawa ug ni Satanas apan siya nga kaangay alang sa paglukat sa nawala nga kagamhanan ni Adan mahimong mouli niini sa kaaway nga yawa. Sa sama, Ang Dios sa katarong nitumong og usa ka hingpit nga tagalukat suma sa balaod sa paglukat sa yuta. Ang katong tagalukat mao ang Manluluwas sa tanang mga tawo.

Ang Sekreto nga Gitago Sukad sa Wala Pa Gisugdan ang Panahaon

Sa wala pa ang sinugdan nga panahon, ang Dios sa gugma nasayod nga mosupil si Adan Kaniya ug ang tanan niyang mga kaliwat mahagbong ngadto sa dalan sa kamatayon. Lipod Niyang giandam ang dalan ngadto sa kaluwasan sa tawo ug gitago niini hangtud moabot ang panahon nga Iyang gipili.

Kon nasayod ang yawa sa paagi sa Dios, mababagan unta niini ang Dios sa pagresolba sa sala ug kamatayon sa tanang mga tawo aron dili mawala ang kagamhanan niini. Napanid-an sa 1 Mga Taga-Corinto 2:7 nga *"Apan ang among panagsultihan mao ang tinagoan ug sinalipdan nga kaalam sa Dios, nga sa wala pa ang kapanahonan gitagana sa Dios alang sa atong kahimayaan."*

Si Hesukristo, ang Kaalam sa Dios

Miingon sa Mga Taga-Roma 5:18-19 nga, *"Busa maingon nga ang paglapas nga gihimo sa usa ka tawo nisangpot sa pagkahinukman sa silot sa tanang mga tawo, mao man usab, ang buhat sa pagkamatarong nga gihimo sa usa ka tawo mosangpot ngadto sa hukom sa kagawasan ug ngadto sa kinabuhi alang sa tanang mga tawo. Kay maingon nga pinaagi sa pagkamasupilon sa usa ka tawo daghan ang nahimong makasasala, mao man usab nga pinaagi sa pagkamasinugtanon sa usa ka tawo daghan ang mahimong matarong."*

Ang tanang mga tawo mahimong matarong ug maluwas paagi sa pagkamasinugtanon sa usa ka tawo sama nga ang tanang mga tawo nahimo og mga makakasala ug nahagbong ngadto sa dalan sa kamatayon tungod sa pagkamasupilon sa usa ka tawo.

Sa sama, gipadala sa Dios si Hesukristo, kung kinsa Iyang gitago og andam ang paagi sa kaluwasan ug gipalansang sa krus ug gipabanhaw usab si Hesus. Gikan ngadto, kung kinsa man ang motoo Kaniya maluwas. Sa 1 Mga Taga-Corinto 1:18, miingon ang Dios nato nga *"Kay sa mga nagakalaglag ang kaasoyan sa krus maoy usa ka binoang, apan alang kanato nga ginaluwas kini mao ang gahom sa Dios."*

Binoang sa paminawan sa pipila ka mga tawo nga ang Anak sa Dios nga Makagagahom giinsulto ug gipatay sa Iyang mga binuhat. Apan, kining "binoang" nga plano sa Dios mao ang labi nga maalam kaysa pinakaalam nga mga plano sa tawo ug ang "kahuyang" sa Dios labi pang kusgan kaysa labing labaw nga kusog sa tawo (1 Mga Taga-Corinto 1:19-24). Ang Biblia tino nga miingon nga walay usa nga matarong sa panan-aw sa Dios paagi sa pagtuman sa balaod. Apan, gibuksan sa Dios ang dalan sa kaluwasan sa tanan nga motoo ni Hesukristo sa kining sayon nga paagi.

Ang suhol sa sala mao ang kamatayon. Sa ingon niini, walay mahimong maluwas kon wala si Hesus namatay alang sa atong mga sala. Gilansang sa krus si Hesus alang sa atong mga sala ug nabuhi usab paagi sa gahom sa Dios. Sa sama, giandam sa Dios ang dalan nga mahimong makit-an nga huyang o kaboangan ug gitago niini sa taas nga panahon.

Sekreto nga gitago sa Dios si Hesukristo ug ang Iyang paglansang sa krus tungod ang kaaway nga yawa ug si Satanas, kon nakahibalo sila niini, ilang babagan ang dalan ngadto sa kaluwasan sa tawo. Dili unta patyon sa yawa si Hesus sa krus kon nasayod niya nga giandam sa Dios ang dalan sa kaluwasan paagi sa krus aron malukat ang tanang mga tawo gikan sa mga sala, aron maluwas sila gikan sa kamatayon, ug mabawi ni Adan ang kabulot-an gikan sa yawa.

Usab, hinumduma sa 1 Mga Taga-Corinto 2:7-8: *"Apan ang among panagsultihan mao ang tinagoan ug sinalipdan nga kaalam sa Dios, nga sa wala pa ang kapanahonan gitagana sa Dios alang sa atong kahimayaan, walay bisan usa sa mga punoan niining kapanahonon karon nga nakasabot niini; kay kong nakasabot pa sila niini dili unta nila ilansang sa krus ang Ginoo sa kahimayaan."*

Si Hesus may Sarang Suma sa Balaod

Kay ang tagsatagsa ka kontrata adunay mga regulasyon, ang espirituwal nga ginsakpan aduna sad og patakaran, kon asa modikta nga ang manluluwas kinahanglan may sarang aron mauli ang nawala nga kagamhanan gikan sa yawa suma sa balaod sa paglukat sa yuta.

Pananglitan, kunohay adunay tawo nga nangatubang og pagkabangkaruta sa iyang negosyo. Aduna siya'y dako nga utang apan walay katakos nga makabayad niini. Kon aduna siya og igsuon nga lalake nga nihigugma kaniya, bayran dayun sa iyang igsuon nga lalake ang tanan niyang mga utang.

Ang tanang mga tawo nga makakasala sukad sa pagkahagbong ni Adan kinahanglan og manuglukat kon kinsa may sarang sa paghinlo kanila gikan sa mga sala. Unsa, man, ang mga kasarangan sa manuglukat? Nganong miingon man ang Biblia nga si Hesus lang ang may sarang?

Una, ang Manuglukat kinahanglan Tawo

Sa Levitico 25:25, miingon niini, *"Kong ang imong isig tagilungsod mahimong kabus, ug magabaligya ug diyutay niadtong iya na nga kaugalingong yuta, nan moanha ang iyang labing duol nga kabanayan ug pagalukaton niya ang gibaligya sa iyang kabanay."* Ang balaod sa paglukat sa yuta miingon nga kon an tawo mahimong kabus ug mibaligya sa iyang kabtangan ang iyang labing duol nga kabayanan mahimong molukat og unsa ang iyang gibaligya.

Mabasa sa 1 Mga Taga-Corinto 15:21-22 nga, *"Kay maingon nga pinaagi sa usa ka tawo miabot ang kamatayon, pinaagi usab sa usa ka tawo nahiabot ang pagkabanhaw sa mga patay. Kay maingon nga diha kang Adan ang tanan nangamatay, maingon man usab diha kang Kristo ang tanan mangabuhi."* Ang unang kasarangan sa Tagalukat kon kinsa mao ang makauli sa kagamhanan ni Adan mao nga kinahanglan usa siya ka tawo. Kining kamatuoran gipamatbat usab sa detalye sa Pinadayag 5:1-5:

Og nakita ko sa toong kamot niadtong naglingkod sa trono ang usa ka libro nga may sinulat diha sa sulod ug sa likod niini, nga giselyohan og pito ka selyo. Og nakita ko ang usa ka kusgan nga manulonda nga nagapahibalo pinaagi sa makusog nga tingog nga nagaingon, "Kinsa ba ang takos sa pag-abli sa libro ug sa pagtangtang sa mga selyo niini?" Og walay mausa sa langit o sa yuta o sa ilalum sa yuta nga arang makaabli sa libro o sa pagtan-aw sa sulod niini. Og ako mohilak sa makusog kay walay bisan kinsa nga nakaplagan nga takos sa pag-abli niini o sa pagtan-aw sa sulod niini; unya usa sa mga ansiyano moingon kanako, "Ayaw paghilak; tan-awa, nagmadaugon ang Leon sa banay ni Juda, ang Gamot ni David, nga tungod niana makahimo siya sa pag-abli sa libro ug sa pito ka mga selyo niini."

"Usa ka libro nga may sinulat diha sa sulod ug sa likod niini, nga giselyohan og pito ka selyo" motudlo sa usa ka kontrata nga gibuhat taliwala sa Dios ug ang yawa kaniadtong gisupil ni Adan ang Dios ug nahimong makakasala. Ang apostol nga si Juan dili makapangita bisan kinsa nga takos sa pag-buak sa mga selyo ug pag-abli sa linukot nga basahunon sa langit o sa yuta, o sa ilalom sa yuta.

Kini tungod ang mga anghel sa langit dili mga tawo, ang tanang tawo sa yuta mga makakasala ingon sa mga kaliwat ni Adan, ug sa ilalom sa yuta, aduna lang mga dautan nga mga espiritu nga gipanag-iyahan sa yawa ug mga patay nga mga kalag kon kinsa mangahagbong ngadto sa impiyerno.

Sa katong panahon, usa sa mga ansiyano miingon ni Juan, *"Ayaw paghilak; tan-awa, nagmadaugon ang Leon sa banay ni Juda, ang Gamot ni David, nga tungod niana makahimo siya sa pag-abli sa libro ug sa pito ka mga selyo niini."* Nganhi, *"ang Gamot ni David"* naghinambit ni Hesus, nga gipanganak ingon sa kaliwat ni Haring David sa banay ni Juda (Mga Buhat 13:22-23). Busa, si Hesus may sarang alang sa unang kondisyon sa balaod sa paglukat sa yuta.

Ang uban mahimong moingon nga, "Ang Dios ang Bug-os. Si Hesus gayud ang Dios kay Siya ang Anak sa Dios. Nungka Siya nangin tawo." Hinumduma, bisan pa, mabasa sa Juan 1:1 nga *"Dios ang Pulong,"* ug Juan 1:14, nga mabasa *"Ug ang Pulong nahimong unod, ug nangipon kanato."* Ang Dios, nga mao ang Pulong, nahimong unod ug nipuyo nganhi sa yuta uban kanato.

Kato si Hesus kon asa ang orihinal nga linalang mao ang Dios ug nahimong unod sama sa tawo. Siya ang Pulong sa Iyang linalang ug ang Anak sa Dios. Aduna Siya og katawhan ug kabalaan. Apan, gipanganak Siya ug nidako sama sa tawo sa unod. Ang kasaysayan sa tawo natunga sa duha ka mga bahin uban sa panahon ni Hesus ingon sa paragbahin: B.C., *Before Christ (Sa una ni Kristo)*, ug A.D., *Anno Domini (Human ni Kristo)*. Kini lang nisaksi nga si Hesus nahimong unod niining kalibotan. Ang pagkapanganak ni Hesus, ang pagpadako, ug ang paglansang mga bahin sad niining dayag nga kamatuoran.

Si Hesus, busa, usa ka tawo ug may sarang nga mahimong atong Tagalukat.

Ikaduha, Kinahanglan dili Siya Kaliwat ni Adan

Ang may utang dili makabayad sa utang sa ubang mga tawo. Ang kinsa nga walay utang ug adunay sarang nga makatabang sa uban mahimong makabayad niini. Sa samang paagi, ang tagalukat sa tanang mga tawo kinahanglan dili-mabasol ug walay-lama aron malukat ang tanang tawo gikan sa mga sala ug kamatayon. Ang tanang mga tawo mga kaliwat ni Adan ug mga makakasala kay ang kagikanan sa mga tawo nga si Adan nakasala. Wala sa iyang mga kaliwat ang may sarang nga tagalukat sa tanang mga tawo kay sila sa ilang mga kaugalingon mga makakasal Bisan kinsa pa nga bantogan nga mga tawo sa kasaysayan dili mahimong responsable sa mga sala sa uban.

Si Hesus aduna ba'y sarang niini?

Gisaysay sa Mateo 1:18-21 ang pagkapanganak ni Hesus. Gipanamkon siya sa Espiritu Santo, dili sa pag-ipon sa lalake ug babaye. Ang bersikulo mabasa nga:

Karon ang pagpanganak kang Hesukristo nahitabo sa ingon niini nga kaagi: sa diha nga ang iyang inahan nga si Maria kaslonon pa kang Jose, sa wala pa sila mag-usa siya hingkaplagan nga nagsamkon pinaagi sa Espiritu Santo. Ug si Jose nga iyang bana, sanglit tawo man siyang matarong ug dili buot magpakaulaw kaniya, nakahunahuna sa pagpakigbulag kaniya sa hilum. Apan sa nagpalandong siya sa pagbuhat niini, tan-awa, usa ka manolunda sa Ginoo mitungha kaniya pinaagi sa damgo, ug miingon, "Jose, anak ni David, ayaw pagpanuko sa pagpangasawa kang Maria; kay kanang iyang Gisamkon gikan sa Espiritu Santo. Og igaanak niya ang usa ka Bata nga Lalake; ug siya imong paganganlan si Hesus, kay siya mao man ang magaluwas sa iyang katawhan gikan sa ilang mga sala."

Si Hesus mao ang kaliwat ni David suma sa Iyang kaliwatan (Mateo 1; Lucas 3:23-37). Apan, gipanamkon siya sa Espiritu Santo sa wala pa si Maria mag-usa ni Jose. Busa, wala Siya og makakasala nga kinaiya.

Ang matag tawo gipanganak nga adunay sala kay iyang gipanunod ang makakasala nga kinaiya gikan sa iyang mga ginikanan. Sa ubang mga pulong, human si Adan makasala, gipasa niya ang iyang makakasala nga kinaiya sa tanan niyang mga kaliwat. Ang makakasala nga kinaiya napanunod sa tanan nga mga tawo hangtud karong adlawa, ug katong sala gitawag nga "orihinal nga sala." Sa kining rason, ang tanang kaliwat ni

Adan mga makakasala ug dili makalukat sa bisan kinsa nga uban nga tawo.

Busa, giplano sa Dios nga Amaham ang Iyang Anak nga Lalake nga si Hesus nga ipanamkon paagi sa Espiritu Santo sa tagoangkan sa Birheng Maria. Sa kining paagi, nahimong unod si Hesus ug nanaog niining kalibotan, apan dili usa ka kaliwat ni Adan.

Ikatulo, Kinahanglan aduna Siya og gahom nga mabontog ang yawa

Usab, gisulti sa ato sa Levitico 25:26-27 nga:

O kung asa ang tawo walay kabanay, apan makakaplag siya ug igo nga sa iyang paglukat niana, nan pagaisipon niya ang mga tuig sa paghibaligya niana ug ipauli niya ang kapin ngadto sa tawo nga iyang gibaligyaan, ug magauli siya ngadto sa iyang kaugalingong kabtangan.

Sa hanubo, ang tagalukat adunay gahom sa pagpalit og usab sa gibaligya nga yuta. Ang usa ka pobre nga tawo dili makabayad sa utang sa iyang higala bisan pa nga naninguha siya nga himoon kini. Sa sama nga paagi, ang tagalukat kinahanglan walay sala aron himong maluwas ang tanang tawo gikan sa ilang mga sala. Sa pag-angkon og walay sala mao ang kalig-on sa usa sa esprituwal nga ginsakpan.

Ang Tagalalukat kinahanglan adunay gahom aron mapildi ang kaaway nga yawa ug si Satanas ug mauli ang nawala nga kagamhanan ni Adan. Kana kon, ang Tagalukat kinahanglan walay orihinal nga sala mi adunay iyang kaugalingon nga sala. Ang walay sala nga tagalukat lang ang makapildi sa yawa ug makatalwas sa tanang mga tawo gikan sa yawa.

Wala ba'y sala si Hesus?

Si Hesus walay orihinal nga sala kay Siya gipanamkon paagi sa Espiritu Santo. Puno Niyang gituman ang balaod sa Dios kay nidako Siya sa ilalom sa pagdumala sa iyang mga ginikanan nga gikahadlokan ang Dios. Gituman Niya ang balaod uban ang paghigugma. Gituli Siya sa ikawalong adlaw human sa Iyang pagpanganak. (Lucas 2:21). Nungka Siya nihimo og Iyang kaugalingon nga sala ug nisugot ra sa tugon sa Dios nga Amahan hangtud Siya gilansang sa edad nga 33 (1 Pedro 2:22-24; Mga Hebreohanon 7:26).

Si Hesus mahimong makapildi sa yawa ug makalukat sa tanang tawo kay Siya wala gayud sala. Ang Iyang "pagkawala-og-sala" gisaksihan paagi sa Iyang daghang gahom nga hinimoan. Gipagawas Niya ang mga demonyo, ang bulag nakakita, ang bungol nakapaminaw, ang lulid gipalakat, ug giaayo ang bisag unsang walay kaayuhan nga mga sakit. Gipakalma ang usa ka makusog nga unos ug gipahunong ang baskog nga hangin kaniadtong Iyang gibadlong ang hangin ug giingnan ang tubig, "Hilum, hunong!" (Marcos 4:39)

Sa katapusan, Kinahanglan aduna Siya og pang-sakripisyo nga gugma

Bisan pa ang dato nga tawo dili molukat sa yuta og wala siya gugma para sa tawo nga nibaligya sa yuta. Sa sama nga paagi, ang tagalukat kinahanglan adunay gugma para sa mga makakasala hangtud sa punto nga isakripisyo Niya ang Iyang kaugalingon aron maresolba sa hingapusan ang tanang mga problema sa mga sala.

Sa Ruth 4:1-6, nahibalo si Boaz sa kapobre ni Naomi ug gisultihan ang iyang labing duol nga kabanay – usa ka tagalukat nga mopalit og balik sa iyang yuta og gusto niya. Apan, ang tawo nibalibad, miingon ni Boaz, *"Dili kana malukat nako sa akong kaugalingon, tingali hinoon mausik ang akong kaugalingon nga panulondon. Kuhaon mo ang akong katungod sa paglukat pag-usab niana, kay ako dili makalukat niana."* (b. 6). Wala niya gilukat ang yuta alang ni Naomi ug Ruth bisan pa nga dato siya kaayo aron himoon kato. Kay tungod nga wala siya og pangsakripisyo nga gugma. Human sa tanan, si Boaz, ang sunod nga labing duol nga kabanay-tagalukat, nilukat sa yuta kay aduna siya og pangsakripisyo nga gugma.

Si Boaz nahimong legal nga tagalukat ug gipangasawa si Ruth kay aduna siya og igo nga gugma aron lukaton ang yuta ni Naomi. Ang anak nga lalake nga gipanganak ni Boaz ug Ruth mao ang pinakaapohan ni Haring David ug gitala kini sa linya sa banay ni Hesus.

Si Hesus gilansang sa gugma. Si Hesus ang Pulong, apan

nahimong unod ug nianhi sa yuta. Dili Siya kaliwat ni Adan kay gipanamkon Siya paagi sa Espiritu Santo. Nan gipanganak Siya nga walay orihinal nga sala. Aduna Siya og gahom nga malukat ang tanang tawo gikan sa mga sala kay Siya walay sala.

Bisan pa niani, dili Siya unta mahimong Tagalukat kon walay espirituwal ug pangsakripisyo nga gugma bisan pa nga adunay Siya sa tulo ka mga kasarangan. Kinahanglan Niyang kuhaon ang silot sa mga sala nga ang mga makakasala gisangpot nga mokuha aron nga malukat Niya ang tanang mga tawo gikan sa mga sala.

Kinahanglan Siya tamdon nga labing daut ug peligroso nga kriminal ug bitayon sa sagalsalon nga krus nga kahoy. Kinahanglan Siya pakaulawan ug bugalbugalon, ug paagason ang tanang dugo ug tubig gikan sa Iyang lawas aron maluwas ang tanang tawo. Kinahanglan Niyang magbayad ug dako nga presyo ug mohimo og dako nga sakripisyo.

Dili kanimo makit-an bisan asa sa kasaysayan sa tawo og usa ka pananglitan kon asa ang usa ka walay-kabasolan nga prinsipe namatay alang sa iyang dautan ug burong nga mga tawo. Si Hesus mao ang usa ug bugtong nga Anak sa Dios nga Makagagahom, ang Hari sa tanang mga hari, Ang Ginoo sa tanang mga ginoo, ug ang Agalon sa tanang mga binuhat. Ang ingon nga dako, halangdon, ug walay-kabasolan nga Hesus gibitay sa krus ug namatay sa pagpaagas sa Iyang dugo. Unsa ka dili-matakos nga gugma ang aduna Siya alang kanato?

Sa kamatuoran, si Hesus nihimo ra og kaayuhang mga buhat sa tanan Niyang kinabuhi. Gitagaan Niya ang mga makakasala og kapasayloan, giaayo ang tanan klaseng may sakit nga mga tawo, gipagawas ang daghang tawo gikan sa mga demonyo, nihatag sa maayong balita nga pagdait, kalipay, ug gugma, ug gitagaan ang mga tawo og usa ka sinsero nga paglaom alang sa langit ug kaluwasan. Sa ibabaw sa tanan, gihatag Niya ang iyang kinabuhi alang sa mga makakasala

Mabasa sa Mga Taga-Roma 5:7-8 nga, *"Talagsa ra nga adunay magpakamatay alang sa uban; hinoon aduna gayud kahay mangako sa pagpakamatay alang sa usa ka maayong tawo. Apan ang Dios nagpadayag sa iyang gugma alang kanato, nga bisan sa mga makasasala pa kita, si Kristo nagpakamatay alang kanato."* Gipadala sa Dios nga Amahan ang Iyang usa ug bugtong nga Anak nga si Hesus alang kanato kon asa dili matarong mi maayo, ug gitugotan Siya nga bitayon sa krus ug mamatay didto. Gipakita Niya ang Iyang dako nga gugma niining paagi.

Busa, giampo ko sa pangalan sa Ginoo nga mahimo kanimong masabtan nga dili ikaw maluwas sa pangalan sa bisan kinsa pa gawas ni Hesukristo, maangkon ang kinamatarong nga mahimong anak sa Ginoo paagi sa pagdawat ni Hesukristo, ug mangalipay sa kasagaran sa kinabuhi nga madaogon sa kapangakuan nga kaluwasan!

Kapituloo 5

NGANONG SI HESUS MAN ANG ATONG BUGTONG NGA MANLULUWAS?

- Ang Kabubut-on sa Kaluwasan paagi ni Hesukristo
- Nganong Gibitay man si Hesus sa Kahoy nga Krus?
- Walay Ubang Pangalan sa Kalibotan apan "Hesukristo"

"Siya mao ang bato nga gisalikway ninyo, nga mga magtotukod, apan nga nahimo hinoong ulohan sa pamag-ang. Ug walay kaluwasan pinaagi kang bisan kinsa pa nga lain; kay walay bisan unsa pang lain nga ngalan sa silong sa langit nga gikahatag ngadto sa mga tawo nga pinaagi niini maluwas kita."

Mga Buhat 4:11-12

Higugmaon kanimo ang Dios sa bug-os kanimong kasingsaking kon ikaw makamatngon sa Iyang halawom ug matinagdanon nga kabubut-on sa pagpa-ugmad sa tawo. Sa dugang pa, imong daygon ang Iyang gugma ug kaalam kon ikaw makamatngon sa kabubut-on sa kaluwasan paagi ni Hesukristo.

Unya, giunsa man pagsugod og tuman ang kabubut-on sa kaluwasan nga gitago sa wala pa gisugdan ang panahon paagi ni Hesukristo? Gisultihan ikaw kanako sa sayo pa nga nga giandam sa Dios nga hukom ang usa nga kon asa may sarang alang sa paglukat sa tanang tawo suma sa espirituwal nga balaod ug walay si kinsa pang lain apan si Hesus sa silong sa langit ang may kasarangan.

Si Hesus mao lang ang tawo nga dili kaliwat ni Adan kay Siya gipanamkon paagi sa Espiritu Santo ug niari sa yuta sa unod. Sa dugang pa, adunay Siya og gahom ug gugma aron malukat ang tanan nga mga tawo. Aron Iyang mabuksan ang dalan sa kaluwasan sa tanang tawo paagi sa paglansang Kaniya.

Busa, giingon sa Mga Buhat 4:12, *"Ug walay kaluwasan pinaagi kang bisan kinsa pa nga lain; kay walay bisan unsa pang lain nga ngalan sa silong sa langit nga gikahatag ngadto sa mga tawo nga pinaagi niini maluwas kita."* Kon kinsa man ang mudawat ug motoo ni Hesukristo pasayluon sa tanang mga sala ug maluwas. Mugawas Siya sa kahayag gikan sa kangitngit ug dawaton ang kagamhanan ug mga panalangin sa mga anak sa Dios.

Karon, akong ipatin-aw nganong kinahanglan kanimong motoo ni Hesus nga gilansang alang ikaw maluwas ug madawat ang kagamhanan ug mga panalangin sa usa ka anak sa Dios.

Ang Kabubut-on sa Kaluwasan paagi ni Hesukristo

Giandam sa Dios ang dalan sa kaluwasan sa wala pa gisugdan ang panahon. Gipanagna sa Libro sa Genesis ang tungod ni Hesus ug ang sekreto sa kaluwasan sa mga tawo paagi sa krus.

Mabasa sa Genesis 3:14-15 nga:

Ang GINOONG Dios nag-ingon sa halas, "Tungod kay ikaw nagbuhat niini, Tinunglo ikaw labi pa kay sa tanan nga mga kahayopan, ug labaw sa tanan nga mga mananap sa kapatagan; Sa imong tiyan magakamang ka, Ug magakaon ikaw sa abog sa Tanan nga mga adlaw sa imong kinabuhi; Ug ibutang ko ang panagkaaway sa Taliwala mo ug sa babaye, Ug sa taliwala sa imong kaliwat ug sa iyang kaliwat; Siya magasamad sa imong ulo, Ug ikaw magasamad sa iyang tikod."

Sa paghisgot sa sayo pa, sa espirituwal, ang "halas" naghinambit sa kaaway nga yawa ug "magakaon sa abog" nagtimaan sa kaaway nga yawa nga namuno sa pagmando sa mga tawo nga gihimo gikan sa abog sa yuta. Usab, ang "babaye" nitudlo sa "Israel" ug ang "kaliwat sa babaye" naghinambit ni Hesus. Ang pulongan nga "Ikaw [ang halas] magasamad sa iyang tikod" nagtimaan nga si Hesus ilansang, ug "Siya [ang binhi sa babaye] magasamad sa iya [ang halas] sa ulo" nipasabot nga si Hesus magaguba sa kampo sa kaaway nga yawa ug ni Satanas paagi sa pagbanhaw gikan sa patay.

Dili Makamatngon si Satanas sa Plano sa Dios

Sekreto nga gitago sa Dios ang kining kabubut-on sa kaluwasan, aron dili masayod ug makuptan sa kaaway nga yawa ug ni Satanas ang Iyahang kaalam.

Gitinguhaan sa kaaway nga yawa ug ni Satanas nga patyon ang anak sa babaye sa wala pa napangos. Gihunahuna niya nga sa kahangtoran iyaha ang kagamhanan nga gitugyan gikan ni Adan, nga kon kinsa hingsupil sa Dios. Apan, wala masayod ang kaaway nga yawa ug si Satanas kon kinsa ang anak sa babaye. Busa, gipaninguhaan niya nga patyon ang mga manalagna nga gihigugma sa Dios gikan pa sa panahon sa Daang Kasabotan.

Sa pagpanganak ni Moises, gipapatay sa kaaway nga yawa ug si Satanas kang Paraon, ang hari sa Egipto, ang tagsatagsa nga anak na lalake nga gipanganak sa Hebreohanon nga babaye (Exodo 1:15-21). Sa gipanamkon si Hesus paagi sa Espiritu Santo ug niari sa yuta sa unod, ang kaaway nga yawa ug si Satanas sama nga gipahimo kini kang Haring Herodes.

Apan, nasayod na ang Dios sa plano sa kaaway nga si Satanas.

Ang manolunda sa Ginoo nipakita ni Jose sa damgo ug gisultihan siya nga muadto sa Egipto uban and puya ug and inahan. Gitugutan sa Dios ang pamilya nga didto mupuyo hangtod mamatay si Haring Herodes.

Ang Paglansang kang Hesus Gitugutan sa Dios

Si Hesus nidako sa panalipod sa Dios ug hingsugod sa Iyang pangalagad gikan sa edad nga 30. Hing-adto Siya sa tanang bahin sa Galilea, nitudlo sa sulod sa mga sinagoga, giaayo ang tanan nga klase nga balatian ug tanang klase nga sakit sa mga tawo, gipabanhaw ang patay, ug giwali ang ebanghelyo sa mga kabos (Mateo 4:23, 11:5).

Samtang, ang kaaway nga yawa ug si Satanas giplano ug usab nga himuon sa hepe sa mga pare, ang mga manunudlo sa balaod, ug ang mga Pariseo nga patyon si Hesus. Apan, sa mga nahibaloan sa Biblia, ang dautan nga tawo dili mahimong hikapon si Hesus kay ang tanang mga hitabo sa panahon sa Iyang kinabuhi nahimo sa kabubut-on sa Dios.

Gitugutan sa Dios ang kaaway nga yawa ug si Satanas nga ilansang si Hesus pagkahuman ra sa tulo ka mga tuig Niyang pangalagad. Ang nadangatan, nisul-ob si Hesus og korona nga mga tunok ug namatay sa krus nga niaantos sa dakong kasakit paagi sa paglansang sa Iyang mga kamot ug mga tiil.

Ang paglansang mao ang kinapintasan nga paagi sa pagpatay. Ang kaaway nga yawa gilamian og pag-ayo human niya patyon si Hesus sa kining pintas nga paagi. Nikanta si Satanas alang sa kalipay nga kadaogan kay naghunahuna siya nga padayun siya nga mamuno sa pagmando sa kalibotan, kay walay bisan kinsa nga makababag sa iyang rehimen. Apan, adunay kabubut-on nga sekreto nga gitagoan ang Dios.

Gibali sa Kaaway nga Yawa ug ni Satanas ang Espirituwal nga Balaod

Dili gamiton sa Dios ang Iyang bug-os nga labawng pamuno nga gahom batok sa balaod kay Siya makatarong. Giandam Niya ang dalan sa kaluwasan paagi sa espirituwal nga balaod sa wala pa gisugdan ang panahon, kay Iyang himuon ang matag butang paagi sa espirituwal nga balaod.

Kay ang suhol sa sala mao ang kamatayon suma sa espirituwal nga balaod (Mga Taga-Roma 6:23), dili mangatubang og kamatayon ang usa kon siya walay sala. Apan, gilansang sa kaaway nga yawa ug ni Satanas si Hesus kon kinsa walay-kabasolan ug walay-lama (1 Pedro 2:22-23). Sa paghimo niini, gibali sa kaaway ng yawa ang espirituwal nga balaod ug gilimbongan sa iyang kaugalingon nga tikas. Nahimo siya og instrumento sa kaluwasan sa tawo nga giplano sa Dios. Gipangos sa anak sa babaye ang iyang ulo suma sa gipanagna sa Genesis.

Sa katibuokan, ang halas mahimo gihapon ng makasukol og imo kining yatakan sa iyang ikog o putlon ang iyang lawas, apan dili kini makasukol og imong hugton og gunit ang iyang ulo. Busa, ang pulongan nga, "Ug ibutang ko ang panagkaaway sa taliwala mo ug sa babaye, ug sa taliwala sa imong kaliwat ug sa iyang kaliwat; Siya magasamad sa imong ulo, ug ikaw magasamad sa iyang tikod" nagkahulogan sa espirituwal nga mawala ang gahom ug kagamhanan sa kaaway nga si Satanas tungod ni Hesukristo. Ang halas nga niigo sa tikod sa anak sa babaye nagkahulogan sa espirituwal nga ilansang ni Satanas si Hesus, ug kini natuman sama sa gitagna sa Genesis 3:15.

Ang Kaluwasan paagi sa Paglansang ni Hesus

Ang dalan sa kaluwasan nga gitago sa Dios sa wala pa gisugdan ang panahon natuman kaniadtong pagbanhaw ni Hesus sa ikatulong adlaw gikan sa Iyang paglansang.

Hapit sa 6,000 ka mga tuig nga niagi, gitugyan ni Adan ang kagamhanan nga gikahatag sa Dios ngadto sa kaaway nga yawa kay iyang gibali ang balaod sa espirituwal nga ginsakpan paagi sa iyang pagsupil (Lucas 4:6). Apan, pagkahuman sa 4,000 nga mga tuig, niadto si Satanas sa dalan sa pagkaguba paagi sa pagbali sa espirituwal nga balaod.

Busa, kinahanglan pagawason sa kaaway nga yawa katong mga nidawat ni Hesus ingon sa ilang Manluluwas ug motoo sa Iyang pangalan, ug sila nakadawat sa pagkamatarong nga mahimong mga anak sa Dios. Ilansang ba kaha sa kaaway nga yawa si Hesus kon nakasayod siya niining kaalam sa Dios? Dili gayud! Sa 1 Mga Taga-Corinto 2:8, *"Gipahinumdom kita na Walay bisan usa sa mga punoan niining kapanahonan karon nga nakasabot niining kaalam; kay kong nakasabot pa, ang Ginoo sa kahimayaan dili unta nila ilansang sa krus."*

Katong wala nakasabot niining kamatuoran karong mga adlawa nahibong nga, "Nganong ang Ginoo nga Makakagahom dili makapanalipod sa Iyang Anak gikan sa kamatayon?

Nganong gitugtan man Niya nga mamatay Siya sa krus?" Apan, kon imong hingpit nga nasabtan ang kabubut-on sa krus, masayod kanimo kon nganong kinahanglan ilansang si Hesus ug unsaon Siya mahimong Hari sa tanang mga hari ug Ginoo sa tanang mga ginoo human sa Iyang malamposon nga kadaogan sa ibabaw sa kaaway nga yawa. Busa, kon kinsa man ang motoo ni Hesus ingon sa Manluluwas nga namatay sa krus ug nabanhaw human sa tulo ka adlaw aron malukat ang mga tawo gikan sa tanan nga mga sala, mahimong madayag nga matarong ug maluwas.

Nganong Gibitay man si Hesus sa Kahoy nga Krus?

Ngano man, nga kinahanglan ibitay si Hesus sa kahoy nga krus? Nganong usa gayud ka kahoy nga krus? Sa kadaghan sa mga pagkalain-lain nga mga pamaagi sa pagpatay, si Hesus namatay sa kahoy nga krus. Suma sa Mga Taga-Galacia 3:13-14, adunay tulo ka mga espirituwal nga mga rason nganong gibitay si Hesus sa kahoy nga krus.

Una, aron Malukat Kita gikan sa Panunglo sa Balaod

Mabasa sa Mga Taga Galacia 3:13 nga, *"Gilukat kita ni Kristo gikan sa tunglo sa Balaod, sa diha nga nahimo siyang tunglo alang kanato kay nahisulat kini nga nagaingon, 'Matinunglo ang matag-usa nga pagabitayon diha sa kahoy.'"*

Gipatin-aw niini nga gilukat kita ni Hesus gikan sa panunglo sa balaod sa pagbitay Kaniya sa kahoy nga krus.

Ang tanang mga tawo gipanunglo ug busa gilaraw nga mupadalong ngadto sa dalan sa kamatayon kay ang unang tawo nga si Adan hingsupil nga gikasulat sa Mga Taga- Roma 6:23, *"Ang suhol sa sala mao ang kamatayon."* Apan, gihatag sa Dios ang Iyang Anak nga si Hesus alang sa katawhan ug gitugutan Siya nga ibitay sa kahoy nga krus aron malukat sila gikan sa panunglo sa balaod. (Deuteronomio 21:23).

Sa dugang pa, gipaagas ni Hesus ang Iyang bilihon nga dugo sa krus. Panid-i ang mga Bersikulo 11 ug 14 gikan sa Levitico 17:

> *Kay ang kinabuhi sa unod anaa sa dugo, ug ako naghatag kaninyo niana aron sa pagtabon-sa-sala sa inyong mga kalag sa ibabaw sa halaran; kay ang dugo mao ang nagahimo sa pagtabon-sa-sala, tungod sa kinabuhi (b. 11).*

> *Kay mahitungod sa kinabuhi sa tanan nga unod, ang kinabuhi niini anaa sa dugo (b. 14).*

Ang tagsulat sa Levitico nisulat nga ang kinabuhi mao ang dugo kay ang matag binuhat nagkinahanglan og dugo aron mabuhi ug mamatay kon wala niini.

Apan, kon mamatay ang usa, ang iyang unod mobalik sa abog, ug ang iyang kalag muadto sa langit o sa impiyerno. Aron madawat ang kinabuhi nga walay-katapusan, kinahanglan ka pasayluon sa tanan kanimong mga sala. Aron mapasaylo sa imong mga sala, kinahanglan adunay paagas sa dugo nga gilawag sa Mga Hebreohanon 9:22, *"Ug suma sa Balaod, ang usa mahimong moingon nga hapit ang tanang butang pagahinloon ug dugo, ug gawas sa pag-agas sa dugo walay mahimong pasaylo."* Sa kining rason, ang mga tawo sa panahon sa Daang Kasabotan nga mga inadlaaw kinahanglan mohalad og mga dugo sa mga mananap kon sila makasala. Apan, gipaagas ni Hesus ang iyang bilihon nga dugo sa katapusan aron mahimong mapasaylo ang mga tawo ug madawat ang walay-katapusan nga kinabuhi kay Siya sa Iyang Kaugalingon walay orihinal nga sala o kaugalingong-hinimo nga sala.

Sa sama, makadawat ka og walay-katapusan nga kinabuhi tungod sa bilihon nga dugo ni Hesus. Kana kay, namatay si Hesus sa imong lugar ug gibuksan ang dalan aron ikaw mahimong anak sa Dios.

Ikaduha, aron Ihatag ang Panalangin ni Abraham

Ang unang katunga sa Mga Taga-Galacia 3:14 miingon nga *"Aron nga pinaagi kang Hesukristo ang panalangin kang Abraham mahiadto sa mga Hentil."* Kini nagkahulogan nga gihatag sa Dios ang panalangin nga gikahatag kang Abraham dili lang sa mga Israelinhon apan sama sad sa tanang mga Hentil nga gipahayag nga matarong paagi sa pagdawat ni Hesus ingon sa ilang Manluluwas.

Si Abraham gitawag nga "amahan sa pagtoo" ug "higala sa Dios," ug siya nabuhi sa mga panalangin sa mga anak, kahimsog, taas-nga-kinabuhi, bahandi ug uban pa. Ang rason nga si

Abraham dagaya nga gipanalanginan gisulat sa Genesis 22:15-18:

Og ang manolunda sa GINOO nagtawag kang Abraham sa ikaduha gikan sa langit, ug miingon siya, "Tungod sa Akong kaugalingon nanumpa ako, nagaingon ang GINOO, nga tungod kay gibuhat mo kini ug wala ka magdumili kanako sa imong anak, sa imong bugtong anak, gayud ikaw pagapanalanginan ko, ug pagapadaghanon ko ang imong kaliwatan ingon sa mga bitoon sa langit ug ingon sa balas nga atua sa baybayon sa dagat; ug ang imong kaliwatan manag-iya sa mga ganghaan sa ilang mga kaaway. Og diha sa imong kaliwat mapanalanginan ang tanan nga mga nasud sa yuta, kay gituman mo ang Akong tingog."

Hingtuman si Abraham kon asa gisultihan siya nga *"Pahawa ka gikan sa imong yuta, ug gikan sa imong mga kaubanan ug sa balay sa imong amahan, ngadto sa yuta nga akong igapakita kanimo."* (Genesis 12:1). Hingtuman sad siya nga walay pagbalibad o pagmulo kon asa miingon ang Dios nga, *"Kuhaon mo karon ang imong anak nga bugtong, nga imong pinalangga nga mao si Isaac, ug umadto ka sa yuta sa Moria, ug siya ihalad mo nga halad-nga sinunog didto sa usa sa mga bukid nga akong igaingon kanimo."* (Genesis 22:2). Kini ang mahimo ni Abraham kay nitoo siya sa Dios nga makabuhi sa patay (Mga Hebreohanon 11:19). Siya nahimong kapanalanginan ug amahan sa pagtoo kay adunay siya og hugot nga pagtoo.

Busa, ang mga anak sa Dios nga nidawat ni Hesus ingon sa Manluluwas kinahanglan adunay pagtoo sama kang Abraham. Mahimo unya kanimong maghatag og himaya sa Dios paagi sa pagdawat sa tanang mga panalangin sa yuta.

Ikatulo, aron Mahatag ang Gisaad sa Espiritu

Mabasa sa ikaduhang katunga sa Mga Taga-Galacia 3:14 ang, *"Aron nga pinaagi sa pagtoo kita makadawat sa gisaad nga Espiritu."* Nagkahulogan kini nga bisan kinsa ang motoo nga si Hesus namatay sa kahoy nga krus alang sa tanang mga tawo gipagawas sa tunglo sa balaod ug madawat ang gisaad sa Espiritu Santo. Sa dugang pa, kon kinsa man ang mudawat ni Hesus ingon sa Manluluwas madawat ang kagamhanan nga mahimong anak sa Dios ug sa Espiritu Santo ingon sa gasa ug kapangakoan (Juan 1:12; Mga Taga-Roma 8:16).

Kon imong madawat ang Espiritu Santo, mahimo kanimong tawgon ang Dios nga "Abba, Amahan" (Mga Taga-Roma 8:15), ang imong pangalan nahisulat sa Libro sa Kinabuhi sa langit (Lucas 10:20), ug aduna ka og puluy-an sa langit (Mga Taga-Filipos 3:20). Kini tungod ang Espiritu Santo, kon asa mao ang kasingkasing ug kusog sa Dios, modala kanimo ngadto sa walay-katapusan nga kinabuhi paagi sa pagtabang kanimo nga masabtan ang Pulong sa Dios ug manginabuhi suma sa Iyang Pulong uban ang pagtoo.

Apan, ikaw mahimong maluwas kon dili lang kanimo ilhon si Hesus ingon sa Manluluwas apan motoo sad ka sa imong kasingkasing nga gibali Niya ang kagamhanan sa kamatayon ug nabanhaw. Ang Mga Taga-Roma 10:9 nihalibot niini: *"Kay kon pinaagi sa imong baba magkompisal ikaw nga si Hesus mao ang Ginoo, ug magatoo sa sulod sa imong kasingkasing nga Siya gibanhaw sa Dios gikan sa mga patay, nan, maluwas ikaw."*

Sa wala pa gisugdan ang panahon, gitagana na sa Dios ang dako nga plano nga himoon katong motoo ni Hesus ingon sa Manluluwas nga makig-usa uban ang Dios ug dad-on sila sa kaluwasan. Ang plano usa kaayo kahibulongan ug misteryoso. Kinahanglan muadto sa dalan sa kamatayon ang mga tawo kay ang unang tawo nakasala suma sa balaod sa espirituwal nga ginsakpan, kon asa niangkon nga "Ang suhol sa sala mao ang kamatayon." Apan, mahimo sila nga makagawas sa tunglo sa balaod ug maluwas sa pagtoo sa sama nga balaod tungod sa kalapasan ni Satanas sa balaod sa espiritwal nga ginsakpan.

Ang mga tawo kinahanglan nga muantos gikan sa kasakit, mga kalisod, ug kamatayon nga gidala sa kaaway nga yawa kaniadtong nahimo sila nga mga ulipon sa mga sala tungod sa pagsupil. Apan, kon kinsa man ang mudawat ni Hesukristo ingon sa Manluluwas ug muduwat sa Espiritu Santo mahimong maangkon ang kaluwasan, walay-katapusan nga kinabuhi, ug nag-awas nga mga panalangin.

Ang Katungod ug Panalangin nga Gikahatag sa mga Anak sa Dios

Kon kinsa man ang mobukas sa iyang kasingkasing ug

mudawat ni Hesukristo pasayloon, makadawat sa katarong nga mahimong anak sa Dios, ug mangalipay sa kalinaw ug kasadya sa iyang kasingkasing. Kini ang mahimo tungod gikuha ni Hesus ang tanan natong mga sala sa katapusan paagi sa paglansang. Busa, giingon sa Mga Salmo 103:12, *"Ingon sa pagkahalayo sa silangan gikan sa kasadpan, sa mao nga gilay-on iyang gipahilayo kanato ang atong mga kalapasan."* Mabasa sad sa Mga Hebreohanon 10:16-18 nga *" 'Kini mao ang pakigsaad nga akong pagahimoon uban kanila tapus niadtong mga adlawa,' nagaingon ang Ginoo: 'Igabutang ko ang akong mga balaod sa sulod sa ilang mga kasingkasing, ug igasulat ko kini diha sa ilang mga salabotan,' Siya nidugang sa pag-ingon, 'Ug ang ilang mga sala ug mga kasaypanan dili ko na pagahinumduman.' Kay sa diha nga mapasaylo na kini nga mga butang, wala na usab kinahanglan ang halad tungod sa sala."*

Walay bisan unsa pa sa kalibotan nga takos itandi sa katarong sa mga anak sa Dios nga gikahatag paagi sa pagtoo. Niining kalibotan, ang katarong sa mga anak sa hari o sa president gamhanon kaayo. Unsa ka dako, nan, ang katarong sa mga anak sa Dios nga Mamumugna nga nimando sa ibabaw sa kalibotan ug nidumala sa kasaysayan sa tawo ug sa kalibotan.

Dili kini tamdon sa Dios nga tinood nga pagtoo kon ikaw niangkon ra nga, "Si Hesus ang Manluluwas." Kinahanglan kanimong masabtan kon kinsa si Hesukristo, kon nganong Siya ang bugtong nga Manluluwas alang kanimo, ug naay tinood nga pagtoo nga gibase sa katong kahibaloan. Unya, uban katong tinood nga pagtoo, imong mamatngonan ang kabubut-on sa

Dios nga gitago sa krus ug mangompisal, "Ang Ginoo mao ang Kristo ug Anak sa buhing Dios." Sa dugang pa, mahimo kang mabuhi suma sa pagbuot sa Dios. Kon wala kining tinood nga pagtoo, lisod kaayo kanimo nga makuha ang pagtoo gikan sa kasingkasing ug mabuhi suma sa Pulong sa Dios. Busa, sa gisulti ni Hesus kanato sa Mateo 7:21, *"Dili ang tanang magaingon Kanako, 'Ginoo, Ginoo,' makasulod sa gingharian sa langit, apan kon kinsa ang nagatuman sa pagbuot sa akong Amahan nga anaa sa langit ang makasulod."* Tino nga gipahayag ni Hesus nga ang tawo ra nga niangkon kang Hesus nga, "Ginoo, Ginoo" ug nabuhi sa pagbuot ug Pulong sa Dios ang maluwas.

Walay Ubang Pangalan sa Kalibotan apan "Hesukristo"

Gihulagway sa Mga Buhat 4 ang usa ka eksena kon asa si Pedro ug si Juan maisog nga gisaksihan ang pangalan ni Hesukristo sa atubang sa Sanhedrin. Tinud-anon nilang gituohan nga walay ubang pangalan kondili "Hesukristo" kon asa ang tawo makaabot sa kaluwasan, ug si Pedro, nga gipuno sa Espiritu Santo, gitagaan og gahom nga ipagsangyaw nga *"Ug walay kaluwasan pinaagi kang bisan kinsa pa nga lain; kay walay bisan unsa pang lain nga ngalan sa silong sa langit nga gikahatag ngadto sa mga tawo nga pinaagi niini maluwas kita"* (Mga Buhat 4:12).

Unsa man ang espirituwal nga mga ikaangin sa pangalan nga "Hesukristo?" Ug nganong gikahatag man kanato sa Dios ang walay uban nga pangalan apan Hesukristo kon asa kinahanglan kita makaabot sa kaluwasan?

Ang Kalainan taliwala sa "Hesus" ug "Hesukristo"

Gisulti kanato sa Mga Buhat 16:31 nga *"Tumoo ka sa Ginoong Hesus, ug maluwas ka, ikaw ug ang imong panimalay."* Adunay importante nga rason nganong mabasa niini nga "ang Ginoong Hesus," dili yanong "Hesus" lang.

Nganhi, ang "Hesus" naghinambit sa tawo nga muluwas sa Iyang mga tawo gikan sa ilang mga sala. Ang "Kristo" usa ka Griyego nga pulong nga nagkahulogan og "Mesiyas" sa Hebreohanon. Niini mao "ang usa nga gidihogan" (Mga Buhat 4:27) ug nitudlo niini ngadto sa manluluwas nga Tigpatunga taliwala sa Dios ug sa mga tawo. Kana mao si, "Hesus" ang pangalan sa damlag nga Manluluwas, apan ang "Kristo" mao an pangalan sa Manluluwas nga nakaluwas na og mga tawo.

Sa panahon sa Daang Kasabotan nga mga inadlaw, gidihugan sa Dios ang tawo nga mahimong hari, o usa ka pari, o usa ka manalagna paagi sa pagbubo og lana sa ibabaw sa ulo sa gidihogan (Levitico 4:3; 1 Samuel 10:1; 1 Mga Hari 19:16). Ang lana nagtimaan sa Espiritu Santo. Busa, sa pagdihog sa usa ka tawo nagkahulogan nga ihatag ang Espiritu Santo sa tawo nga gipili sa Dios.

Si Hesus gidihog nga Hari, ang Punoan nga Pari, ug ang Manalagna, ug niari niining kalibotan sa unod aron maluwas ang tanang katawhan suma sa kabubut-on sa Dios nga gitagana sa wala pa gisugdan ang panahon. Gilansang Siya aron malukat ta, ug nahimong atong Manluluwas paagi sa pagkabanhaw sa ikatulong adlaw. Nan, Siya ang Manluluwas nga nakakumpleto sa kabubut-on sa Dios nga kaluwasan. Kana mao, Siya mao si Kristo.

Sa wala pa ang paglansang ni Hesus, gitumod nato Siya nga si "Hesus" lang. Apan, pagkahuman sa paglansang ug pagkabanhaw, Siya angay tawgon nga "Hesukristo," "Ang Ginoong Hesus," o "ang Ginoo."

Angay kanimong masayod nga adunay dako nga kalainan sa gahom taliwala sa "Hesus" ug "Hesukristo." Hesus ang pangalan kon asa Siya gitawag sa wala pa Niya matuman ang kabubut-on sa kaluwasan ug sa kaaway nga yawa dili kaayo nahadlok niining pangalan. Ang pangalan nga "Hesukristo," bisan niana, mopasabot sa musunod nga tulo: ang dugo nga nilukat kanato gikan sa mga sala; ang pagkabanhaw nga nibali sa kagamhanan sa kamatayon; ug ang kinabuhi nga tunhay. Sa atubang "kiining" pangalan, bisan niana, ang kaaway nga yawa nagkurog sa kahadlok.

Gipasagdan sa daghang mga tawo kining kamatuoran kay wala nila masabtan ang kalainan. Apan, tinood nga ang hinimoan og tubag sa Dios halain sa kon unsang pangalan ang imong tawgon (Mga Buhat 3:6).

Kon moampo ka sa Dios sa pangalan sa atong Ginoong Hesukristo ug ibutang kining kamatuoran sa hunahuna, mupadulong ikaw sa madinaogon nga kinabuhi nga puno sa madali ug dagaya nga mga tubag gikan sa Dios nga Makagagahom.

Ang Kumpleto nga Pagtuman ni Hesus

Bisan si Hesus Ginoo sa kinaya, wala niya gihunahuna ang kapatas sa Dios nga usa ka butang makuptan, o nihawid sa Iyang kinamatarong ingon sa Dios. Gibuhat Niya ang Iyang Kaugaligon nga wala yamo; gikuha Niya ang ubos nga kahimtang sa usa ka ulipon ug nagpakita sa katawhan nga umol. Ang usa kamaayo nga ulipon wala'y iyang kaugalingon nga pagbuot. Nagtrabaho siya suma sa pagbuot sa iyang agalon imbes sa iyang kaugalingon. Katungdan sa usa ka ulipon nga musunod sa pagbuot sa iyang agalon bisan pa nga kini uyon o dili-uyon sa iyang kaugalingong pagbuot o pagbati. Si Hesus nisunod sa pagbuot sa Dios uban ang kasingkasing sa maayo nga ulipon, ug sa ingon niini matuman ang Iyang misyon alang sa kaluwasan sa tawo.

Gibayaw sa Dios si Hesus, nga nisunod sa pagbuot sa Dios, nga miingon, "Oo" ug "Amen," sa pinakataas nga lugar ug gipakompisal ang daghang mga tawo nga Siya mao ang Ginoo.

Tungod niining rason, ang Dios nagbayaw Kaniya, ug mohatag Kaniya sa ngalan nga labaw sa tanang mga ngalan, aron nga sa ngalan ni Hesus ang tanang tuhod magapiko, didto sa langit ug dinhi sa yuta ug sa ilalum sa yuta, ug ang tanang dila magakompisal nga Ginoo si Hesukristo, alang sa paghimaya sa Dios nga Amahan. (Mga Taga-Filipos 2:9-11).

Ang Pangalan nga "Ginoong Hesus" Nisaksi sa Gahom sa Diyos

Miingion sa Juan 1:3, *"Ang tanang mga butang nangahimo pinaagi Kaniya, ug niadtong mga nangahimo na walay bisan usa nga nahimo nga dili pinaagi kaniya."* Kay ang tanang mga butang sa kalibotan gibuhat pinaagi ni Hesus, aduna siya og kagamhanan nga momando sa tanang mga butang ingon sa Mamumugna. Sa gimandoan ni Hesus ang Anak sa Dios nga Mamumugna, ang walay-kinabuhi nga mga butang sama sa unoson nga hangin ug balod nituman Kaniya ug nikalma, ug nalawos dayun ang Igos nga kahoy kaniadtong Iyang gitunglo kini.

Adunay kagamhanan si Hesus nga makapasaylo sa mga sala ug makaluwas sa mga makakasala gikan sa silot sa ilang mga sala. Busa, miingon si Hesus sa usa ka paralitiko sa Mateo 9:2, *"Anak, salig; ang imong mga sala gipasaylo na"* ug miingon sa bersikulo 6, *"'Apan aron mahibalo kamo nga ang Anak sa Tawo may kagamhanan diay dinhi sa yuta sa pagpasaylo og mga sala.' Unya miingon siya sa paralitiko, 'Bangon, dad-a ang imong gihigdaan ug pumauli ka.'"*

Sa dugang pa, si Hesus adunay gahom sa pagpaayo sa tanang klase nga mga sakit ug kadaut, ug pabanhawon ang patay. Gipamatbat sa Juan 11 ang usa ka eksena kon asa ang patay nga tawo nga si Lazaro nigula sa iyang lubnganan nga ang iyang mga kamot og mga tiil gibugkosan og mga bendahi kon asa si Hesus nitawag sa usa ka makusog nga tingog, "Lazaro, gula ngari. Upat ka adlaw na siyang namatay ug adunay dautan nga baho, apan nigula siya sa lubnganan nga himsog nga tawo.

Sa sama, mohatag si Hesus kanimo bisan unsa ang imong pangayoon uban ang pagtoo kay aduna Siya kahibulongan nga gahom sa Dios.

Si Hesukristo, ang Gugma sa Dios

Sa giingon sa 1 Juan 4:10, *"Niini ania ang gugma, dili nga kita nahigugma sa Dios, kondili nga Siya mao ang nahigugma kanato ug nagpadala sa Iyang Anak nga haladpasighiuli alang sa atong mga sala,"* gipakita sa Dios ang Iyang katingalahan nga gugma kanato. Gipadala Niya ang Iyang usa ug bugtong nga Anak ingon sa panghimayad nga sakripisyo sa kita mga makakasala pa. Ang Dios niaguwanta og dako nga kasakit ug gibuksan ang dalan ngadto sa kaluwasan sa tawo kaniadtong gilansang ang Iyang Anak nga si Hesus sa krus ug gipaagas ang dugo. Unsa man ang gibati sa Dios sa gugma sa nakit-an Niya nga gilansang ang Iyang usa ug bugtong nga Anak? Dili makatan-aw ang Dios nga naglingkod sa Iyang trono. Nisulti kanato sa Mateo 27:51-54 kon unsa pag-antos sa Dios sa paglansang ni Hesus.

Ug tan-awa, ang tabil sa templo nagilis sa duha ka bahin gikan sa taas ngadto sa ubos; ug ang yuta nikurog ug ang mga bato nangasip-ak. Ug nangaabli ang mga lubnganan, ug namangon ang daghang mga lawas sa mga balaan nga nangamatay na; ug sa nakapanggula sila gikan sa mga lubnganan human sa iyang pagkabanhaw nangadto sila sa siyudad nga balaan ug mipakita ngadto sa daghan. Karon sa diha nga ang kapitan, ug ang iyang mga kauban nga nagbantay kang Hesus, nakakita sa linog ug sa mga butang nga nagkahitabo, sila nangahadlok pag-ayo ug miingon, "Sa pagkatinuod kini Siya anak sa Dios!"

Kini klaro nga hingpakita nga si Hesus gilansang dili tungod sa Iyang kaugalingon nga mga sala apan tungod sa dako nga gugma sa Dios aron madala ang mga tawo ngadto sa dalan sa kaluwasan. Apan, daghan pa nga mga tawo ang wala madawat ug masabtan kiining katingalahan nga gugma sa Dios.

Human sa pagsupil ni Adan, ang mga tawo dili mahimong makig-uban sa Dios ug nahimong mga tawo nga may sala nga kinaiya. Apan, niari si Hesus sa yuta ug nahimong Tigpatunga taliwala sa Dios ug kanato aron mahatag Niya ang mga panalangin nga Emanuel sa tanan nga tawo (Mateo 1:23). Paagi sa kasakit ug mga pag-antos ni Hesus sa krus, naangkon nato ang kalinaw ug kapahulayan.

Busa, akong gilaoman nga masabtan ninyo ang dako nga gugma sa Dios nga nihatag kanato sa Iyang bugtong nga Anak ingon sa usa ka panubos aron malukat kita gikan sa mga sala ug sa walay-katapusan nga kamatayon, ug ang sakripisyo nga gugma sa Ginoo nga, bisan pa Siya walay-kabasolan, gilansang Siya para kanato ug gibuksan ang dalan ngadto sa kaluwasan.

Kapitulo 6

ANG KABUBUT-ON SA KRUS

- Gipanganak sa Kuwadra ug
  Gipahigda sa Pasongan
- Ang Kinabuhi ni Hesus sa Kapobre
- Gilatos ug Giaapas ang Iyang Dugo
- Ang Pagsul-ob og Korona nga mga
  Tunok
- Ang mga Bisti ug Sinina ni Hesus
- Gilansang lapos sa Iyang mga Kamot
  ug mga Tiil
- Ang mga Bitiis ni Hesus wala Mabali
  apan ang Iyang Kilid Gisamaran

"Sa pagkamatuod gipas-an Niya ang atong kasakitan, ug gipas-an Niya ang atong mga kasub-anan; apan Siya giila nato nga binunalan, hinampak sa Dios, ug sinakit.
Apan Siya ginasamaran tungod sa atong kalapasan, Siya napangos tungod sa atong mga kasal-anan; ang silot sa atong pakigdait diha sa ibabaw niya, ug tungod sa Iyang mga labod kita nangaayo. Kitang tanan sama sa mga karnero nanghisalaag, ang tagsatagsa kanato nisimang sa iyang kaugalingon nga dalan; apan gibutang sa GINOO diha Kaniya ang kasal-anan nato nga tanan."

Isaias 53:4-6

Sa plano sa Dios alang sa pag-angkon sa tinood nga mga anak, ang labing importante nga bahin mao nga si Hesus niari sa unod niining kalibotan, gipasakitan sa tanang klaseng pag-antos, ug namatay sa krus. Paagi niining tanan, natuman Niya ang dalan alang sa kaluwasan sa katawhan.

Ang kabubut-on sa Dios sa krus adunay halawom nga espirituwal nga kahulogan. Si Hesus, ang usa ug bugtong nga Anak sa Dios, gibayaan ang langitnon nga himaya, gipanganak sa pasongan sa mga mananap, ug nabuhi sa kapobre sa tibuok Niyang kinabuhi.

Sa dugang pa, gilatos Siya ug gilansang sa Iyang mga kamot ug mga tiil, nisul-ob og korona nga mga tunok ug nagpa-agas og dugo ug tubig paagi sa pagsamad sa Iyang kilid sa bangkaw. Ang tagsa nga pag-antos nga nasinati ni Hesus nagsakop sa mapiogon nga gugma sa Dios.

Kon imong kapuno nga masabtan ang espirituwal nga kahulogan sa krus ug ang mga pag-antos ni Hesus, ang imong kasingkasing matandog gayud sa gugma sa Dios ug makaangkon ka og tinood nga pagtoo. Mahimo sad kang makadawat ug mga tubag sa tanang mga kagubot sa imong kinabuhi sama sa kapobre ug sakit, sama ang tunhay nga gingharian sa langit.

Gipanganak sa Kuwadra ug Gipahigda sa Pasongan

Si Hesus, ingon sa usa ka kinaiyanhon kaayo nga Dios, mao ang agalon sa tanang mga butang sa langit ug sa yuta ug ang pinakahimayaon nga linalang. Bisan pa, niari Siya sa unod niining kalibotan aron malukat ang katawhan gikan sa sala ug dad-on sila ngadto sa kaluwasan.

Si Hesus mao ang usa ug bugtong nga Anak sa Dios nga Makagagahom nga Mamumugna. Ngano, man, wala Siya gipanganak sa usa ka maluho nga lugar o bisan sa usa ka hamugaway nga kuwarto? Dili ba mahimo sa Dios nga mapanganak Siya sa usa ka maanyag nga lugar? Nganong gikinahanglan Niyang ipanganak si Hesus sa kuwadra ug pahigdaon sa pasongan?

Adunay halawom nga espirituwal nga kahulogan niini. Imo angay masayod nga si Hesus espirituwal nga gipanganak sa labing mahimayaon nga paagi. Bisan pa dili makita sa mga tawo sa ilang pisikal nga mga mata, ang Dios nahimuot gayud pag-ayo sa pagpanganak ni Hesus nga Iyahang gilibotan ang puya nga si Hesus sa mga kahayag nga himaya nga gitambongan sa dako nga katigoman sa mga langitnon nga mga tag-alagad ug mga manolunda. Mabati kanimo ang Iyang kahinaman gikan sa Lucas 2:14, kon asa nitala sa musunod: *"Himaya sa Dios sa kalangitan, ug sa yuta panagdait sa mga tawo nga Iyang gikahimut-an."* Giandam sad sa Dios ang maayong mga pastol ug ang mga Mago gikan sa Sidlakan ug gidala sila aron makaampo sa puya nga si Hesus.

Ang tanang pagdayeg ug pag-ampo nahitabo kay pagabuksan ni Hesus ang ganhaan sa kaluwasan sa Iyang pag-ari niining kalibotan, dako nga kadaghanan nga mga tawo ang mosulod sa walay-katapusan nga langit ingon sa mga anak sa Dios, ug si Hesus ang Anak sa Dios ang mahimong Hari sa tanang mga hari ug Ginoo sa tanang mga ginoo.

Ang Kabubut-on sa Dios Gitago sa Pagpanganak ni Hesus

Sa pagpanganak ni Hesus, nipagawas og sugo si Cesar Augusto nga usa ka sensus kuhaon sa tibuok nga Ginharian sa Roma. Ang mga Hudyo naa sa silong sa kolonyal nga paghari sa Roma ug sila nibalik sa ilang mga lunsod nga gipanganakan aron morehistro, sa pagpamati sa mando ni Caesar.

Si Jose niadto sad uban ang iyang pangasaw-unon nga si Maria gikan sa lunsod nga Nazareth sa Galilea ngadto sa Bethlehem ang lunsod ni David, kay apil Siya sa balay og linya ni David. Si Maria gipanaad ni Jose ug nisamkon og usa ka bata paagi sa Espiritu Santo sa wala pa sila niadto didto, ug nanganak sa kamagulangan na si Hesus sa panahon sa ilang pagpuyo didto.

Ang pangalan nga "Bethlehem" nagkahulogan nga "Balay sa Tinapay," ug niini mao ang lunsod nga gikapanganakan ni David (1 Samuel 16:1). Nisulat ang Miqueas 5:2 sa lunsod sa Bethlehem sa musunod: *"Apan ikaw, Bethlehem Ephrata, maoy diyutay diha sa taliwala sa mga linibo nga banay sa Juda, gikan kanimo dunay usa nga mogula nganhi Kanako nga mahimong magmamando sa Israel. Kang kansang kaagi sa kagikanan gikan pa sa kanhing panahon, gikan sa mga adlaw nga walay-katapusan."* Gipanagna ang Bethlehem nga mao ang lugar nga kapanganakan sa Misiyas.

Sa katong panahona walay kuwarto alang ni Maria ug ni Jose sa bisan asang balay-abtanan, kay linibo ka mga tawo ang naa sa Bethlehem aron morehistro. Ngadto, si Maria nanganak sa usa ka puya sa sulod sa usa ka kuwadra. Giputos niya Siya sa limin nga mga panapton ug gibutang Siya sa pasongan, usa ka sudlanan nga gigamit para sa pagkaon sa mga baka ug mga kabayo.

Unya, nganong si Hesus, nga niari ingon sa Manluluwas sa mga katawhan, gipanganak anang kamubo og kaubos nga paagi?

Aron Malukat ang Sama-Mananap nga mga Tawo

Mabasa sa Ecclesiastes 3:18 nga, *"Ako moingon sa akong kaugalinong tungod man sa mga anak nga lalake sa mga tawo, 'Ang Dios magasulay kanila aron sila makakita nga sila gayud maingon lamang sa mga mananap.'"* Mga tawo, nga giwala ang dagway sa Dios, maingon lamang sa mga mananap sa panan-aw sa Dios. Ang unang tawo nga si Adan orihinal nga buhi nga linalang nga gibuhat sa dagway sa Dios. Usa sad siya ka tawo sa espiritu kay Siya gitudluan sa Dios sa Pulong sa kamatuoran lamang.

Apan, gikaon ni Adan ang bunga sa kahoy sa kahibalo sa maayo ug dautan batok sa sugo sa Dios, busa namatay ang iyang espiritu ug dili na siya maka-ambit uban ang Dios. Sa dugang pa, dili na siya ang mangamo sa tanang mga binuhat. Gigalgal ni Satanas si Adan nga musunod sa makakasala nga kinaiya, ug ang iyang hinlo ug matinud-anon nga kasingkasing nabaylo sa mahugaw ug matikason nga kasingkasing.

Sa imong adlaw-adlaw nga kinabuhi, mahimo kanimong mapaminawan ang pagpahayag nga, "Mas dautan pa siya kay sa mananap." Kanunay kanimong mapaminawan ang tungod sa mga tawo nga dautan pa kay sa mananap paagi sa tigbalita. Alang sa ilang kaayohan, sayon silang manlimbong ug tikasan ang ilang mga silingan, mga pumapalit, mga higala, ug mga miyembro sa pamilya. Ang mga ginikanan ug mga anak nagdumot ug usahay nangandam nga patyon ang usa og usa.

Ang mga tawo naghagit og paghimo niining dautan nga mga buhat kay ang kalag maoy nahimong agalon sa tawo sukad sa pagkamatay sa espiritu, ug nawala nila ang dagway sa Dios tungod sa ilang mga sala. Sama sa mga mananap nga nabuhat lang sa kalag ug lawas, kining mga tawhana dili makasulod o makatawag sa Dios Abba Amahan. Si Hesus gipanganak sa kuwadra aron malukat ang katawhan nga dautan pa kaysa mga mananap.

Si Hesus Tinuod nga Espirituwal nga Pagkaon

Si Hesus gipahigda sa pasongan, usa ka sudlanan sa pagkaon alang sa kabayo, aron mahimong tinuod nga espirituwal nga pagkaon alang sa katawhan nga dautan pa kaysa mga mananap (Juan 6:51).

Sa uban nga mga pulong, balaan nga kabubut-on ang madala ang tawo sa kumpleto nga kaluwasan paagi sa pagpabawi niya sa nawalang dagway sa Dios ug himoon ang tibuok nga katungdanan sa tawo. Unsa, man, ang tibuok nga katungdanan sa tawo? Gihatag kanato sa Ecclesiastes 12:13-14 sa pipila ka mga panabot:

> *Kini mao ang katapusan sa butang, kon ang tanan nadungog na: Kahadloki ang Dios ug bantayi ang Iyang mga sugo, kay kini mao ang tibook nga katungdanan sa tawo. Kay pagadad-on sa Dios ang tagsatagsa ka buhat ngadto sa paghukom, uban ang tagsatagsa ka tinago nga butang, bisan ang maayo o kon bisan ang dautan.*

Unsa man ang kahulogan sa "kahadloki ang Dios"? Giingon kanato sa Mga Panultihon 8:13 nga *"Ang pagkahadlok sa GINOO maoy pagdumot sa dautan."* Busa, ang kahadlokan ang Dios mao ang dili na pagdawat sa dautan ug sa sama ilabay ang bisan unsa nga klase sa dautan gikan sa sulod sa imong kasingkasing.

Kon tinood nga imong gikahadlokan ang Dios, imong himoon ang tanan aron ipalabog ang bisan unsa nga klase sa dautan, ug makigbisog batok sa sala ug itambog niini ngadto sa punto nga magpaagas ug dugo. Sama sa mga estuyante nga magtuon og pag-ayo aron makaseguro sa maayong damlag, himoon kanimo ang tanan nga mahadlokan ang Dios ug himoon ang tibuok nga katungdanan sa tawo aron mangalipay sa gugma sa Dios ug panalangin.

Sa Biblia, makita kanimo ang mga sugo sa Dios nga gikahatag sa Iyang mga anak "himoa kini; ayaw kana og himoa; kuhaa kini; ug itambog kana." Sa usa ka bahin, giingon sa Dios kanato nga ang himoon unta sa mga anak sa Dios mao ang "mangampo, maghigugma, magpasalamat, ug daghan pa." Sa pikas nga bahin, gisugo sa Dios kanato nga dili mohimo og mga butang nga modala ngadto sa kamatayon sama sa kadumot, pagpanapaw ug pagpahubog.

Giingnan sad ta Niya nga mutuman sa piho nga mga sugo, sama sa "Himoon og balaan ang adlaw sa Sabbath," Tumana ang imong mga saad," ug sama kiini. Giawhag sad sa Dios kanato nga itambog ang usa ka butang nga makahatag og kadaut, nga miingon, "Likayi ang tagsatagsa nga klase sa dautan," Ilabay ang imong kahakog," ug uban pa.

Tibuok nga katungdanan sa tawo nga mahadlok sa Dios ug tumanon ang Iyang mga sugo. Kita pagatahoon sa Dios alang sa tagsa natong gibuhat sa Adlaw nga Paghukom, ang tagsatagsa nga gitago nga butang mi kiini maayo o dautan. Busa, kon ikaw mabuhi sama nga usa ka mananap nga wala gihimo ang tibuok nga katungdanan sa tawo, kasagaran kanimo nga mahagbong ngadto sa impiyerno ingon sa kadangatan sa paghukom sa Dios.

Sa sama, gipanganak si Hesus sa usa ka kuwadra ug gipahigda sa pasongan aron malukat ang mga tawo nga mas dautan pa kaysa mga mananap ug aron mahimong tinood nga espirituwal nga pagkaon alang kanila.

Ang Kinabuhi ni Hesus sa Kapobre

Miingon sa Juan 3:35, *"Ang Amahan nagahigugma sa Anak, ug ang tanang mga butang gitugyan niya ngadto sa iyang kamot."* Nabasa kanimo sa Mga Taga-Colosas 1:16, *"Kay pinaagi Kaniya gibuhat ang tanang mga butang, diha sa langit ug dinhi sa yuta, makita ug dili makita, mga lingkoranan nga harianon o kagahom o pamunoan o pagbolut-an ang tanang mga butang gibuhat pinaagi Kaniya ug alang Kaniya."* Sa uban nga mga pulong, Si Hesus mao ang bugtong nga Anak sa Dios nga Mamumugna, ug ang Ginoo sa tanang butang sa langit ug sa yuta.

Ngano, man, niari Siya sa kalibotan sa hamubo kaayo ug ubos nga kahimtang ug nabuhi sa kapobre bisan nga Siya ang sa tinood mao ang Dios nga Makagagahom ug sa tuman nga pagtakos dato gayud?

Aron Malukat ang mga Tawo Gikan sa Kapobre

Mabasa sa 2 Mga Taga-Corinto 8:9 nga, *"Kay kamo nasayud na sa grasya sa atong Ginoong Hesukristo, nga bisan tuod siya dato, apan siya nahimong pobre alang kaninyo, aron nga pinaagi sa iyang kapobre kamo mahimong dato."* Ang kabubut-on sa katingalahan nga gugma sa Dios namanifesto niini. Si Hesus, bisan siya ang Hari sa tanang hari, ang Ginoo sa tanang ginoo, ug ang bugtong nga Anak sa Dios nga Mamumugna, gikalimtan ang tanang langitnon nga himaya, niari niining kalibotan, ug nabuhi sa kapobre nga niantos sa panglibak ug pagmaltrato sa mga tawo aron malukat ang katawhan gikan sa kapobre.

Sa sinugdanan, gibuhat sa Dios ang tawo aron mukuha ug mukaon sa mga bunga sa walay singot ug mangalipay sa mauswagon nga kinabuhi nga walay lisod nga pagkayod. Apan, human ang unang tawo hingsupil sa Pulong sa Dios ug nahugawan, ang tawo makakaon lang sa iyang pagkaon paagi sa kasakit nga pagkayod sa singot sa iyang agtang. Tungod niini, ang tawo kanunay nabuhi sa tinguha ug sa kapobre.

Ang kapobre sa iyang kaugalingon dili usa ka sala, busa wala si Hesus nagpaagas sa Iyang dugo aron luwason kita gikan sa kapobre. Apan, ang kapobre usa ka tunglo nga gimanifesto human hingsupil si Adan sa Dios, busa gibuhat ka ni Hesus nga dato paagi sa pagkabuhi sa pagkapobre.

Ang uban miingon nga ang kataas-nga-kinabuhi ni Hesus sa kapobre nagkahulogan nga espirituwal nga kapobre. Apan, tungod nga si Hesus gipanamkon paagi sa Espiritu Santo ug hiusa uban ang Dios nga Amahan, dili niini tarong nga maghunahuna nga Siya pobre sa espirituwal.

Kinahanglan kanimong ibutang sa imong hunahuna ang kamatuoran nga Si Hesus nabuhi sa kapobre aron malukat ka sa kapobre ug ikaw makapadulong sa dagaya nga kinabuhi uban ang pagpasalamat alang sa gugma ug grasya sa Dios.

Pipila miingon nga sayop nga mangayo ug sapi sa pag-ampo. Ang uban naghunahuna nga kon ikaw usa ka Kristiyano, nga ikaw mangabuhi sa kapobre. Apan, dili kana ang bug-os nga pagbuot sa Dios.

Sa Biblia, ikaw makabasa og daghan nga mg Pulong sa panalangin. Pananglitan, mabasa kanimo sa Deuteronimio 28:2-6 nga:

Kining tanang mga panalangin moabot kanimo ug

modangat kanimo kong mutuman ka sa GINOO nga imong Dios: Mabulahan ikaw dinhi sa lunsod, ug mabulahan ikaw sa kaumahan. Mabulahan ang bunga sa imong lawas ug ang bunga sa imong yuta ug ang bunga sa imong mga mananap, ang pagdaghan sa imong mga hayop ug ang mga nati sa imong panon. Mabulahan ang imong alat ug ang imong dolang nga masahan. Mabulahan ka sa imong pagsulod, ug mabulahan ka sa imong paggula.

Giawhag kita sa 3 Juan 1:2 nga, *"Hinigugma, giampo ko nga magamauswagon unta ikaw sa tanang butang ug nga magamaayo ka sa panglawas, maingon sa nasayran ko nga mauswagon ang imong kalag."* Sa kamatuoran, ang mga pinili nga mga tawo sa Dios sama ni Abraham, Isaac, Jacob, Jose, ug Daniel nangabuhi og mauswagon nga mga kinabuhi.

Aron Makapadulong sa Dato nga Kinabuhi

Sa Iyang kagawasan, gipahimo kanimo sa Dios nga anihon ang unsang imong kipugas. Kon asa ang mga ginikanan gusto nga mahatag ang maayong mga butang sa ilang mga anak, ang imong higugmaon nga Dios gustong mohatag og bisan unsa ang imong pangayuon nga may pagtoo (Marcos 11:24).

Gusto sa Dios hatagan ikaw og mga tubag na mga panalangin, apan dili ka madawat bisan unsa kon wala ka mangayo o kon nangayo ka nga walay pagsabot. Busa, kon ikaw naninguha nga moani ug usa ka butang nga wala may bisan unsa nga gipugas, imong gibugalbugal ang Dios ug nakigbatok sa espirituwal nga balaod.

Pipila mahimong moingon, "Gusto kong mamugas, apan dili ako makahimo kay ako pobre kaayo." Apan, sa Biblia, makit-an kanimo ang daghang tawo nga pobre kaayo apan gihimo ang tanan aron makapugas ug sila gipanalanginan og daghan ingon sa pagbalos.

Sa 1 Mga Hari 17, Makita nato nga adunay tulo-ug-tunga-ka-mga-tuig nga tinggutom sa yuta. Samtang aduna pa'y tinggutom, usa ka balo Sarepta nga sakop sa Sidon nibuhat og kapol nga tinapay alang sa manalagna nga Elias sa usa ka kumkom nga harina nga anaa sa tadyaw ug diotay nga lana nga anaa sa tibod nga mao lang ang anaa siya. Ang Dios nahimuot kaayo niya nga nagsilbi sa Iyang ulipon ug dagaya siyang gipanalanginan: ang tadyaw sa lana wala nahurot hangtod sa adlaw nga ang Dios muhatag og ulan sa yuta (1 Mga Hari 17:14).

Sa usa ka hitabo sa panahon ni Hesus, ang usa ka pobre nga balo nibutang og duha ka mga sensilyo, nga nabili ra sa kanggit ra sa sentabo, ngadto sa templo sa pamahandi. Apan, gidayeg siya ni Hesus, nga miingon nga ang pobre nga balo nibutang og daghan kaysa tanan. Bisan pa, gidayeg siya ni Hesus, na miingon nga ang pobre nga balo nibutang og sobra kay sa tanan. Kiini tungod nihatag siya gikan sa iyang kapobre ug gibutang ang tanan—ang tanan nga may anaa siya, samtang ang uban nihatag ra og bahin sa ilang pagkabutang (Marcos 12:42-44).

Ang labing importante nga butang mao ang imong pangisip nga ihatag ang tanan sa Dios. Ang Dios dili makakita sa kantidad sa imong gihalad apan makasimhot sa himuot nga alimyon sa gugma ug pagtoo nga unod sa halad ug madagayun nga magpanalangin kanimo.

Gilatos ug Giaapas ang Iyang Dugo

Sa wala pa ang paglansang, ang mga sundalo sa Roma gibugalbugal ug gilibak si Hesus paagi sa paglaparo Kaniya sa Iyang nawong, gilud-an Siya, ug uban pa. Gibunalan sad nila si Hesus og latigo, usa ka taas nga anit nga bakos nga adunay nangigsab-it nga mga kaw-it nga tingga niini.

Sa kaniadtong mga inadlaw, ang mga sundalo sa Roma ang labing masupang, disiplinado kaayo, ug ang kinakusgan nga puwersa sa kalibotan. Unsa kagrabe kaha ang sakit sa katong gihuboan Siya og sinina ug gilatos? Sa kaniadtong gibunalan ang Iyang lawas sa latigo, ang Iyang unod nagisi, ang mga bukog nanggawas ug nibugwak ang dugo.

Aron matuman ang panagna ni Isaias *"Ako naghatag sa Akong likod sa mga maghahampak, ug sa akong mga aping kanila nga nanag-ibut sa buhok; wala Nako tagoi ang akong nawong gikan sa kaulaw ug pagluwa."* (Isaias 50:6), wala gayud si Hesus nitilaw ug likaw sa mga paglatigo.

Aron Maayo ang Sakit ug Balatian

Ngano, man, gikulata si Hesus sa latigo ug nganong nagpaagas man Siya sa Iyang dugo? Nganong gitugotan man kini sa Dios nga mahinabo sa Iyang Anak? Gipatin-aw sa Isaias 53 ang tuyo sa pag-antos ug pasakit ni Hesus.

Apan Siya ginasamaran tungod sa atong kalapasan, Siya napangos tungod sa atong mga kasal-anan; ang silot sa atong pakigdait diha sa ibabaw niya, ug tungod sa iyang mga labod kita nangaayo. Kitang tanan sama sa mga karnero nanghisalaag, ang tagsatagsa kanato nisimang sa iyang kaugalingon nga dalan; apan gibutang sa GINOO diha kaniya ang kasal-anan nato nga tanan. (Isaias 53:5-6).

Si Hesus gisamaran ug napangos alang sa imong mga kalapasan ug mga kasal-anan. Gisilotan Siya, gilatigo ug gidugo aron mahatagan ka ug pagdait ug mapagawas gikan sa tanang sakit.

Sa Mateo 9, sa giaayo ni Hesus ang usa ka paralitiko nga nihigda sa banig, una Niyang gisulbad ang iyang problema sa sala, nga miingon, *"Ang imong mga sala gipasaylo na"* (b. 2). Mao lang nga, giingnan siya ni Hesus nga *"Bangon, dad-a ang imong gihigdaan ug pumauli ka"* (b. 6).

Sa Juan 5, human giaayo ni Hesus ang usa nga nabakol na sa trayenta-otso ka mga tuig, giingnan Niya sya nga, *"Tan-awa, maayo na ikaw; ayaw na pagpakasala, aron dili mahitabo kanimo ang labi pang mangil-ad"* (Juan 5:14).

Ang Biblia miingon kanimo nga ang mga sakit niabot kanimo tungod sa imong sala. Busa kinahanglan kanimo ug usa nga mosulbad sa imong problema sa mga sala, aron makagawas gikan sa mga sakit. Kon wala ang pagpaagas sa dugo, nan, walay mahimong pagpasaylo. (Levitico 17:11).

Kana mao nganong, sa panahon sa Daang Kasabotan, kon makasala ang usa, ang pari moihaw og mananap ingon sa pambayad-sala nga sakripisyo. Apan, dili ka na magkinahanglan pa nga moihaw og mga mananap ingon sa halad human nga si Hesus niari sa unod kining kalibotan ug nipaagas sa Iyang walay-lama, hinlo, ug makagagahom nga dugo. Ang balaan nga dugo ni Hesus nagpanimayad alang sa mga sala sa katawhan sa hinglipas na, sa karon, o bisan pa sa umalabot.

Aron Makuha ang Atong mga Kaluyahan ug mga Sakit

Mabasa sa Mateo 8:17 nga, *"Kini tuman sa gisulti pinaagi sa manalagna nga si Isaias, 'Gikuha niya ang atong mga kaluyahon ug gipas-an niya ang atong mga sakit.'"* Busa, kon nasayod kanimo nganong gibunalan si Hesus ug nagpaagas sa Iyang dugo, ug motoo niini, dili kanimo kinahanglan nga mag-antos pa gikan sa mga kaluyahan ug mga sakit.

Mabasa sa 1 Pedro 2:24 nga, *"Siya gayud mao ang modala sa atong mga sala diha sa iyang lawas ngadto sa krus, aron kita mamatay ngadto sa sala ug mabuhi ngadto sa pagkamatarong; kay pinaagi sa iyang mga samad kamo nangaayo."* Ang kinaron nga hingpit nga panahon sa verbo ang gigamit niining bersikulo kay nalukat na ni Hesus ang tanang mga sala sa katawhan.

Walay-sapayan sa pag-angkon nga motoo sa kamatuoran nga gipas-an ni Hesus ang atong mga kaluyahan ug mga sakit paagi sa pagkastigo ug pagpadugo Kaniya, nganong ang uban sa ato nag-antos pa man sa mga kaluyahan ug mga sakit?

Miingon ang Dios sa Exodo 15:26, *"Kon magpatalinghug ka sa masingkamuton gayud sa tingog Sa GINOO nga imong Dios, ug magabuhat ka niadtong matarong sa iyang mga panan-aw, ug magapatalinghug sa iyang mga sugo, ug magabantay sa tanan niya nga mga tulomanon, walay bisan unsang sakita sa mga gipadala ko sa mga Egiptohanon nga igapadala ko kanimo; kay ako, ang GINOO, mao ang imong manog-ayo."* Kini nagkahulogan nga kon imong himuon kon unsa ang matarong sa igtatantaw sa Dios, walay sakit nga magaabot kanimo, kay ang Dios uban ang Iyang mata sama ang gadilaab nga kayo manalipod kanimo gikan kanila.

Mukuha kita og usa ka ehemplo. Kon mopauli ang usa ka bata sa balay nga nihilak kay gikastigo sa usa ka bata sa silingan, mubawos ang mga ginikanan ug ang ilang kinaiyang pamatasan niining hinabo mahimong magkalainlain depende sa ilang pagtoo.

Ang usa mahimong motudlo sa iyang anak sama niini: "Nganong kanunay ra man ka makastigohan? Kon gikastigo ka kausa, mubawos ka kaniya ug kaduha o katulo." Ang ubang ginikanan mahimong mobisita sa usang ginikanan kon kinsa nikastigo sa iyang anak ug mosumbong kanila. Pipila ka ginikanan dili mohimo niining duha kapaagi, apan mahimong malagot o masuko sa iyang kasingkasing.

Apan, ang Dios nisulti kanimo nga pildihon ang dautan sa kamaayohan, higugmaon bisan pa ang imong mga kaaway, ug magpakalinaw uban ang bisan kinsa, nga miingon, *"Apan magaingon ako kaninyo, ayaw ninyo pagsukli ang tawong dautan; apan kon kinsa ang mosagpa kanimo sa too mong aping, itahan mo kaniya ang pikas usab"* (Mateo 5:39).

Busa, kon himoon kanimo ang matarong sa Iyang panan-aw, dili niini lisod kanimo nga musunod sa mga sugo ug mga kamandoan sa Dios. Kon padayon ka nga pangampo ug himoon ang tanan, ang grasya ug gahom sa Dios moabot kanimo ug sayon na kanimong maghimo sa bisan unsa uban ang katabang sa Espiritu Santo.

Kon imong itabog ang mga sala ug himoon ang unsang matarong sa panan-aw sa Dios, dili moabot kanimo ang mga sakit. Bisan pa nga moabot ang mga sakit kanimo, ang Dios nga Manog-ayo mupasaylo sa imong mga sala ug kumpleto nga moayo kanimo kon imong pangitaon og unsa ang sayop sa panan-aw sa Dios ug magbasol niini sa tibuok kanimong kasingkasing.

Bisan pa nga nagkompisal ka sa imong baba nga ang Dios mao ang makagagahom kon ikaw nagasalig sa kalibotan o muadto sa ospital kon ikaw nangatubang sa usa ka problema o sa usa ka sakit, dili ang Dios mahimuot kanimo kay kini nagpamatuod nga wala ikaw gayud tinood motoo sa Makagagahom nga Dios (2 Mga Cronicas 16).

Ang Pagsul-ob og Korona nga mga Tunok

Ang korona sa pagkatinuod alang sa usa ka hari uban ang iyang harianon nga kupo. Bisan nga si Hesus ang usa ug bugtong nga Anak sa Dios, ang Hari sa tanang mga hari ug ang Ginoo sa tanang ginoo, nisul-ob Siya og usa ka korona nga gibuhat sa taas ug gahi nga mga tunok imbes nga usa ka maanyag nga korona nga gibuhat sa bulawan, pilak, ug mga alahas.

> *Og si Jesus gidala sa mga sundalo sa gobernador ngadto sa Palasyo ug sa Iyang atubangan ilang gipundok and tibuok bando sa kasundalohan. Og gihuboan Siya nila ug ilang gisul-oban Siya og kupo nga mapula. Og sa nakalukong sila og korona nga mga tunok, kini ilang gipahaum diha sa Iyang ulo, ug ila siyang gipakupot ug baston nga bagakay sa iyang too nga kamot; ug sa nagluhod sila sa Iyang atubangan sa pagbugalbugal Kaniya, nga miingon, "Mabuhi ang Hari sa mga Hudio!" Ilang gipanaglud-an siya, ug unya ilang gikuha Kaniya ang baston nga bagakay ug gihapak kini sa Iyang ulo (Mateo 27:27-30).*

Naglukong ang mga sundalo sa Roma og mga tunok aron makabuhat og usa ka korona nga gamay kaayo alang ni Hesus, ug gibutang niini sa Iyang agtang. Busa ang mga tunok nisamad sa Iyang ulo ug agtang ug nitulo ang dugo sa Iyang nawong. Ngano man nga gitugotan sa Dios nga Makagagahom ang Iyang usa ug bugtong nga anak nga mosul-ob og usa ka korona nga mga tunok, nga moantos gikan sa silot nga sakit, ug magpaagas sa Iyang dugo?

Una, si Hesus nisul-ob sa korona nga mga tunok aron malukat kita gikan sa mga sala nga atong gihimo sa hunahuna.

Kaniadtong kanus-a ang tawo, gibuhat sa Dios, nakig-ambit uban Kaniya ug nisunod sa Iyang Pulong, wala siya nihimo og sala kay siya naghunahuna kanunay suma sa pagbuot sa Dios ug nisunod Kaniya.

Apan, sa makausa nga gipanulayan siya sa halas ug nidawat sa panghunahuna nga gikatahag ni Satanas, sa madali nihimo siya og sala. Wala siya maghunahuna nga mukaon sa bunga sa kahoy sa kahibalo sa maayo ug dautan sa una. Human siyang gipanulayan, nan, gikaon niya niini kay ingon man ni og maayo nga pagkaon ug himuot sa mata ug magustohan alang sa pag-angkon og kaalam.

Sa sama, si Satanas, kon kinsa nidala sa unang tawo nga si Adan ug Eva nga hingsupil sa Dios, nagtrabaho karon aron madala kanimo nga maghimo og mga sala sa hunahuna.

Sa utok sa tawo, adunay mga selyula nga responsable alang sa imong memorya. Sukad sa pagpanganak, kon unsa ang imong nakit-an, mapaminawan, ug natun-an nabutang sa mga selyula sa memorya uban ang imong mga pagbati sa mga tukma nga mga hitabo, mga indibiduwal, ug impormasyon. Gitawag kanato kini nga "kahibalo." Ang katong gitawag nga "hunahuna" mao ang usa ka proseso sa paghulad niining natago nga kahibalo paagi sa pagtrabaho sa imong kalag.

Ang mga tawo nidako sa nagkalainlain nga mga kalikopan. Kon unsa ang ilang makita, mapaminawan, ug matun-an nagkalainlain gikan sa matag usa ug ang unsang mabutang sa ilang mga utok nagkalainlain sad. Bisan pa kon unsa ang ilang makita, mapaminawan, ug matun-an parehas lang, ang matag usa adunay iyang kaugalingon nga mga pagbati sa anang panahon ug busa, dili-malikayan nga ang mga tawo adunay nagkalainlain nga mga panimbang.

Ang Pulong sa Dios kanunay walay kauyonan sa katong kahibalo ug teyorya. Pananglitan, mahimo kang mohunahuna nga kon gusto kanimong igapahitaas, kinahanglan himoon kanimo ang tanang posible nga mga tikang aron modaog sa uban. Apan, ang Dios mitudlo kanimo nga bisan kinsa man nga magpaubos sa iyang kaugalingon igapahitaas (Mateo 23:12).

Ang labing mga tawo maghunahuna nga kasagaran lang nga magdumot sa ilang mga kaaway, apan ang Dios nisulti kanimo nga "Higugmaon ang imong mga kaaway" ug "Kon ang imong kaaway gigutom, pakan-a siya; kon giuhaw siya, tagai siya og bisan unsa nga mainom."

Ang mga panghunahuna sa Dios espirituwal apan ang panghunahuna sa mga tawo unodnon. Gitagaan ka ni Satanas og unodnon nga mga panghunahuna aron nga mapanulayan ka niya nga likayan ang Dios, samokon ka gikan sa pag-angkon sa tinood nga pagtoo ug manehoon ka nga musunod sa kalibotanon nga mga pamaagi, nga sa katapusan modala kanimo sa pagpakasala ug sa walay-katapusan nga kamatayon.

Sa Mateo 16:21 ug sa mga nisunod nga mga bersikulo, hingpatin-aw si Hesus sa Iyang mga tinun-an nga Siya mag-antos sa daghang mga butang, ug Siya pagapatyon sa krus ug mabuhi og usab sa ikatulong adlaw. Sa pagpaminaw niini, gidala ni Pedro si Hesus sa kilid ug gisugdan og badlong Siya, nga miingon, *"Pahilayo kana, Ginoo! Dili gayud kana mahitabo kanimo."* (b.22). Apan, niliso si Hesus ug miingon nga may kasuko ni Pedro, *"Pahawa Kanako, Satanas! Maoy usa ka babag ikaw alang Kanako; kay ang imong gikabanaan dili ang mga butang sa Dios, kondili ang sa tawo"* (b. 23). Sa pag-ingon ni Hesus nga may kasuko "Pahawa Kanako Satanas," wala Niya ipasabot nga si Pedro si Satanas, apan mao niini si Satanas sa iyang kaugalingon ang nagtrabaho sa hunahuna ni Pedro aron babagan ang buhat sa Dios.

Kana tungod kinahanglan pas-anon ni Hesus ang krus alang sa kaluwasan sa katawhan suma sa pagbuot sa Dios, apan gitinguhaan Siya og pugong ni Pedro sa paghimo sa tugon sa Dios uban sa iyang unodnon nga mga hunahuna.

Ang apostol nga si Pablo nisulat sa 2 Mga Taga-Corinto 10:3-6 nga mao ang mga musunod:

> *Kay bisan tuod kami nagagawi dinhi sa lawas, kami wala magpakiggubat pinasubay sa unod, kay ang mga hinagiban sa among pakiggubat dili man mga hinagiban sa unod, kondili tungod sa Dios makagagahom kini sa paglumpag sa mga kota. Ginalumpag namo ang mga pangatarungan ug ang tanang mapahitas-ong babag nga nagaali batok sa kahibalo sa Dios, ug ginabihag namo ang tanang panghunahuna aron kini magmasinugtanon kang Kristo, ug kami andam sa pagsilot sa tanang pagkamasupilon, inig kahingpit na sa inyong pagkamasinugtanon.*

Kinahanglan imong bungkagon ang imong kaugalingon nga mga pangakatarongan ug pangrason, nga gikabutang ug kanunay nagtrabaho batok sa gingharian sa Dios. Bihaga ang tagsatagsa nga hunahuna aron mahimo kining masinugtanon kang Kristo aron mabuhi suma sa kamatuoran, nan ikaw mahimong tawo sa espiritu ug pagtoo.

Kinahanglan imong ilabay ang hunahuna nga kinahanglan kanimong ikaduhang hapakon ang kinsa man aron dili ka mauwawan kon iya kang hapakon kay kining unodnon nga panghunahuna maoy batok sa kamatuoran.

Busa, kinahanglan kanimong biyaan ang tanang mga sala nga nianha sa imong mga panghunahuna. Aron hingpit nga mahusay ang problema sa mga sala, sa kaunahan kinahanglan kanimong kalimtan ang kaibog sa unod, ang kaibog sa imong mata, ug ang garbo sa kinabuhi. Kini ang mga pamakak nga mga pang hunahuna kon asa si Satanas nagkalipay.

Ang mga kaibog sa unod, kana mao ang, mga panghunahuna nga nitumaw sa iyang pangisip, mao ang mga paninguha batok sa pagbuot sa Dios. Gilista sa Mga Taga-Galacia 5:19-21 ang kining mga kaibogan:

Karon dayag kaayo ang mga buhat sa unod, nga mao kini: pakighilawas, kahugaw, kaulag, pagsimba og mga diosdios, panglamat, mga dinumtanay, mga pakigbingkil, pangabugho, kapungot, iyaiyahay, sinupakay, pundokpundok, kasina, huboghubog, hudyaka-bahakhak, ug mga butang nga maingon-ingon niini, kon asa pasidan-an ko kamo, sama sa ako nang pagpasidaan kaninyo kaniadto, nga ang mga nagabuhat sa maong mga butang dili magapanunod sa gingharian sa Dios.

Ang gipaninguhaan gayud nga himoon kon asa gisugo sa Dios kanimo nga kalimtan mao ang mga kaibog sa unod.

Ang kaibog sa mata nagkahulogan nga ang pangisip sa usa maimpluwesiyahan og dako paagi sa kon unsa ang iyang makit-an ug mapaminawan ug mosugod siya og gukod sa mga paninguha nga nipukaw sa iyang pangisip. Kon and usa mohigugma sa kalibotan nga nagpangita sa kaibog sa iyang mga mata, kining mga paninguha ra ang murag mas mas bili ug dili siya matagbaw bisan sa unsang butang.

Ang usa ka mahambog nga pangisip motumaw sa usa ka tawo kon ang usa makakuha sa kalami sa kalibotan sa iyang paggukod og pagtagbaw sa mga pangandoy sa usa ka makakasala nga tawo ug ang kaibog sa iyang mga mata. Kini gitawag nga garbo sa kinabuhi.

Aron malukat kita gikan sa tanang klaseng mga pakighilawas, paglapas sa balaod, ug dautan, si Hesus nisul-ob sa korona nga mga tunok ug nagpaagas sa Iyang dugo. Kay ang walay-kabasolan ug walay-lama lang nga dugo ni Hesus ang mahimong makalukat kanato gikan sa atong mga sala, gilukat Niya kita gikan sa mga sala nga gihimo sa atong mga hunahuna paagi sa pagsul-ob og korona nga mga tunok sa Iyang ulo ug pagpaagas sa Iyang dugo.

Ikaduha, gisul-ob ni Hesus ang korona nga mga tunok aron mahatagan og higayon ang mga tawo nga makasul-ob ug mas maayong mga korona sa langit.

Usa pa ka rason alang sa Iyang pagsul-ob sa korona nga mga tunok mao ang mahatagan ka og higayon nga makaangkon og mas maayo nga mga korona. Sa paglukat Niya kanimo gikan sa kapobre ug gihatagan ka og kaadunahan paagi sa pagdala og kapobre nga kinabuhi, busa nisulb-ob Siya og korona nga mga tunok aron mahatagan kamo og higayon nga maangkon ang mas maayo nga mga korona sa langit.

Adunay dili-maihap nga mga korona nga giandam alang sa mga anak sa Dios sa langit. Adunay daghang mga premyo sama sa bulawan nga mga medalya, pilak nga mga medalya, o bronse nga mga medalya nga igahatag sa mga dumalaog suma sa ilang hataas sa pang-atleta nga hitabo. Sa sama, adunay daghang daiya nga mga korona sa langit.

Adunay usa ka dili madunot nga korona nga gihulagway sa 1 Mga Taga-Corinto 9:25: *"Ang matag-usa ka magdudula nagabatasan sa pagpugong sa iyang kaugalingon labot sa tanang mga butang. Sila nagahimo niini aron sa pagdaug sa usa ka purongpurong nga madunot ra, apan kita aron sa pagdaug sa dili madunot."* Ang dili madunot nga korona giandam alang sa mga anak sa Dios nga naningkamot nga itambog ang ilang mga sala. Ang korona sa himaya giandam alang sa mga anak sa Dios kon kinsa ang motambog sa ilang mga sala, ug mabuhi suma sa Pulong sa Dios ug himayaon Siya (1 Pedro 5:4). Ang korona sa kinabuhi giandam sad alang sa katong naghigugma og dako kaayo sa Dios, nga matinuohon Kaniya ngadto sa punto sa kamatayon, ug nahimong balaan paagi sa pagkalimot sa tagsatagsa nga klase sa dautan (Jaime 1:12; Pinadayag 2:10).

Ang korona sa pagkamatarong gikahatag ngadto sa katong kon kinsa, sama sa apostol nga si Pablo, nahimong balaan paagi sa pagtambog sa tanang sala ug sa dugang pa, kumpletong natuman ang ilang misyon suma sa pagbuot sa Dios (2 Timoteo 4:8).

Gihulagway sad sa sa Pinadayag 4:4 nga *"Ang trono gialirongan ug kaluhaag-upat ka mga trono; ug diha sa mga trono nanaglingkod ang kaluhaag-upat ka mga ansiano, nga sinul-obag mga maputi nga bisti, ug may mga korona nga bulawan diha sa ilang mga ulo."* Ang bulawan nga korona giandam alang sa mga tawo nga nakaabot sa katupong sa pagka-ansiano ug kon kinsa motabang sa Dios sa Bag-o nga Herusalem.

Nganhi, ang "mga ansiano" wala naghinambit sa mga tawo nga gihatagan naanang titulo sa mga iglesia niining kalibotan, apan gihulagway sa mga tawo nga giila sa Dios ingon sa mga ansiano tungod sila mga balaan ug matinuohon sa tanang balay sa Dios, ug adunay dili mabaylo nga bulawan nga pagtoo.

Mohatag og nagkalainlain nga mga korona ang Dios sa Iyang mga anak depende sa gidak-on kon asa nila gikalimtan ang mga sala ug gituman ang misyon sa Dios. Ang mga anak sa Dios mahimong dako sa langit ug makadawat og mas maayo nga mga korona kon dili nila hunahunaon nga tagaan ang paninguha sa makakasala nga kinaiya ug kaangay nga magbinatasan suma sa Pulong sa Dios (Mga Taga-Roma 13:13-14), kon ang ilang kalag makig-uban og maayo kanila sa pagkabuhi paagi sa Espiritu (Mga Taga-Galacia 5:16), ug ilang matinuohon nga himoon ang ilang mga katungdanan ug misyon!

Sa sama, gilukat ka ni Hesus gikan sa tanang mga sala nga gihimo sa imong hunahuna paagi sa pagsul-ob sa korona nga mga tunok ug pagpaagas sa dugo. Unsa ka mapasalamaton unta ikaw kay giandam Niya ang mas maayong mga korona sa langit nga ikahatag kanimo suma sa sukod sa imong pagtoo ug ang pagtuman sa imong misyon!

Busa, imong kinahanglan ilhon unsa ka mahimayaon niini nga mahimong may sarang aron makadawat niining mga korona. Nan kinahanglan aduna kay kasingkasing sa imong Dios paagi sa pagkalimot sa tagsatagsa nga klase sa dautan, himoa pag-ayo ang imong misyon, ug magmatinuohon sa tanang balay sa Dios. Akong gilaom nga imong madawat ang pinakamaayo nga korona sa langit.

Ang mga Bisti ug Sinina ni Hesus

Si Hesus, kon kinsa nisul-ob sa korona nga mga tunok ug nagpaagas sa dugo sa tibuok Niyang lawas tungod sa grabe nga paglatigo, niari sa Golgotha, usa ka lugar sa paglansang. Sa katong paglansang sa mg sundalo sa Roma ni Hesus, gikuha nila ang Iyang mga bisti, gibahin-bahin sa upat ka mga tunga, matag usa sa kanila. Wala nila gibahin-bahin ang sinina apan giripahan niini.

Og sa gikalansang na si Jesus sa mga sundalo diha sa krus, ilang gikuha ang iyang mga bisti ug ila kining gibahin sa upat, usa alang sa matag-sundalo; apan ang iyang kamisola walay tinahian, lunlon hinabol sukad sa taas hangtud sa ubos. Nan sila nanag-ingon sa usa og usa, "Dili ta kini pagtabastabason, kondili ripahon ta kon kinsay makatag-iya niini"; kini aron matuman ang kasulatan nga nagaingon: "Ilang gibahinbahin ang akong mga bisti alang sa ilang kaugalingon, ug ang akong sinina ilang giripahan" (Juan 19:23-24).

Nganong gipatin-aw man sa Pulong sa Dios sa detalye nahanungod sa mga bisti ug sinina ni Hesus? Ang kasaysayan sa Israel sukad pa sa 70 A.D. halawom nga napasok sa espirituwal nga implikasyon niining hitabo.

Gihuboan ug Gilansang

Suma sa Mateo 27:22-26, sa hangyo sa mga Israelinhon nga wala makaila ni Hesus ingon sa Misiyas, gisentensiyahan si Hesus nga ilansang ni Poncio Pilato human Siyang gibugalbugal ug gibiaybiay sa daiya nga mga paagi.

Humang isul-ob ang korona nga mga tunok ug gibugalbugal ug gitamay, gipas-an Niya ang krus ngadto sa Golgotha ug gilansang didto. Gimandoan ni Pilato ang mga sundalo nga ibutang ang nakasulat nga gisumbong batok Kaniya sa Iyang ulo, kon asa nag-ingon, *"MAO KINI SI HESUS, ANG HARI SA MGA HUDIO"* (Mateo 27:37).

Ang notisya gisulat sa Hebreohanon, Latin ug Griyego. Ang Hebreohanon mao ang kinaandan nga lengguwahe sa mga Hudio, ang pinili nga mga tawo sa Dios. Ang Latin mao ang opisyal nga lengguwahe sa Ginharian nga Roma, ang labing gamhanan nga nasod sa kaniadtong panahona, ug ang Griyego mao ang lengguwahe nga nagdominar sa kultura sa kalibotan. Busa, ang notisya gisulat niining tulo ka mga lengguwahe nitimaan nga ang tibuok kalibotan nakaila ni Hesus nga gayud mao ang hari sa mga Hudio ug ang Hari sa tanang mga hari.

Human basahon ang notisya, sa Juan 19:21-22, daghang mga Hudio ang niprotesta ni Pilato nga dili isulat ang "Ang Hari sa mga Hudio" apan hinoon isulat, "Giingon Niya, 'Ako ang Hari sa mga Hudio.'" Apan, gitubag sila ni Pilato, "Kon unsa man ang akong gisulat, gisulat na kanako," ug gipabilin kining wala gibaylohan. Kini nagkahulogan nga bisan si Pilato giila si Hesus ingon sa hari sa mga Hudio.

Kay giila ni Pilato si Hesus nga hari sa mga Hudio, Siya gayud ang bugtong nga Anak sa Dios, ang Hari sa tanang mga hari, ug ang Ginoo sa tanang mga ginoo. Bisan pa, sa atubang sa daghang mga tawo nga nitan-aw Kaniya, si Hesus gihuboan sa isang mga bisti ug sinina ug gilansang sa krus. Sa kining paagi, gi-agwanta niya ang katong makaguba-kasingkasing nga pagkaulaw.

Nabuhi kita niining madinaoton nga kalibotan, nga gikalimtan ang tibuok nga katungdanan sa tawo. Ug aron malukat kita gikan sa tanan klaseng kaulaw, hugaw nga mga butang, pagkamadinaoton, masupilon sa balaod, ug imoralidad, si Hesus nga Hari sa tanang hari gihuboan sa Iyang mga bisti ug sinina ug niantos sa kaulaw samtang daghang mga tawo ang nitan-aw Kaniya. Kon imong nasabtan ang espirituwal nga kahulogan niini, dili ka makatabang nga magpasalamat alang niini.

Ang Pagbahin-bahin sa mga Bisti ni Hesus sa Upat ka mga Tunga

Gihuboan sa mga sundalo sa Roma si Hesus ug gilansang Siya. Gikuha nila ang Iyang mga bisti ug gibahin-bahin sa upat ka mga tunga apan ilang giripahan ang Iyang sinina.

Ang sentido kumon nidikta nga ang Iyang mga bisti dili mahimong nga maanyag ug mahalon. Nan nganong gibahin-bahin man sa mga sundalo ang Iyang mga bisti sa upat ka mga parte.

Nasayod ba sila, sa halayong-pagtan-aw nga kaalam, nga si Hesus pasidunggan ingon sa Mesiyas ug gusto ba nilang magkuha ug bisan bahin sa bisti aron mahatag sa ilang mga kaliwat ingon sa wagas nga manggad sa pamilya? Dili kini mao nga rason.

Gipanagna sa Mga Salmo 22:18, *"Gibahin-bahin nila ang akong mga bisti sa taliwala nila, ug sa akong sinina giripahan nila."* Gitugotan sa Dios ang mga sundalo sa Roma nga kuhaon ang Iyang mga bisti aron matuman ang kining bersikulo (Juan 19:24).

Unya, unsa mang espirituwal nga mga implikasyon ang gigunitan sa mga bisti ni Hesus? Ngano mang gibahin-bahin nila ang Iyang mga bisti sa upat ka mga tunga, matag-usa kanila?

Nganong wala man nila gibahin-bahin ang Iyang sinina? Nganong gitugotan man sa Dios nga isulat og una kining estorya?

Kay si Hesus mao ang hari sa mga Hudio, ang mga bisti ni Hesus naghinambit sa mga nasyon sa Israel o mga Hudio nga mga tawo. Sa pagbahin-bahin sa mga sundalo sa Roma sa mga bistin sa upat ka mga tunga, nawala ang mga hulma niining mga bisti. Kini nagpasabot nga ang Israel ingon sa nasyon pagagub-on. Kini nipakita sad nga ang ngalan nga Israel mupabilin nga mga katunga sa mga bisti nga nabilin. Sa ulahi, ang mga Pulong nga gisulat nahanungod sa Iyang mga bisti nagpanagna nga ang mga Hudio nga mga tawo makatag sa tanang mga direksiyon ingon sa kadangatan sa pagkaguba sa ilang nasyon. Ang kasaysayan sa Israel nisaksi nga kining panagna natuman na.

Sa sulod sa 40 ka mga tuig sa pagkamatay ni Hesus sa krus, giguba ang Herusalem sa usa ka heneral nga gipangalanang si Titus. Ang Templo sa Dios hingpit na giguba nga walay mi usa ka bato nga nitungtong sa usa pa ka bato. Kay ang nasyon sa Israel napapas na, ang mga Hudio nagkatag bisan asa, gilutos, ug gipang-ihaw pa. Gipatin-aw kini nganong ang mga Hudio nipuyo sa tibuok kalibotan bisan pa sa karong adlaw.

Ang Mateo 27:23 naghulagway sa ngilngig nga eksena kon asa si Pilato nisulti sa madinaoton nga katawhan nga si Hesus walay-sala, apan nisinggit silag samot nga ilansang si Hesus. Sa niini, hingkuha si Pilato ug tubig ug gihugasan ang iyang mga kamot aron ipakita nga dili siya responsable alang sa kamatayon sa inosente nga si Hesus, nga miingon, *"Wala akoy sala sa dugo niining tawhana; kamo na lay mag-igo niana."* (b. 24) Unya, ang katawhan nitubag, *"Ang iyang dugo ipapaningil lang gikan kanamo ug sa among kaanakan!"* (b. 25)

Usa ka malatngonon nga element mao nga ang kasaysayan sa Israel nagpakita nga daghan sa mga Hudio ug ang ilang mga kaliwat nagpaagas ug dugo, nga nituman sa ilang mga demanda ni Poncio Pilato. Sa sulod sa upat ka mga dekada sa pagkamatay ni Hesus, mga 1.1 milyon ka mga Hudio ang gipamatay. Sa dugang pa, sa panahon sa Gira Pagkalibotan II, gipatay sa Nazi Germany ang hapit sa unom ka milyon nga mga Hudio nga tawo. Ang pelikula nga "The Schindler's List" nilarawan sa masulub-on nga mga eksena kon asa ang mga Hudio nga mga tawo, nga walay paglahi sa lalake ug babaye, ang tiguwang ug ang batan-on, gipamatay nga walay sinul-ob nga mga bisti. Bisan pa ang usa ka kriminal gipasugtan nga musul-ob og hinlo nga mga bisti sa pagbitay kaniya, apan ang mga Hudio nga mga tawo gihubo-an sa katong gipatay sila.

Ang mga Hudio nga mga tawo wala nakaila ni Hesus nga Misiyas ug Siya gihuboan ug Siya gilansang. Sa nagsinggit sila, "Ang iyang dugo igapaningil lang gikan kanamo ug sa among kaanakan," laksot nga kalisod ang niabot sa mga tawo sa Israel sa taas nga panahon.

Ang Walay Tinahian nga Sinina ni Hesus nga lunlon hinabol sukad sa taas hangtud sa ubos

Gihulagway sa Juan 19:23 ang sinina ni Hesus: *"Karon ang iyang sinina walay tinahian, lunlon hinabol sukad sa taas hangtud sa ubos.*" Nganhi ang, "walay tinahian" niining bersikulo nagkahulogan nga ang sinina wala gisursi aron itapo ang daghang mga bahin sa bisti. Labing daghan sa mga tawo wala maikag kon giunsa ang ilang mga bisti gibuhat o kon ang ilang mga bisti lulon hinabol gikan sa taas hangtud sa ubos o gikan sa ubos hangtud sa taas. Unya nganong gihulagway man ni sa Biblia ang sinina ni Hesus sa detalye?

Ang Biblia hingsugid kanato nga ang ginikanan sa katawhan nga mao si Adan, ang ginikanan sa pagtoo mao si Abraham, ug ang ginikanan sa Israel mao si Jacob. Nitudlo ang Dios kanato nga ang ginikanan sa Israel dili si Abraham apan si Jacob kay ang dose ka mga tribo sa Israel gikan sa dose ka mga anak nga lalake ni Jacob. Ang magtutukod sa nasyon nga Israel mao si Jacob bisan pa nga ang ginikanan sa pagtoo mao si Abraham.

Gipanalanginan sad sa Dios si Jacob sa Genesis 35:10-11 niining paagi:

> "*Ang imong ngalan si Jacob; dili na pagahinganlan ang imong ngalan nga si Jacob, kondili si Israel na mao ang imong ngalan.*" *Sa ingon niini gihinganlan Niya siya nga Israel. Ug miingon sad ang Dios kaniya, "Ako mao ang Dios nga Makagagahom; magmabungahon ka ug magdaghan ka; usa ka nasod ug pundok sa mga nasod magagikan kanimo, ug ang mga hari magagikan kanimo.*"

Suma sa Pulong sa Dios nga gimitlang atong mga bersikulo, ang dose ka mga anak nga lalake ni Jacob giumol sa dugokan sa

Israel ug ang Israel nahiusa nga nasod kaniadto hangtud nga niini nabahin-bahin sa mga inadlaw ni Haring Rehoboam ngadto sa Israel sa Amihan ug sa Judah sa Habagatan.

Sa ulahi, and Israel sa Amihan nasagol uban ang Hentil apan ang Judah nabiling nahiusa. Karon ang mga tawo sa Judah gitawag nga mga Hudio. Ang kamatuoran nga ang sinina ni Hesus walay tinahian, lunlon nga hinabol gikan sa taas ngadto sa ubos nga usa lang ka bahin, nagkahulogan nga ang nasod nga Israel hingpabilin nga pagkahiusa ug kailhanan ingon sa mga kaliwat ni Jacob hangtud karong adlawa.

Ang Pagparipa sa Sinina ni Hesus nga wala Gigisi

Dinhi, ang sinina nagtimaan sa kasingkasing sa mga tawo. Kay si Hesus ang hari sa Israel, ang Iyang sinina nagtimaan sa kasingkasing sa mga tawo nga Hudio.

Ang mga Israelinhon, ingon sa mga tawo sa Dios nga gipili paagi sa ilang ginikanan sa pagtoo nga si Abraham, nagsimba sa tinuod nga Dios labaw sa tanang mga butang. Ang kamatuoran nga wala nila gibahin-bahin ang sinina nagpasabot nga ang mga espiritu sa mga tawo nga Hudio sa Israel na nagsimba sa Dios natipigan nga wala magisi sa pila ka mga bahin bisan pa ang nasod o gobyerno sa Israel sa iyang kaugalingon naguba sa ubang mga panahon.

Sa kamatuoran, gipanagna sa Biblia nga ang mga Hentil dili makapaslang sa espiritu sa mga Israelinhon nga masinulundon sa halawom nilang mga kasingkasing. Sa ubang mga pulong, ang ilang mga kasingkasing paingon sa Dios gipabilin nga malig-on, bisan pa nga giguba ang nasod sa Israel sa mga Hentil. Kay tungod nga aduna silay walay kabayolohan nga kasingkasing, gipili sa Dios ang mga Israelinhon ingon sa Iyang kaugalingon nga mga tawo ug gigamit sila aron makatukod sa Iyang ginharian ug pagkamatarong.

Bisan pa karong adlawa, ang mga Isaelihanon naninguha nga mipasugot sa balaod uban ang walay kabaylohan nga kasingkasing. Kini mao tungod nga sila ang mga kaliwat ni Jacob nga kon kinsa siya sa iyang kaugalingong walay pagbaylo sa kasingkasing. Nasorprersa sa mga Israelinhon ang tibuok kalibotan paagi sa pagkuha sa ilang independensiya kaniadtong Mayo 14, 1948, usa ka taas nga panahon human nilang nawala ang ilang nasod. Human ana, sila paspas kaayo nga niugmad ingon sa usa sa mga abanse ug maimpluwensiya nga mga nasod, ug gipakita nila ang ilang nasodnon nga espiritu ug sa usab ang pagkadalaygon.

Kay dili mabahin-bahin sa mga sundalo sa Roma ang sinina ni Hesus nga walay tinahian, lunlon nga hinabol gikan sa taas ngadto sa ubos nga usa lang ka bahin, dili maguba sa mga Hentil ang espiritu sa mga Israelinhon nga hingsimba sa Dios. Kay human ang tanan, ang mga Israelinhon ingon sa mga kaliwat ni Jacob hingtukod og independente nga nasod ug gituman ang pagbuot sa Dios ingon sa Iyang pinili nga mga tawo.

Ang Israel sa Katapusan nga Panahon nga Gitagna sa Biblia

Sa gitagna sa Dios ang kasaysayan sa Israel paagi sa mga bisti ug sinina ni Hesus, naghatag sad Siya ug mga paila sa mga ulahing mga inadlaw sa kalibotan.

Mabasa sa Ezequiel 38:8-9 nga:

> *Sa tapos sa daghang mga adlaw ikaw pagadu-awon; sa ulahing mga tuig ikaw mosulod sa yuta nga nabawi gikan sa espada, nga ginatigum gikan sa daghang mga tawo sa ibabaw sa kabukiran sa Israel nga nahimong awa-aw sa kanunay; apan ang mga tawo niini gipagula gikan sa mga nasod, ug sila magpuyo sa kasigurohan, silang tanan. "Ug ikaw motungas, ikaw moabot ingon sa usa ka bagyo; ikaw mahimong ingon sa usa ka panganod nga motabon sa yuta, ikaw, ug ang tanan mong mga tinawo, ug ang daghang mga tawo uban kanimo."*

"Sa tapos sa daghang mga adlaw" sa kining mga bersikulo mao ang panahon gikan sa pagpanganak ni Hesus ngadto sa Iyang Ikaduhang Pag-abot, ug ang "sa ulahing mga tuig" naghinambit sa mga ulahing mga tuig padulong sa Ikaduhang Pag-abot ni Hesus. "Ang mga kabukiran sa Israel" nagtimaan sa Israel, kon asa nabutang sa mga kaibabawan nga yuta nga hapit 760 ka mga metro sa ibabaw sa patag sa dagat. Busa, ang pulong nga sa umalabot nga mga tuig daghang mga tawo ang mutipon gikan sa daghang mga nasod nitag-an nga ang mga Israelinhon mobalik sa ilang yuta gikan sa tibuok kalibotan sa pagduol sa Pagbalik ni Hesus.

Kining panag-an nahimong tinood sa pagkaguba sa

Ginharian nga Roma kaniadtong 70 A.D. sa Israel, ug nakuha ang ilang independensiya kaniadtong 1948. Ang Israel namingaw hangtud kini nahimong independente, apan nidako kining usa sa labing maugmadon nga mga nasod sa kalibotan.

Ang Bag-ong Kasabotan nagpagna sad sa independensiya sa Israel. Si Hesus sa Mateo 24:32-34 nisugid kanato sa musunod:

"Karon gikan sa kahoyng igira tun-i ninyo kining usa ka sambingay: inigpanglumoy na gani sa iyang mga sanga ug manalingsing na, inyong masayran nga nagakaduol na ang tingadlaw; Busa, ikaw sad, inigkakita ninyo niining tanang mga butanga, masayran ninyo nga haduol na Siya, anaa na gayud sa mga pultahan. Sa pagkatinuod magaingon ako kaninyo, nga sa dili pa mahanaw kining kaliwatana hangtud kining tanang mga butanga maga-kahitabo gayud."

Kini mao ang tubag ni Hesus sa Iyang mga tinun-an nga kon kinsa nangutana Niya alang sa timaan sa Iyang Ikaduhang Pag-abot ug sa katapusan sa panahon.

Ang kahoyng igira sa mga bersikulo naghinambit sa Israel. Sa pagkatagak sa mga dahon sa kahoy ug ang bugnaw nga hangin nihuyop, masayod ka nga ang tingtugnaw duol na. Sa sama, sa pagpanglumoy sa mga sanga sa kahoyng igira ug manalinsing na, masayran kanimo nga ang ting-adlaw nagkaduol na. Uban niining sambingay, gipatin-aw ni Hesus nga sa pag-uli sa Israel human ang taas nga panahon nga pagkaguba, kana mao ang, sa pagkuha sa mga tawo sa Israel sa ilang independensiya, ang

Ikaduhang pag-abot ni Hesus nagkaduol na kaayo.

Wala kanimo masayri kon unsa kataas "ang kining kaliwatan" kon asa gilawag ni Hesus niining bersikulo, apan imong nasayod nga ang iyang giingon matuman gayud. Imo nang nasaksihan ang independensiya sa Israel, busa sayon kaayo nga masabtan nga ang Ikaduhang Pag-abot ni Hesus nagkaduol na kaayo.

Mga Timaan sa Katapusan sa Panahon

Sa Mateo 24, sa pagpangutana sa Iyang mga tinun-an alang sa mga timaan sa katapusan sa panahon, gipatin-aw kiini ni Hesus sa detalye. Apan, wala Niya gisulti ang tukma nga oras ug adlaw, nga miingon, *"Apan mahitungod sa maong adlaw ug takna walay usa nga nasayod, bisan pa ang mga manolunda sa langit, bisan pa ang Anak, gawas sa Amahan lamang"* (Mateo 24:36).

Kini nagkahulogan lang nga Siya ingon sa Anak sa Tawo kon kinsa niabot sa unod niining kalibotan wala masayod sa tukma na oras o adlaw. Kini wala nagkahulogan nga si Hesus ingon sa usa sa Trinidad wala masayod niini human sa Iyang paglansang, pagkabanhaw, ug pagpahitaas sa langit. Na miingon sa daghang mga butang mahinungod sa mga timaan sa katapusan sa panahon, si Hesus nagpasidaan kaninyo, *"Kay sa pagdagsang sa paglapas sa balaod, mobugnaw ang gugma sa kadaghanang tawo. Apan ang mopadayun hangtud sa katapusan maluwas"* (Mateo 24:12-13).

Karon, talinis kanimong mabati nga ang pagkamadinaoton nagkadaghan ug ang gugma nagkabugnaw. Lisod na kaayong makakita og maigam-nga-kasingkasing. Miingon si Hesus sa Mateo 24:14 nga, *"Kining ebanghelyo mahitungod sa gingharian igawali ngadto sa tibuok nga kalibotan ingon nga pagpamatuod ngadto sa tanang mga nasod, ug unya moabot na ang katapusan."* Ang ebanghelyo nawali na sa tanang eskina sa kalibotan.

Sa dugang pa, nabuhi ta sa usa ka "pangglobo nga balangay" kon asa ang tagsatagsa nga eskina sa globo puwede maabot paagi sa transportasyon o komunikasyon. Kining tilimad-on, sad, gitagna na sa Daniel 12:4: *"Apan ikaw, Daniel, himoang tinago ang kining mga pulong ug iselyo ang basahon hangtud sa katapusan nga panahon; daghan ang modalagan ngadto-nganhi, ug ang kahibalo mouswag."* Ang ebanghelyo nakatag na sa tibuok kalibotan nining kalikopan.

Tinood niini nga bisan pa ang ebanghelyo nakatag na sa tibuok kalibotan, adunay pipila ka mga tawo ang wala mudawat ni Hesus kay wala nila buksi ang ilang mga kasingkasing. O, adunay pipila ka mga halayo nga mga lugar nga ang binhi sa ebanghelyo wala pa makatag.

Ang mga panagna sa Daang Kasabotan natuma na ug ang labing tanan nga panagna sa Bag-ong Kasabotan hapit na tanang matuman sad. Ang tibuok nga Balaang Kasulatan gipadasig paagi sa Espiritu Santo. Busa, ang Pulong sa Dios husto ug walay unod nga sayop. Ang pinakadiotay nga letra o ang pinakagamay nga lihok sa igsusulat dili mabaylohan sa Pulong. Gipatuman sa Dios ang Pulong ug mga saad, ug kadiotayan na lang nga mga butang ang wala pa matuman, kalakip ang Ikaduhang Pag-abot sa atong Ginoong Hesukristo, Pito ka mga nga Dagko nga

Kalautan, ang Bag-ong Milenyo, ug ang Dakong Paghukom sa Puti nga Trono.

Gilansang lapos sa Iyang mga Kamot ug mga Tiil

Ang paglansang mao ang pinakapintas nga paagi sa pagbitay alang sa mga mamamatay tawo ug mga traydor. Ang mga braso sa usa binaton sa kahoy na krus. Ang tawo gilansang lapos sa parehong mga kamot ug mga tiil. Gibitay siya sa krus sa taas nga panahon hangtud mamatay siya. Busa, magaantos siya ug pagkadako nga sakit hangtud sa iyang ulahing ginhawa.

Si Hesus nga Anak sa Dios naghimo lang sa mga maayo nga mga butang ug walay-lama o mantsa niining kalibotan. Unya, nganong gilansang man si Hesus lapos sa parehong mga kamot ug mga tiil nga gipaagas ang Iyang dugo sa krus?

Ang Sakit sa Paglansang lahos sa mga Kamot ug mga Tiil

Si Hesus gisentensiyahan nga mamatay sa krus ug niabot sa lugar nga bilitayan, ang Golgotha. Usa ka sundalo sa Roma nga naggunit sa usa ka dako nga puthaw nga lansang ug ang usa naggunit sa martilyo aron ilansang ang Iyang mga kamot ug mga tiil sa sugo sa usa ka senturyon. Unya ilang gipatindog ang krus. Imo bang mahanduraw og unsa kasakit kini?

Ang inosente nga si Hesus kinahanglan mag-antos gikan sa

sakit sa pagmartilyo sa dako nga mga lansang ngadto sa Iyang lawas ug sa pagbitad sa Iyang lawas sa Iyang kabug-at ug ang gilansang nga mga bahin sa iyang lawas nagisi.

Kon ang usa putlan og ulo, ang sakit matapos sa gilayon. Apan, ang pagkamatay sa krus mas labaw nga sakit kay ang usa gibitay, nagdugo, ug nag-antos gikan sa pagkauga ug kakapoy hangtud sa higayon Niyang kamatayon.

Sa dugang pa, sa usa ka adlawan sa desiyerto, ang tanang klaseng mga insekto ug mga peste nilupad sa bug-os Niyang lawas ug gisuyop ang dugo nga niagas gikan sa Iyang mga samad nga gilansangan nga mga kamot ug mga tiil. Sa ibabaw niini, ang mga madinaoton nga mga tawo nitudlo Kaniya, gilud-an Siya, gibugalbugal Siya, gipanunglo Siya, ug nagtampuog og mga insulto Kaniya. Pipila ka mga tawo nagbiaybiay Kaniya, nga miingon, *"Ikaw nga maoy moguba sa templo ug mopatindog niini sulod sa tulo ka adlaw, luwasa ang Imong Kaugalingon! Anak ka man kaha sa Dios, kanaug sa krus."* (Mateo 27:40).

Ang dili-maantos nga sakit ang nikuyog ni Hesus sa panahon sa Iyang paglansang. Apan, nasayod na si Hesus og pag-ayo nga ang Iyang pagpas-an sa mga sala ug mga panunglo paagi sa pagkamatay sa krus nibukas sa dalan alang sa paglukat sa katawhan gikan sa ilang mga sala ug gihimo silang mga anak sa Dios. Ang Iyang tinood nga sakit hinoon nagikan sa laing kakuhaan. Bisan pa adunay pipila ka mga tawo nga wala nakasayod niining kabubut-on sa Dios o wala nidawat sa kaluwasan sa ilang pagkamadinaoton. Kini nagdala Kaniya og mas dako nga sakit.

Ang mga Sala nga Gihimo Uban ang Mga Kamot ug mga Tiil

Sa kausa nga pagsamkon sa makakasala nga panghunahuna sa kasingkasing, ang kasingkasing mopadasig sa mga kamot ug mga tiil nga mohimo og mga sala. Kay adunay espirituwal nga balaod nga ang suhol sa sala mao ang kamatayon, sa paghimo kanimo og mga sala, magahagbong ikaw sa impiyerno ug magaantos didto sa hangtoran.

Kana mao kon nganong miingon si Hesus nga, *"Kon ang imong usa ka tiil maoy makaingon kanimo sa imong pagpakasala, putla kini; kay maayo pa kanimo nga magasulod ka sa kinabuhi bisan bakol, kay sa, may duha ikaw ka mga tiil, apan igabanlud ka ngadto sa impiyerno,[diin ang ilang ulod dili mamatay, ug ang kalayo dili pagapalongon.] Kon ang imong usa ka mata maoy makaingon kanimo sa imong pagpakasala, lugita kini; kay maayo pa kanimo nga magasulod ka sa gingharian sa Dios bisag usa na lang ang imong mata, kay sa, may duha ikaw ka mga mata, apan igabanlud ka ngadto sa impiyerno"* (Marcos 9:45-47).

Pila ka beses na ikaw nakahimo og mga sala sa imong mga kamot ug mga tiil sukad sa pagpanganak? Pipila mokulata sa ubang tawo sa kasuko. Pipila mangawat ug ang pipila pa sa uban ang magawala sa ilang mga manggad paagi sa sugal. Ang mga tawo nahimong bayolente sa ilang mga tiil ug moadto sa dili angay adtoan. Busa, kon ang imong mga tiil maoy makaingon nga makasala ka, maayo nga ang mga kini putlon ug magasulod sa langit kay sa may duha ka tiil apan igabanlud didto sa impiyerno.

Usab, pila ka mga sala ang imong nahimo sa imong mga mata? Ang kahakog ug ang pagpanapaw nikonsumo kanimo kon makakita ka ug usa ka butang nga dili angay kanimong makita sa imong mga mata. Mao kana nga miingon si Hesus nga kon ang imong mga mata maoy makaingon kanimong makasala, maayo pa nga lugiton kini ug magasulod sa langit kay sa igabanlud ngadto sa impiyerno humang makahimo og sala uban sa mga kini.

Sa panahon sa Daang Kasabotan, kon ang usa makahimo og sala ang iyang mata, kini kutluon; kon ang usa makahimo og sala ang iyang kamot og tiil, ang iyang kamot o tiil putlon; kon ang usa mohimo og pagpatay o pagpanapaw, labayon kini siya og bato hangtud mamatay (Deuteronomio 19:19-21).

Kon wala ang pag-antos ni Hesukristo sa krus, bisan sa karong adlawa, ang mga anak sa Dios angay putlon ang ilang mga kamot ug mga tiil kon sila makahimo og mga sala sa ilang mga kamot ug mga tiil. Apan, gikuha ni Hesus ang krus, gilansang lapos sa iyang mga kamot ug mga tiil ug nagpaagas sa Iyang dugo. Sa pagbuhat niini Iyang gihugasan ang mga sala nga nahimo sa imong mga kamot ug mga tiil ug dili na kanimo kinahanglan muantos pa o mubayad sa presyo sa imong kaugalingon nga mga sala. Unsa kadako ang Iyang gugma!

Imong angay ibutang sa imong pangisip nga Siya magahinlo kanimo gikan sa tanang mga sala kon ikaw mulakaw ngadto sa kahayag kay Siya naa sa kahayag, ug imong ikompisal ang imong mga sala ug mudangop Kaniya (1 Juan 1:7).

Busa, importante kaayo nga imong pun-on ang imong kasingkasing sa kamatuoran aron makapadulong sa usa ka madinaogon nga kinabuhi uban ang mapasalamaton ug maparaygon nga kasingkasing nga kanunay natutok sa Dios.

Ang mga Bitiis ni Hesus wala Mabali apan ang Iyang Kilid Gisamaran

Biyernes ang adlaw nga namatay si Hesus, ang adlaw usa pa ang Sabbath. Sa katong mga adlawa, ang Sabado mao ang gipanid-an nga Sabbath, ug ang mga Hudio dili gusto nga ang mga lawas igabilin sa mga krus sa panahon sa Sabbath.

Busa, sa imong mabasa sa Juan 19:31, ang mga Hudio nihangyo ni Poncio Pilato nga pagabalion ang mga bitiis ug ang lawas ipanaog.

Sa permiso ni Poncio Pilato, gibali sa mga sundalo ang mga tiil sa mga tulisan kon asa gipanglansang sa duha ka kilid ni Hesus apan wala nila gibali ang mga bitiis ni Hesus kay patay na siya. Sa kaniadtong mga inadlaw, katong mga gipanglansang gipanunglo ug mao kana nga balion sa mga sundalo ang ilang mg bitiis. Busa, adunay balaan ka kabubut-on sa kamatuoran nga wala nila gibali ang mga bitiis ni Hesus.

Nganong Wala man Gibali ang mga Bitiis ni Hesus?

Si Hesus, kon kinsa walay sala, ginpanunglo ug gibitay sa krus aron malukat ang katawhan gikan sa panunglo sa balaod. Dili mabali ni Satanas ang iyang mga bitiis kay si Hesus wala namatay tungod sa Iyang mga sala apan paagi sa kabubut-on sa Dios.

Bisan pa niana, gipanalipdan sa Dios si Hesus gikan sa pagbali sa Iyang mga bukog aron matuman ang mga Pulong sa Mga Salmo 34:20, kon asa mabasa nga, *"Siya nagabantay sa tanan niyang mga bukog, walay usa kanila nga mabali."*

Sa Numeros 9:12, gisulti sa Dios sa mga Israelinhon nga dili balion ang mga bukog sa karnero kon ilang kan-on niini. Miingon sad sa Siya sa Exodo 12:46 nga ang mga Israelinhon makakaon sa karne sa karnero apan dili nila mabali ang bisan unsa nga mga bukog niini.

Ang "karnero" naghinambit ni Hesus kon kinsa walay-mantsa ug walay-kabasolan, apan gisakrpisyo ang Kaugalinon ingon sa pambayad-sala nga sakripisyo alang sa katawhan ug ang ilang mga sala tungod sa Iyang gugma kanato. Sumala sa Balaan nga Kasulatan sa Exodo 12:46, nga miingon, *"[Ang karnero] sa usa ka balay adto kini pagakan-on; ug dili magdala bisan diotay sa unod ngadto sa gawas sa balay, mi magbali ka sa bisan unsa sa bukog niini,"* wala sa usa sa bukog ni Hesus ang gibali.

Gisamaran ang Iyang Kilid sa Bangkaw

Gihulagway sa Juan 19:32-34 ang usa pa ka ngilngig nga eksena:

Busa nangadto ang mga sundalo, ug ilang gibali ang mga bitiis sa nahauna nga tawo ug sa ikaduha nga gipanaglansang sa krus uban Kaniya; apan sa diha na sila kang Hesus, ug ilang nakita nga siya patay na, wala na lang nila balia ang iyang mga bitiis. Apan usa sa mga sundalo nisamad ug bangkaw sa iyang kilid, ug gilayon dihay miagay nga dugo ug tubig.

Bisan pa nga nakahibalo na ang mga sundalo nga patay na si Hesus, ngano mang gisamad pa nila ang kilid ni Hesus sa bangkaw, nga gilayon miagay ang dugo ug tubig? Kini nihulagway sa pagkamadinaoton sa tawo.

Bisan pa nga Siya ang Dios, wala si Hesus nidemanda nga mukupot sa Iyang mga kinamatarong ingon sa Dios. Hinoon, gibuhat Niyang walay-nada ang kaugalingon, gikuha Niya ang kahimtang sa usa ka ulipon ug hingpakita sa umol nga tawo. Nagpasugot Siya nga ipakaubos ang Kaugalingon bisan pa sa paagi og pagkamatay nga kriminal sa krus. Sa niining paagi, gibuksan ni Hesus ang ganhaan sa kaluwasan alang kanimo (Mga Taga- Filipos 2:6-8).

Sa panahon sa Iyang kinabuhi niining kalibotan, gihatagan ni Hesus ang mga binilanggo ug kagasawan, gihatagan ang mga pobre og kaadunahan, ug gipaayo ang may sakit ug ang maluya. Wala Siya og igo nga panahon nga makakaon ug makatulog kay gipaninguhaan Niyang iwali ang Pulong sa Dios aron makaluwas sa kinadaghang mga kalag nga Iyang mahimong maluwas. Niadto Siya sa usa ka bungtod og nangampo bisan pa ang Iyang mga tinun-an nipahulay.

Daghang mga Hudio ang nilutos Kaniya uban ang paglibak bisan pa nga gibuhat lang Niya ang maayo. Sa katapusan, gilansang nila Siya sa krus gikan sa ilang pagkamadinaoton. Sa dugang pa, bisan pa nga nasayod na sila nga patay na Siya, ang usa ka sundalo sa Roma gisamaran Siya sa bangkaw. Kini nagsulti kanato nga ang mga tawo labaw nga pagkamadinaoton sa pagkamadinaoton.

Gipakita sa Dios ang Iyang pagkadako nga gugma paagi sa pagpadala sa Iyang bugtong nga Anak nga si Hesukristo ug gipalansang Siya sa krus aron malukat ka gikan sa mga sala, nga bisan pa sa pagkamadinaoton sa katawhan.

Pagpaagas sa Dugo ug Tubig sa Iyang Kilid

Sa giingon na, usa ka sundalo sa Roma ang nisamad sa kilid ni Hesus sa bangkaw sa iyang pagkamadinaoton, bisan pa nga nahibaloan na niya nga patay na si Hesus. Sa pagsamad sa sundalo sa Iyang kilid, dugo ug tubig ang niagay gikan sa lawas ni Hesus. Adunay tulo ka mga kahulogan ang kining yugto.

Una, gipakita niini kanimo nga si Hesus niari sa unod ingon sa Anak sa Tawo. Miingon sa Juan 1:14 nga, *"Ug ang Pulong nahimong unod, ug nangipon kanato, ug among nakita ang Iyang himaya, ang himaya nga ingon sa pagadawaton sa bugtong Anak gikan sa Amahan, puno sa grasya ug kamatuoran."* Ang Dios niari sa kalibotan sa unod ug Siya mao si Hesus.

Ang mga makakasala dili makakita sa Dios kay mangamatay sila diha sa pagkakita Kaniya. Busa, ang Dios dili makapakita ug diretso sa atubang kanila ug kana mao nganong si Hesus niari sa kalibotan sa unod ug nagpakita ug daghang mga kamatuoran aron madala kita nga magtoo sa Dios

Ang Biblia nisulti kanimo nga si Hesus usa ka tawo sama kanimo. Mabasa sa Marcos 3:20 nga, *"Ug unya nisaka si Hesus sa balay, ug ang panon sa katawhan nidugok na usab, nga tungod niana wala na gani sila makagayon sa pagpangaon."* Nisulti kanato sa Mateo 8:24 kanato nga, *"Ug tan-awa, miabot sa lanaw ang usa ka makusog nga unos, nga tungod niana ang sakayan natabontabonan sa mga balud; apan si Hesus sa Iyang Kaugalingon nagkatulog."*

Pipila ka mga tawo mahimong matingala nganong si Hesus ang Anak sa Dios mahimong magutom o mabutang sa kasakit. Apan, kay si Hesus unod ug nabuhat sa mga bukog ug mga kaunoran, kinahanglan Niyang mukaon ug matulog. Nag-antos sad Siya gikan sa sakit parehas kanato.

Ang kamatuoran nga ang dugo ug tubig niagay gikan sa Iyang lawas sa katong Siya gisamaran sa bangkaw, naghatag kanimo ug pagpa-uyon nga pruweba nga si Hesus niari niiing kalibotan sa unod, bisan pa nga Siya mao ang Anak sa Dios.

Ikaduha, usa pa ka pruweba nga makasalmot sad ka sa balaan nga kinaiya bisan ba nga aduna kay unod. Gusto sa Dios nga ang Iyang mga anak mabinalaanon ug hingpit sama Kaniya. Busa miingon Siya nga, *"Kinahanglan kamo magmabalaan, sanglit ako balaan man"* (1 Pedro 1:16) ug *"Busa kamo kinahanglan magmahingpit, ingon nga hingpit ang inyong Amahan nga langitnon"* (Mateo 5:48). Gipadasig sad ka Niya nga miingon, *"Nga tungod niana kita iyang gikahatagan sa bililhon ug dagko uyamot nga mga saad, aron nga pinaagi niini kamo mangahimo kamong mag-aambit sa balaan nga kinaiya, managpakaikyas gikan sa pagpangadunot nga ania sa kalibotan tungod sa pangibog"* (2 Pedro 1:4), ug *"Batoni diha kaninyo kining hunahunaa nga mabatonan ninyo diha kang Hesukristo"* (Mga Taga-Filipos 2:5).

Niari si Hesus niining kalibotan sa unod ug nahimong ulipon suma sa pagbuot sa Dios, ug gituman ang Iyang tibuok nga katungdanan. Gituman sad Niya ang balaod sa gugma paagi sa paglupig sa tanang mga pagtilaw ug mga kalisod, ug nabuhi suma sa Pulong sa Dios.

Bisan pa nga Siya tawo sama kanimo, gidawat Niya ang tanang kasakit sa iyang pagbuot, gisunod ang pagbuot sa Dios uban ang pag-aguwanta ug pagpugong sa kaugalingon, ug gisakripisyo ang Iyang Kaugalingon sa gugma aron mamatay sa krus nga walay pagsukol o mga pagmulo.

Unsaon, man, pagsalmot nato sa balaan nga kinaiya uban ang kasingkasing ni Hesukristo?

Kinahanglan kanimong ilansang ang imong makakasala nga kinaiya, nga sinakpan ang kadait ug paninguha, adunay espirituwal nga gugma ug pag-ampo og tininuod aron makasalmot sa balaan nga kinaiya paagi sa pagkakuha og sama nga pamatasan ni Hesus.

Sa usa ka bahin, ang unodnon nga gugma mao ang kaugalingong-pagpangita, ug kini nga gugma mahimong mabugnaw sa paglipas sa panahon. Ang mga tawo nga adunay kining klaseng paghigugma lipoton ang usa og usa ug mag-antos sa sakit kon wala sila magkasabot.

Sa pikas nga bahin, ang Dios gusto nga aduna kay gugma nga

mapailubon, maluluy-on ug dili nasentro-sa-kaugalingon. Busa, mao kini ang espdrituwal nga gugma nga walay pagbaylo ug molambo kada adlaw. Mahimo kang makakuha sa pamatasan ni Hesus sama nga maangkon kanimo ang spirituwal nga gugma ug sama nga ilabay kanimo ang tagsatagsa nga klase sa dautan paagi sa pag-ampo og tininuod.

Sa sama, ang tanan mahimong makadawat sa grasya og gahom sa Dios kon iyang pangayuon ang Iyang tabang sa pagpuasa ug pag-ampo og tinuod. Ang Dios nagtrabaho kanunay alang kaniya aron mapahilayo ang tagsatagsa nga klase sa dautan. Mosidlak ikaw sama sa adlaw sa langitnon nga ginharian kon maangkon kanimo ang espirituwal nga gugma, mapagama ang siyam nga bunga sa Espiritu Santo (Mga Taga-Galacia 5) ug madawat ang mga Kagawasan (Mateo 5).

Ikatulo, ang pagpaagas ni Hesus sa dugo ug tubig igo nga makagalahom aron madala ikaw sa tinood ug walay-katapusan nga kinabuhi.

Ang dugo ug tubig ni Hesus walay-lama ug walay-kabasolan kay wala Siya og orihinal nga sala ug wala nihimo og sala. Sa espirituwal, mao niini nga dugo ug tubig nga mahimong mabanhaw. Tungod gipaagas Niya ang Iyang balaan nga dugo, nahinlo ang imong mga sala ug makaangkon ka og tinood nga kinabuhi ngadto sa kaluwasan, pagkabanhaw, ug walay-katapusan nga kinabuhi.

Ang tubig, kon asa niagay gikan sa lawas ni Hesus, nitimaan sa tunhay nga tubig, ang Pulong sa Dios. Mahimo kang mapuno sa kamatuoran ug mahimong tinood nga anak sa Dios sa gilayon nga imong masabtan and Iyang Pulong ug ilabay ang imong mga sala paagi sa pagkabuhi suma niini.

Si Hesus, nga walay bisan unsang buling o mantsa, gibuy-an ang tanang butang aron mahatagan ka ug tinood nga kinabuhi ngadto sa punto nga nipaagas og dugo ug tubig, bisan pa nga mas dautan ka pa kay sa mga mananap.

Gilaom kanako nga imong masabtan nga ikaw giluwas nga wala nagbayad og bisan unsang presyo ug ilabay ang mga sala paagi sa pag-ampo og tininuod nga may pagtoo aron ikaw mopadulong sa usa ka mabungahon nga kinabuhi kang Hesukristo.

Kapitulo 7

ANG SIETE PALABRAS NI HESUS SA KRUS

- Amahan, Pasayloa Sila
- Karong Adlawa Adto Ikaw sa Paraiso
  Uban Kanako
- Pinalangga nga Babaye, Dia ang Imong
  Anak nga Lalake; Dia ang Imong Inahan
- *Eloi, Eloi, Lama Sabachthani?*
- Giuhaw Ako
- Tapos na
- Amahan, Nganha sa Imong mga Kamot
  Gitugyan Ko ang Akong Espiritu

Apan si Jesus miingon, "Amahan, pasayloa sila, kay wala sila nasayod sa ilang ginabuhat." ... (b. 34)

... Ug siya miingon, "Jesus, hinumdumi ako inig-abot mo sa imong gingharian." Ug mitubag Siya kaniya, "Sa pagkatinuod magaingon Ako kanimo, nga karong adlawa adto ikaw sa Paraiso uban Kanako." Kini kapin karong ikaunom na nga oras, ug dihay kangitngit sa tibuok kayutaan hangtud sa ikasiyam nga oras, kay ang adlaw nawad-an sa kahayag; ug ang tabil sa templo nagilis sa taliwala. Ug si Jesus, mituwaw sa makusog nga tingog, nga nag-ingon, "Amahan, nganha sa Imong mga kamot itugyan Ko ang Akong espiritu." Sa naka-pamulong Siya niini, nabugto ang Iyang ginhawa. (bb. 42-46)

Lucas 23:34-46

Manumbalik sa labing tanang tawo and ilang mga kinabuhi sa pagduol sa kamatayon. Sa ilang mga pamilya ug mga higala ilang ibilin ang ulahing mga pulong.

Sa sama nga paagi, Si Hesus nahimong unod, niari sa niining kalibotan sa kabubut-on sa Dios, ug giproklamar ang siete palabras sa krus sa pagkabugto sa Iyang ginhawa. Kini gitawag nga "Ang Siete Palabras ni Hesus sa Krus."

Atong susion ang espirituwal nga kahulogan sa Siete Palabras ni Hesus sa krus.

Amahan, Pasayloa Sila

Ang tagsulat sa Mga Taga-Filipos naghulagway ni Hesus sa musunod nga paagi. Hesus:

Batoni diha kaninyo kining hunahunaa nga mabatonan ninyo diha kang Kristo Hesus, nga, bisan tuod Siya naglungtad diha sa umol sa Dios, Siya wala mag-isip sa iyang pagkasama sa Dios ingon nga usa ka butang nga pagagunitan, apan gihaw-asan Niya ang Iyang Kaugalingon, nagpahimo sa umol nga ulipon, diha sa Iyang pagkahisama sa mga tawo. Sa nakita Siya diha sa dagway nga tawhanon, Siya nagpaubos sa Iyang kaugalingon ug nahimong masinugtanon hangtud sa kamatayon, bisan pa sa kamatayon diha sa krus. (Mga Taga-Filipos 2:5-8).

Gilansang Si Hesus sa Krus aron ipakita ang Iyang gugma ug pagkamasigtanon sa Dios aron mabuksan Kaniya ang dalan ngadto sa kaluwasan alang sa mga makakasala. Ang mga tawo nga nitindog sa krus nibugalbugal ni Hesus uban ang mga punoan, *"Nagluwas Siya sa uban; paluwasa Siya sa Iyang kaugalingon kon siya mao man ang Kristo sa Dios, ang Iyang Pinili"* (Lucas 23:35).

Ang mga sundalo nibugalbugal sad Kaniya, gihaladan Siya ug suka, ug miingon, *"Hari Ka man kaha sa mga Hudio, luwasa ang Imong Kaugalingon!"* (b. 37) Ang usa sa mga kriminal nga gibitay didto nipasipala Kaniya, nga nisulti, *"Dili ba Ikaw mao ang Kristo? Luwasa ang imong kaugalingon ug kami!"* (b. 39)

Sa pag-abot nila sa dapit nga ginganlan Ang Kalabira, didto ilang gilansang Siya sa krus ug ang mga kriminal, ang usa sa iyang too ug ang usa sa iyang wala. Apan si Jesus miingon, "Amahan, pasayloa sila; kay wala sila makasayod sa ilang ginabuhat." Ug ilang giripahan, ang iyang mga bisti aron sa pagbahinbahin niini (Lucas 23:33-34).

Nangampo si Hesus sa Dios nga nangayo alang sa ilang kapasayloan, "Amahan, pasayloa sila; kay wala sila makasayod sa ilang ginabuhat," sa pagkabugto sa Iyang ginhawa. Gihangyo ni Hesus sa Amahan nga hatagan og kalooy ug kapasayloan ang mga tawo nga wala masayod nga si Hesus ang Anak sa Dios gilansang aron mapasaylo ang ilang mga sala. Tingali wala gani sila makamatngon sa ilang mga kalihokan nga sala. Mao kini ang unang pulong sa krus.

Si Hesus Nangampo sa Gugma alang sa mga Tawo nga Nilansang Kaniya

Si Hesus, ang Anak sa Dios, nangampo alang sa katong nilansang Kaniya bisan pa nga Siya walay bisag sayop o lama. Unsa baya ka halawom ug kadako ang Iyang Gugma! Sayon ra kaayo para ni Hesus nga manaog sa krus aron malikayan ang Iyang paglansang kay Siya hiusa sa Dios nga Makagagahom ug gipagahom sa Dios nga Amahan. Apan, gilansang siya aron matuman ang plano nga kaluwasan suma sa pagbuot sa Dios. Busa, mahimo niyang maaguwanta ang tanang pag-antos ug kaulaw, mangampo alang kanila sa desperado nga gugma ug mangayo sa ilang kapasayloan.

Si Hesus nangampo ug tininuod, "Amahan, pasayloa sila; kay wala sila masayod sa ilang gibuhat." Dinhi, ang "sila" wala lang yanong naghinambit sa katong nilansang ug nibugalbugal Kaniya, apan gilakip sad ang tanang katawhan nga wala nidawat ni Hesukristo ug nagpadayon sa pagkabuhi sa kangitngit. Sama sa mga tawo nga nilansang ni Hesus nga Anak sa Dios, daghang mga tawo ang nagpakasala kay wala nila mailhi si Hesukristo ug ang kamatuoran.

Ang imong kaaway nga yawa nahiapil sa kangitngit ug may kaputo sa kahayag busa iyang gilansang si Hesus, ang tinood nga kahayag. Karong adlawa, ang yawa nipugong sa mga tawo nga nahiapil sa kangitngit ug gipahinabo sila nga lutuson ang katong nangadto sa kahayag.

Unsaon man kanimo ug paglihok sa katong mga manuglutos nga wala nakasayod sa kamatuoran?

Si Hesus nitudlo kanimo og unsa ang pagbuot sa Dios ug unsa ang angay nga pamatasan sa usa ka Kristiyano paagi sa unang pulong gikan sa krus. Sa Mateo 5:44, miingon niini nga, *"Apan magaingon ako kaninyo, higugmaa ninyo ang inyong mga kaaway ug pag-ampo kamo alang sa mga magalutos kaninyo."* Busa kinahanglang mahimo natong mangampo alang sa tanang mga magalutos kanato, nga miingon, "Amahan, pasayloa sila. Wala sila nakasayod sa ilang gibuhat. Ipanalangin sila aron sila, sad, makadawat sa Ginoo ug magkita kami usab sa langit."

Karong Adlawa Adto Ikaw sa Paraiso Uban Kanako

Duha ka mga kriminal gilansang sad kaniadtong gibitay si Hesus sa krus nga taas nga nagtindog sa Golgotha, "ang dapit sa mga Kalabira" (Lucas 23:33).

Gipasipalahan Siya sa usa ka mga kriminal, apan ang usa nibadlong sa unang kriminal, nagbasol, ug nidawat ni Hesus ingon sa iyang personal nga Manluluwas. Unya si Hesus nisaad kaniya nga Siya muuban ngadto sa Paraiso kaniya. Kana mao ang ikaduhang pulong ni Hesus sa krus.

Ang usa sa mga kriminal nga nagbitay mipasipala kaniya sa pagsulti nga nag-ingon, "Dili ba ikaw mao ang Kristo? Luwasa ang imong kaugalingon ug kami!" Apan ang usa nitubag sa pagbadlong kaniya, "Wala ba ikaw mahadlok sa Dios, nga anaa ka man unta sa mao rang silot? Ug kita sa pagkatinuod ania uban sa matarung nga hukom, kay kita nagadawat man sa angayng balos sa atong binuhatan; apan kining tawhana walay nabuhat nga dautan." Ug unya siya miingon, "Hesus, hinumdomi ako inig-abot mo sa imong ginharian!" Ug Siya nitubag kaniya, "Sa pagkatinuod magaingon ako kanimo, nga karong adlawa adto ikaw sa Paraiso uban Kanako." (Lucas 23:39-43).

Si Hesus niwali nga Siya mao ang Misiyas nga makapasaylo sa mga makakasala kon sila magbasol ug maluwas sila paagi sa Iyang ikaduha nga pulong gikan sa krus.

Kon imong basahon ang Upat ka mga Ebanghelyo, ang mga tubag sa duha ka mga kriminal nasulat sa nagkalainlain nga mga paagi. Sa Mateo 27:44, miingon niini nga, *"Ang mga tulisan nga gilansang sa krus uban Kaniya nibiaybiay usab Kaniya sa samang mga pulong."* Sa Marcos 15:32, mabasa niini nga, *"'Ang kining Kristo, ang Hari sa Israel, pakanauga karon gikan sa krus, aron makakita kita ug managpanoo!' Ang mga*

gilansang sa krus uban Kaniya nibiaybiay usab Kaniya."
Gikan sa kining duha ka mga Ebanghelyo, nabasa kanimo nga ang duha ka mga kriminal nitampuog ug mga pagbiaybiay ni Hesus.

Apan, sa Lucas 23, imong nabasa nga ang usang kriminal nibadlong sa usa ug nagbasol sa iyang mga sala, nidawat ni Hesukristo ug naluwas. Kini dili tungod ang mga Ebanghelyo wala nagkauyonay sa usa og usa. Hinoon, sa Iyang kabubut-on, gitugotan sa Dios ang mga tagsulat nga mosulat sa nagkalainlaing mga paagi. Sa Biblia ang kabubut-on sa Dios ug makasaysayan nga mga element natingob. Kon gisulat ang tanan sa detalye, ang linibo nga mga Biblia dili mapaigo.

Karong adlawa, kon imong irekord ang usa ka butang sa video nga kamera, mahimo kanimo kining matan-aw unya apan sa panahon ni Hesus, walay sama niining kagamitan busa dili gani sila makakuha og usa ka litrato bisan pa nga mga importante kaayo kini nga mga hitabo. Masulat ra nila kining mga hitabo. Sa gamay nga mga pagkalainlain, masinati kanimo ug mabalik sa mas matinuoron ang usa ka partikular nga kahimtang.

Ang mas Maayo nga Pagsabot sa Paglansang ni Hesus

Sa giproklamar ni Hesus ang ebanghelyo, dagkong katawhan ang nisunod Kaniya. Pipila gustong maminaw sa Iyang mensahe, pipila gustong makakita og mga milagro ug mga timaan gikan sa langit, ang uban gusto og pagkaon, ug bisan ang uban namaligya sa ilang mga kabtangan aron mangalagad ug musunod ni Hesus.

Sa Lucas 9, nagpasalamat si Hesus alang sa lima ka mga langkaw nga pan ug duha ka mga isda. Ang gidaghanon sa mga ningkaon hapit og lima ka libo nga mga tawo (Lucas 9:12-17). Handurawa kon pila pa ka mga tawo, lakip katong naghigugma ug nagdumot ni Hesus ug ang uban sa katawhan nagtipon sad seguro ngadto sa kon asa Siya gilansang. Ang mga katawhan nilibot sa krus busa gibabagan sila sa mga sundalo sa mga bangkaw ug mga sangga. Handurawa ang mga tawo nga nagsinggit ni Hesus nga napanaglibot duol sa krus. Gibiaybiay Siya sa mga katawhan. Bisan pa ang usa sa mga kriminal nga gibitay sa pikas og pikas ni Hesus nagbiaybiay Kaniya.

Kinsa man ang makapaminaw ug unsa ang gisulti atong unang kriminal? Mahimo kining samok kaayo busa ang makapaminaw lang og pag-ayo sa Iyang mga Pulong mao katong nitindog sa duol ni Hesus. Ang usang kriminal nisulti ni Hesus uban ang paghimaraot sa iyang nawong. Ang kining kriminal, sa pagkamatuod, nibadlong sa katong kriminal nga nibiaybiay ni Hesus. Apan, katong tua sa layo sa pikas nga bahin sayon ra nga naghunahuna nga kining nagbasol nga kriminal nagbadlong ni Hesus nga anaa sa tunga.

Sa usa ka bahin, sa katong banha nga kahimtang, ang tagsa nga tagsulat sa mga Ebanghelyo nga Mateo ug Marcos nga dili makapaminaw sa nagbasol nga kriminal tin-aw nga naghunahuna nga gibadlong sad niya si Hesus. Busa gisulat nila nga ang duha ka mga kriminal ang nibadlong ni Hesus.

Sa pikas nga bahin, ang tagsulat sa Ebanghelyo sa Lucas nakapaminaw og tin-aw, busa nasayod siya ang usa sa duha ka mga kriminal wala magbiaybiay apan hinoon nagbasol.

Nagkalainlain nga mga tagsulat ang anaa sa nagkalainlain nga mga dapit ug nagsulat ug lainlain.

Ang Dios, nga nakasayod sa tanang butang, nitugot kanila nga mosulat sa lainlain nga mga paagi aron ang mga ulahing henerasyon mahimong mas matin-aw nga makasabot sa usa ka partikular nga kahimtang.

Langitnon nga Dapit alang sa Nagbasol nga Kriminal

Nisaad si Hesus sa kriminal nga nagbasol sa krus sa wala pa siya namatay, "Ikaw sa Paraiso uban Kanako. Naa niini og espirituwal nga kahulogan.

Langit, ang gingharian sa Dios, halapad kaayo lapas sa imong paghanduraw. Bisan si Hesus nisulti kanato sa Juan 14:2, *"Sa balay sa akong Amahan anaay daghang puy-anan; kon dili pa, moingon ba unta ako kaninyo; nga moadto ako aron sa pagandam ug puy-anan kaninyo."* Ang salmista niawhag kanato nga *"Dayegon ninyo Siya, ang hitaas nga mga langit, ug ang katubigan nga anaa sa ibabaw sa langit!"* (Mga Salmo 148:4). Ang Nehemias 9:6 nagdayeg sa Dios kon kinsa ang nagbuhat sa mga langit, bisan pa ang hitaas nga mga langit. Nag-ingon ang 2 Mga Taga-Corinto 12:2 sa *"usa ka tawo nga anaa kang Kristo nga napulo ug upat ka tuig nga niagi kon diha ba siya sulod sa lawas, o sa gawas wala ako masayod, ang Dios mao lamang ang nasayod sa tawo gisakgaw dala ngadto sa ikatulong langit."* Sa Pinadayag 21:2, niingon niini nga ang Bag-ong Herusalem nagpuyo ang trono sa Dios.

Sa sama, daghang puy-anan ngadto sa langit. Apan, dili ikaw tugotan nga mopuyo sa bisan unsang puy-anan nga imong gipili. Ang Dios sa hukom mubalos sa tagsa kaninyo suma sa imong gibuhat sa niining kalibotan: kon unsa kanimo gisuon ang imong Ginoo ug nitrabaho alang sa gingharian sa Dios ug unsa kadaghan ikaw nagpundo ngadto sa langit, ug uban pa (Mateo 11:12; Pinadayag 22:12).

Mabasa sa Juan 3:6 nga, *"Ang gianak sa unod, unod man; ug ang gianak sa Espiritu, espirutu man."* Depende sa gidak-on nga ang usa magpahilayo sa iyang kaugalingon sa unodnon nga mga butang ug nahimong usa ka espirituwal nga tawo, ang mga puy-anan sa langit bahin-bahinon sa mga grupo nga sama ang espirituwal nga katupong.

Lagi, ang tagsatagsa nga puy-anan sa langit maanyag kaayo kay ang Dios naghari niini. Apan, adunay mga paglain-lain bisan pa sa sulod sa langit. Pananglitan, ang estilo sa panginabuhi, mga kalingawan, sukdanan sa panginabuhi, ug sama sa siyudad may dako nga kinalain gikan sa kabukiran. Sa sama nga paagi, ang balaan nga siyudad, ang Bag-ong Herusalem, mao ang labing himayaon nga puy-anan sa langit kon asa ang trono sa Dios nabalay ug asa ang mga anak nga anggid kaniya og labi mopuyo.

Apan, ang Paraiso mao ang puy-anan kon asa ang mga nagbasol nga mga kriminal sa ulahing tinion sa iyang kamatayon sa krus mopuyo ug nahamutang kini sa mga hilit sa langit. Daghan pang uban nga nidawat ug maulawon nga kaluwasan mopuyo ngadto. Kining mga tawhana nidawat ni Hesukristo apan wala moadto padulong sa espirituwal nga pagbaylo.

Ngano man ang nagbasol nga kriminal nakasulod sa Paraiso?

Nikompisal siya nga siya usa ka makakasala sa iyang maayong kasingkasing, ug nidawat ni Hesus ingon sa iyang Manluluwas. Apan, wala niya mawala ang iyang mga sala, nabuhi suma sa Pulong sa Dios, o niwali sa uban. Wala siya nagtrabaho alang sa Ginoo. Wala siya nihimo og bisan unsang butang aron madawat ang langitnon nga premyo. Mao kana nganong sa Paraiso siya nagsulod, ang pinakaubos nga puy-anan sa langit.

Ang Pagpanaog ni Hesus ngadto sa Itaas nga Lubnganan

Bisan pa nga si Hesus nisaad sa kriminal, "Karong adlawa adto ikaw sa Paraiso uban Kanako," wala niini magkahulogan nga si Hesus mopuyo lang sa Paraiso sa langit. Si Hesus, ang Hari sa tanang hari, ug ang Ginoo sa tanang ginoo, nagmando ug nipuyo uban ang mga anak sa Dios sa tibuok nga langit, lakip ang Paraiso ug ang Bag-ong Herusalem. Sa kining salabotan mopuyo Siya sa Paraiso sama sa ubang mga puy-anan sa sulod sa langit.

Sa pag-ingon ni Hesus sa naluwas nga kriminal "Karong adlawa adto ikaw sa Paraiso uban Kanako," "karong adlawa" wala lang yanong naghinambit sa pat-od nga adlaw nga namatay si Hesus sa krus o bisan unsang partikular nga ubang adlaw. Gilawag ni Hesus nga muuban Siya sa nagbasol nga kriminal kon asa man ang kriminal gikan sa panahon nga nahimo siyang anak sa Dios.

Kon ikaw motan-aw sa Biblia, wala si Hesus muadto sa Paraiso human sa Iyang pagkamatay. Sa Mateo 12:40, nagsulti si

Hesus sa pipila ka mga Pariseo nga, *"Kay maingon nga si Jonas didto sa tiyan sa higante nga mananap sa dagat sulod sa tulo ka adlaw ug tulo ka gabii, maingon man usab ang Anak sa Tawo adto sa kasingkasing sa yuta sulod sa tulo ka adlaw ug tulo ka gabii."* Mabasa sa Mga Taga-Efeso 4:9 nga, *"Sa pag-ingon, 'Pagsaka niya,' unsa may laing ipasabot niini kondili nga siya nakakanaog usab ngadto sa mga kinaubsan nga bahin sa yuta?"*

Sa dugang pa, Miingon sa 1 Pedro 3:18-19 nga, *"Kay si Kristo usab namatay sa makausa alang sa tanan tungod sa mga sala, ang matarong alang sa mga dili matarong, aron kita Iyang madala ngadto sa Dios, nga sa unodnon nga bahin siya gipatay, apan nabuhi diha sa espiritu; kon asa usab Siya niadto ug niwali sa mga espiritu nga didto sa sulod sa bilanggoan."* Si Hesus niadto sa Itaas nga Lubnganan ug niwali sa ebanghelyo sa mga espiritu sa wala pa Siya nabanhaw sa ikatulong adlaw. Ngano kinahanglan man kini?

Sa wala pa si Hesus niari kining kalibotan, daghang tawo sa panahon sa Daang Kasabotan ug mga tawo bisan pa sa Bag-ong Kasabotan nga panahon wala makakuha sa higayon nga makapaminaw sa ebanghelyo apan nabuhi sila sa kamaayohan nga nidawat sa Dios. Nagkahulogan ba kini nga silang tanan nagpadulong sa impiyerno tungod lang nga wala sila masayod kon kinsa si Hesus?

Gipadala sa Dios ang Iyang bugtong nga Anak niining kalibotan ug kinsa ma'y mudawat Kaniya maluwas. Wala unta gisugdan sa Dios ang pagpaugmad sa tawo aron maluwas lang ang katong mga nidawat ni Hesukristo human sa Iyang paglansang. Katong mga wala nakakuha og higayon nga makapaminaw sa ebangelyo apan nabuhi uban ang maayong konsyensiya pagkahukuman suma sa ilang mga konsiyensiya.

Sa usa ka bahin, ang katong mga tawo nga maayo sa kasingkasing nitapok sama niini sa "Hitaas nga Lubnganan." Sa pikas nga bahin, ang "Ilalom nga Lubnganan" kon asa naghinambit sad sa "Hades" mao kon asa ang mga madinaoton nga mga kalag mopuyo hangtud sa Adlaw nga Paghukom. Human sa Iyang paglansang, si Hesus niadto sa Hitaas nga Lubnganan ug nagwali sa ebanghelyo sa mga espiritu nga wala makasayod sa ebanghelyo apan nabuhi uban ang maayong tanlag ug takos nga maluwas.

Walay lain pa nga ngalan sa silong sa langit nga gikahatag sa mga tawo kon asa sila kinahanglan maluwas kondili kang Hesukristo. Kana mao kon nganong si Hesus niadto ug nagwali nahanungod Kaniya sa mga espiritu aron makadawat sila Kaniya ug maluwas.

Ang Bibia miingon nga ang mga espiritu nga naluwas sa wala pa ang paglansang ni Hesus gidala ngadto sa kiliran ni Abraham (Lucas 16:22), apan gidala sa kiliran ni Hesus human ang Iyang pagkabanhaw.

Kaluwasan Suma sa Paghukom sa Tanlag

Sa wala pa niari si Hesus niining kalibotan aron magwali sa ebanghelyo, maayong mga tawo ang nabuhi paagi sa pagsunod sa pagkamatarong sa ilang mga kasingkasing. Mao kana ang balaod sa tanlag. Ang maayong mga tawo wala magbuhat og dautan bisan pa nga aduna silay mga kasamok ug nangatubang og mga kalisod, tungod naminaw sila sa tingog sa ilang mga kasingkasing.

Mabasa sa Mga Taga-Roma 1:20 nga, *"Kay sukad pa sa pagkatukod sa kalibotan ang Iyang dili makita nga kinaiya, ang Iyang walay-katapusan nga gahom ug balaan nga kinaiya, sa tin-aw naila, na pinaagi sa mga butang nga iyang nabuhat, busa wala silay ikapangulipas."*

Sa pagkakita sa kalibotan ug unsa nga ang tanan sa yuta anaa sa panagduyog, ang mga tawo nga adunay maayong mga kasingkasing nagtoo nga adunay walay-katapusan nga kinabuhi. Mao kini nganong wala sila nabuhi suma sa ilang makakasala nga kinaiya ug gipugngan nila ang ilang kaugalingon nga dili mangalipay sa pangkalibotanon nga mga kalami sa kahadlok sa Dios.

Mabasa sa Mga Taga-Roma 2:14-15 nga, *"Kon ang mga Hentil nga walay Balaod magabuhat sa mga butang sa Balaod, nan, kay walay Balaod, sila balaod na sa ilang kaugalingon, bisan wala silay kasugoan. Nga diha sila nagapakita ang obra sa Balaod nga nahisulat diha sa ilang mga kasingkasing, ang ilang tanlag usab magapamatood niini ug ang ilang nagakasumpaki nga mga hunahuna magasumbong o tingali magapangulipas ba kanila."*

Gikahatag sa Dios ang balaod sa mga Israelinhon lang apan dili sa mga Hentil. Apan, mao nga murag ang mga Hentil ang nangabuhi paagi sa balaod kaniadtong nabuhi sila suma sa balaod sa ilang mga kasingkasing, ang ilang mga tanlag nga naangkon ug gibuhat paagi kanila. Dili kanimo maingon nga ang katong wala motoo ni Hesukristo dili maluwas kay wala nila mapaminawan ang ebanghelyo sa ilang mga kinabuhi.

Sa katong mga namatay nga wala nakaila ni Hesukristo, adunay pipila ka mga tawo nga makapugong sa ilang mga kaugalingon batok sa dautan nga mga hunahuna tungod sa ilang hinlo nga mga kasingkaisng. Kining mga tawhana maluwas suma sa paghukom sa Dios sa ilang mga tanlag.

Pinalangga nga Babaye, Dia ang Imong Anak nga Lalake; Dia ang Imong Inahan

Ang apostol nga si Juan nisulat sa kon unsa ang iyang nakita ug napaminawan gikan sa krus kon asa si Hesus gibitay. Adunay daghan nga mga babaye lakip si Maria, ang inahan ni Hesus, si Salome, nga igsoon nga babaye sa iyang inahan; si Maria nga asawa ni Clopas; ug si Maria Magdalena. Sa Juan 19:26-27, gisultihan ni Hesus ang nangasubo nga si Maria ang Iyang inahan nga mohunahuna ni Juan ingon sa iyang anak nga lalake ug gisultihan si Juan nga tipigan siya ingon sa iyang inahan:

Sa pagkakita ni Hesus sa Iyang inahan, ug sa tinun-an nga iyang hinigugma nga nanagtindog sa duol, Siya miingon sa Iyang inahan, "Babaye, tan-awa ang imong anak!" Unya miingon siya sa tinun-an, "Tan-awa ang imong inahan!" Sukad niadtong taknaa gidawat siya sa tinun-an ngadto sa iyang kaugalingong puloy-anan.

Nganong Gitawag man ni Hesus si Maria, "Babaye," dili "Inahan"?

Ang pulong nga "inahan" wala gisulti ni Hesus, apan gisulat sa apostol nga si John gikan sa iyang panan-aw. Ngano, man, gitawag ni Hesus ang Iyang inahan nga nagpanganak Kaniya "babaye"?

Kon imong tan-awon sa Biblia, wala siya gitawag ni Hesus ug "inahan."

Pananglitan, sa Juan 2:1-11, gihimo ni Hesus ang unang milagro sa gibaylo ang tubig sa bino human Niyang gisugdan ang iyang pangalagad. Kining milagro nahitabo sa usa ka kasal ngadto sa Cana sa Galilia. Si Hesus ug ang iyang mga tinun-an giagda sad atong kasala. Sa pagkahurot sa bino, nisulti si Maria Kaniya, "Wala na sila'y bino" kay nasayod siya ingon sa Anak sa Dios, si Hesus mahimong mabaylohan ang tubig sa bino. Unya nisulti si Hesus kaniya, *"Babaye, unsay labot ana kanato? Ang akong takna wala pa moabot"* (b. 4).

Si Hesus nitubag nga ang takna alang Kaniya nga mupakita ingon sa Misiyas wala ba moabot bisan pa nga si Maria nagbati ug kalooy alang sa mga bisita kay wala nay bino nga nabilin. Ang pagbaylo og tubig sa bino nagkahulogan sa espirituwal nga si Hesus mupaagas og dugo sa krus.

Si Hesus niwali nahanungod sa Iyang Kaugalingon nga niaari Siya niining kalibotan ingon sa atong Manluluwas paagi sa pagkompleto sa balaan nga plano alang sa kaluwasan sa tawo ngadto sa krus. Busa gitawag Niya si Maria nga, "babaye," dili "inahan."

Bisan pa niana, ang atong Manluluwas nga si Hesus mao ang Dios nga naa sa Trinidad ug ang Mamumugna. Ang Dios nga Mamumugna mao ang kon Kinsa MAO SIYA (Exodo 3:14), ug Siya ang Sinugdan ug ang Katapusan (Pinadayag 1:17, 2:8). Busa, si Hesus walay inahan ug mao kana nganong gitawag ni Hesus siya nga "babaye," dili "inahan."

Karong adlawa, daghang mga anak sa Dios naghinambit ni Maria ingon sa "balaan nga inahan" ni Hesus o gibuhatan pa gani siya ug mga rebulto ug gisimba sila sa atubang kanila. Imong kinahanglan sabton nga kini bug-os nga sayop kay dili siya mao ang inahan sa atong Manluluwas (Exodo 20:4).

Ang Langitnon nga Pagkamulupyo

Gikaharuhay ni Hesus si Maria nga anaa sa dakong kasubo sa iyang paglansang ug gisultihan si Juan ang Iyang hinigugma nga tinun-an nga tipigan si Maria sama nga iyang kaugalingon nga inahan. Bisan pa nga nag-antos si Hesus gikan sa pagkadako nga sakit sa krus, nagkabalaka pa siya ug halawom ni Maria human sa Iyang pagkamatay. Imong masinati ang Iyang gugma nganhi.

Paagi sa ikatulong pulong ni Hesus sa krus, makamatngon kita nga sa pagtoo, kitang tanan magsoon nga lalake ug magsoon nga babaye–pamilya sa Dios. Sa Mateo 12 anaay usa ka eksena kon asa ang pamilya ni Hesus niadto aron makita Siya. Sa pagsulti ni Hesus nga ang Iyang inahan ug mga igsoon nagtindog sa gawas, giingnan Niya ang mga katawhan:

Apan sa tawo nga nagtaho Kaniya Siya mitubag nga

nag-ingon, "Kinsa ba ang Akong inahan ug kinsa ba
ang kong mga igsoong lalake?" Ug gitudlo niya ang
Iyang kamot ngadto sa iyang mga tinun-an, miingon
Siya, "Tan-awa, ania ra ang Akong inahan ug ang
Akong mga igsoon! Kay bisan kinsa nga magabuhat sa
pagbuot sa akong Amahan nga anaa sa langit, mao
kana siya ang Akong igsoong lalake ug akong igsoong
babaye ug akong inahan." (Mateo 12:48-50).

Sa pagtubo sa imong pagtoo humang madawat si Hesukristo, ang imong paghangkag sa pagkamulupyo sa langit nagkatin-aw ug imong mas labing gihigugma ang imong mga igsoong lalake ug mga igsoong babaye ni Kristo kay sa imong mga bayolohikal nga miyembro sa pamilya. Kon ang imong miyembro sa pamilya dili mga anak sa Dios, ang imong pamilya dili magdugay nga usa ka "pamilya" sa kahangturan. Ang relasyon sa imong pamilya matapos sa kamatayon. Kon wala sila magtoo ni Hesukristo o wala mabuhi sa pagbuot sa Dios bisan pa nga niangkon sila nga nagtoo sila sa Dios, mupadulong sila sa impiyerno kay ang suhol sa sala mao ang kamatayon (Mateo 7:21).

Ang imong makit-an nga unod mopauli sa abog human ang kamatayon apan aduna kay walay kamatayon nga espiritu. Kon kuhaon sa Dios ang imong espiritu, ikaw usa ra ka patay nga lawas nga madunot sa madali. Ang Dios nga Mamumugna niumol sa unang tawo gikan sa abog ug gihuypan og gininhawa sa kinabuhi ngadto sa iyang mga bangag sa ilong, busa ang iyang espiritu nahimong walay kamatayon. Ang Dios mao ang nagpanganak sa imong walay kamatayon nga espiritu ug nagbuhat sa unod nga mauli sa abog. Busa, Siya mao ang imong tinood nga Amahan.

Nisulti kanato sa Mateo 23:9 nga *"Walay bisan kinsang tawo dinhi sa yuta nga inyong pagatawgon nga inyong amahan; kay kamo adunay usa lamang ka Amahan, Siya nga anaa sa langit."* Kini wala nagkahulogan nga dili kanimo higugmaon ang mga dili-tumuloo kanimong pamilya. Importante kaayo nga imo silang higugmaon, iwali kanila ang ebanghelyo ug dad-on sila nga muduwat kang Hesukristo.

Eloi, Eloi, Lama Sabachthani?

Si Hesus gilansang sa krus sa ikatulong oras, ug gikan sa ikaunom nga oras, ang kangitngit nitabon sa tibuok yuta sa pagkabugto sa Iyang ginhawa. Sa pagbalhin niini sa moderno nga pagsabot nga panahon, Siya gilansang sa alas nuwebe sa buntag ug tulo ka oras nga ang niaagi, sa udto, nitabon ang kangitngit sa tibuok yuta hangtud sa alas tres sa hapon.

Sa pag-abot sa ikaunom nga oras, dihay kangingit sa tibuok kayutaan hangtud sa ikasiyam nga oras. Sa ikasiyam nga oras si Hesus mituwaw sa makusog nga tingog, "Eloi, Eloi, lama sabachthani?" nga sa ato pa "Dios Ko, Dios Ko, nganong gitalikdan mo Ako?" (Marcos 15:33-34).

Pag-agi sa unom ka oras, sa ikasiyam na oras, nituwaw si

Hesus sa Dios, "Eloi, Eloi, lama Sabachthani?" Kini mao ang ika-upat nga pulong ni Hesus sa krus.

Gikapoy na si Hesus, kay Siya gibitay sa krus sa unom ka oras nga gipatulo ang Iyang dugo ug tubig nga gibulad sa kainiton sa adlaw sa disyerto. Gikapoy gayud Siya. Ngano, man, nga nituwaw man Siya?

Ang matag usa nga pito ka pulong ni Hesus sa krus adunay espirituwal nga mga kahulogan. Kon dili ni sila madungog, walay kapuslanan kini sila. Ang pito nga mga pulong gituyo nga tin-aw nga masulat sa Biblia, aron nga masabtan sa matag usa ang pagbuot sa Dios.

Busa, gituwaw niya ang pito nga mga pulong gikan sa krus sa tanan Niyang paningkamot aron ang katong nipalibot sa krus tin-aw nga makapaminaw ug isulat kini.

Pipila miingon nga si Hesus nisinggit sa kaligutgot sa Dios, kay niari Siya niining kalibotan sa unod ug mag-aguwanta sa dako nga kasakit nga dili Niya kinahanglan. Apan, dili kana gayud tinood.

Nganong Nituwaw man si Hesus og, *"Eloi, Eloi, Lama Sabachthani?"*

Ang rason nga niari Siya sa yuta mao ang gub-on ang obra sa yawa ug buksan ang ganhaan sa kaluwasan alang kanato.

Busa, nipasugot si Hesus sa pagbuot sa Dios ngadto sa punto nga kamatayon ug tibuok nga gisakripisyo ang Iyang Kaugalingon. Sa wala pa ang Iyang paglansang, nangampo Siya og tininuod ug ang Iyang singot sama ang nangatagak nga tulo sa dugo ngadto sa yuta (Lucas 22:42-44). Gidala Niya ang palas-anon, nga adunay bug-os nga kasayuran sa pag-antos nga Iyang agwantahon sa krus.

Gi-agwanta Niya ang pagmaltrato ug ang pag-antos sa krus kay nasayod Siya sa plano sa Dios alang sa katawhan. Ngano, man, mag-aligutgot si Hesus sa Iyang kamatayon? Ang iyang pagtuwaw dili usa ka pangagho alang sa kasubo o sudyaan ang Dios. Adunay mga rason si Hesus nga mohimo niini.

Una, gusto ni Hesus iproklamar sa kalibotan nga gilansang Siya aron malukat ang tanang mga makakasala gikan sa sala.

Gusto Niyang masabtan sa matag usa nga gibiyaan Niya ang Iyang kahimayaan sa langit ug hingpit nga gibaliwala Siya sa Dios bisan pa nga Siya mao ang usa ug bugtong nga Anak sa Dios. Nituwaw Siya aron mapahibalo ang matag usa nga Siya nag-antos gikan sa pagkadako nga sakit sa krus aron maluwas ug malukat ang mga makakasala gikan sa sala. Gipakita sa Biblia nga Iyang gitawag kaniadto ang Dios nga "Akong Amahan," apan didto sa krus gitawag Siya ni Hesus, "Akong Dios." Kani mao tungod kay gikuha ni Hesus ang krus para sa mga makakasala ug ang mga makakasala dili makatawag sa Dios "Amahan."

Sa kaniadtong takna, gikaulawan sa Dios si Hesus ingon sa makakasala nga nagdala sa tanang mga sala sa katawhan, ug si Hesus di makahagit ug tawag sa Dios "Amahan." Sa samang paagi imong gitawag ang Dios "Abba Amahan" kon asa aduna kamo'y gugma sa matag-usa apan tawagon Siya ug "Dios" imbes nga "Amahan" kon ikaw halayo gikan sa Ginoo kay ikaw nakahimo og mga sala o adunay maluya nga pagtoo

Gusto sa Dios ang tanang tawo nga mahimong Iyang tinuod nga mga anak nga makatawag Kaniya nga "Amahan" paagi sa pagdawat ni Hesukristo ug mulakaw sa kahayag.

Ikaduha, gusto ni Hesus nga pasidan-an ang mga tawo nga wala nasayod sa pagbuot sa Dios ug nangabuhi pa sa kangitngit.

Gipadala sa Dios ang Iyang bugtong nga Anak nga si Hesukristo niining kalibotan ug nitugot Kaniya nga bugalbugalon ug ilansang sa Iyahang kaugalingong mga binuhat. Nasayod si Hesus nganong gipasagdan sa Dios ang Iyang Anak apan ang katawhan nga naglansang Kaniya wala masayod sa pagbuot sa Dios. Nagsinggit Siya, "Dios Ko, Dios Ko, nganong gitalikdan mo Ako?" aron makasabot ang ignorante sa gugma sa Dios ug magbasol aron nga sila mahimong manumbalik ngadto sa dalan sa kaluwasan.

Giuhaw Ako

Sa Daang Kasabotan, adunay nagkadaghang mga panagna nahanungod sa pag-antos ni Hesus sa krus. Sa Mga Salmo 69:21, miingon niini nga, *"Kanako nanaghatag sila usab ug apdo nga akong pagakan-on ug sa akong kauhaw gihatagan ako nila ug suka nga pagaimnon."* Sa gitagna sa Mga Salmo, sa pag-ingon ni Hesus, "Giuhaw ako," gituhop sa mga tawo ang espongha og suka ug gibutang sa isopo nga tanom, ug gitunol niini sa mga ngabil ni Hesus.

> *Tapos niini, si Hesus, sa nahibaloan nga ang tanan nahingpit na, sa pagtuman sa Balaan nga Kasulatan, miingon, "Giuhaw ako." Usa ka panaksan nga puno sa suka ang nagtindog didto; busa ilang gibutang sa isopo ang usa ka espongha nga natuhop sa suka ug kini ilang gitunol sa iyang baba. (Juan 19:28-29).*

Sa taas nga panahon nga wala pa gipanganak si Hesukristo sa lunsod nga Bethlehem, nakit-an sa salmista sa usa ka panan-aw nga si Hesus igalansang ug mamatay sa krus, ug nisulat niini. Si Hesus miingon, "Giuhaw Ako" aron ang Balaan nga Kasulatan matuman.

Atong hunahunaon ang nahanungod sa espirituwal nga kahulogan sa ikalima nga pulong ni Hesus sa krus, "Giuhaw Ako."

Gideklara ni Hesus ang Iyang Espirituwal nga Kauhaw

Daghang mga tawo ang makaagwanta sa gutom apan dili ang kauhaw. Si Hesus hingpit kaayo nga gikapoy kay Siya gilansang sa krus sa unom ka oras ug gipaagas ang Iyang dugo nga gibuwad sa nagdilaab nga adlaw sa disyerto. Ang gidak-on sa Iyang kauhaw lapas sa paghanduraw.

Dili kiini maingon nga si Hesus dili maagwanta ang Iyang

kauhaw sa Iyang pag-ingon nga, "Giuhaw Ako." Nasayod Siya nga mubalik Siya sa Dios sa pagdait sa dili madugay.

Sa kamatuoran, Siya adunay mas daghang nga kasakit gikan sa espirituwal nga kauhaw kay sa pisikal nga kauhaw. Kana mao ang mabaskog nga paninguha ni Hesus sa mga anak sa Dios: "Giuhaw ako kay akong gipaagas ang Akong dugo. Pahuwasa ang Akong pagka-uhaw sa pagbayad alang sa Akong dugo."

Duha ka libo ka mga tuig ang niagi sukad sa pagkamatay ni Hesus sa krus, apan nisulti gihapon Siya kanato nga nauhaw Siya. Ang Iyang kauhaw gikan sa pagpaagas sa Iyang dugo. Gipaagas Niya ang Iyang dugo aron mapasaylo ang imong mga sala ug hatagan ka og walay-katapusan nga kinabuhi.

Nisulti si Hesus kanimo nga giuhaw Siya aron mapakita ang Iyang kagustuhan nga maluwas ang katong nawala nga mga kalag. Busa, ang mga anak sa Dios nga naluwas paagi sa dugo ni Hesus kinahanglan makabayad alang sa Iyang dugo.

Ang paagi nga makabayad ka alang sa Iyang dugo ug mapalong ang Iyang kauhaw mao ang dad-on ang tawo sa ilang walay kasayuran nga dalan ngadto sa impiyerno padulong sa langit.

Busa, angay nga magpasalamaton ka alang kang Hesus kon kinsa nagpaagas sa Iyang dugo ug karon napalong ang Iyang kauhaw paagi sa pagdala sa mga tawo ngadto sa dalan sa kaluwasan.

Tapos na

Sa Juan 19:30, gidawat ni Hesus ang ilimnon ug miingon, *"Tapos na"* ug giduko ang Iyang ulo ug gikahatag ang Iyang espiritu. Gidawat ni Hesus ang espongha nga gibutang sa punoan sa isopo nga tanom. Dili niini tungod kay dili Siya maka-agwanta sa kauhaw. Adunay espirituwal nga kahulogan sa Iyang pagbuhat niini.

Ang rason nga niari si Hesus sa unod niining kalibotan mao nga magpalansang sa krus alang sa mga sala sa katawhan. Sa iyang dako nga gugma alang kanato, gituman ni Hesus ang balaod sa Daang Kasabotan ug gipas-an ang tanang mga sala sa katawhan ug mga panunglo para kanila. Sa panahon sa Daang Kasabotan, ang mga tawo naghalad og mga dugo sa mananap sa Dios kon sila makasala. Apan, nibuhat si Hesus og usa ka sakripisyo alang sa mga sala sa tanang panahon paagi sa pagpaagas sa Iyang dugo (Mga Hebreohanon 10:11-12). Busa, ang imong mga sala napasaylo sa imong pagdawat ni Hesukristo kay Iyaha kanang gilukat. Ang matubsanon nga grasya paagi ni Hesukristo naghinambit sa bag-o nga bino, ug Iyang giinom ang suka aron mahatagan kita ug bag-o nga bino.

Ang Espirituwal nga Kahulogan sa Pulong nga "Tapos Na"

Miingon s Hesus, "Tapos na" ug gikahatag ang Iyang espiritu. Unsa man ang espirituwal nga kahulogan niini?

Si Hesus nahimong unod, niari sa yuta, giwali ang

ebanghelyo, gipaayo ang tanang mga kaluyahan ug mga sakit, ug gibuksan ang dalan ngadto sa kaluwasan paagi sa pagkuha sa krus alang sa tanan nga gitagna sa kamatayon.

Gituman Niya ang balaod sa Daang Kasabotan uban ang gugma sa pagsakripisyo Niya sa Iyang Kaugalingon hangtud sa punto nga kamatayon. Usab, nadaug Niya ang yawa nga bug-os giguba ang obra sa yawa. Kana mao nga, nakompleto Niya ang balaan nga plano alang sa kaluwasan sa tawo. Mao kana nganong miingon si Hesus, "Tapos na" sa krus.

Gusto sa Dios nga matuman ang tanan nga butang paagi sa pagkabuhi suma sa pagbuot sa Dios sama nga ang Iyang usa ug bugtong nga Anak nga si Hesus nagtuman sa tanang mga kabubut-on sa kaluwasan paagi sa pagsugot sa Amahan ngadto sa punto nga gisakripisyo ang Iyang kinabuhi suma sa pagbuot ug plano sa Dios.

Busa, kinahanglan kanimong sundon ang kasingkasing sa imong Ginoo paagi sa pag-angkon sa espirituwal nga gugma: paggama sa siyam ka bunga sa Espiritu Santo (Mga Taga-Galacia 5:22-23) ug tumanon ang mga Balaan nga Kapalaran (Mateo 5:3-10). Unya kinahanglan nga matinuohon ikaw sa buhat nga gikahatag kanimo sa Ginoo. Kinahanglan kanimong magdala sa pinakadaghan nga mga tawo sa Ginoo sa pagpangampo og tininuod, pagwali sa ebanghelyo, ug pag-alagad sa iglesia.

Akong gilaom nga ang matag usa kaninyo, ang mga bilihon nga anak, mulupig sa kalibotan uban ang hugot nga pagtoo, maglaom alang sa langit ug gugma sa Dios, ug mangompisal "Tapos, na" sa pagsugot sa Dios ug and Iyang pagbuot sa paagi nga gipakita sa Ginoong Hesukristo.

Amahan, Nganha sa Imong mga Kamot Gitugyan Ko ang Akong Espiritu

Sa panahon nga Iyang gilitok and Iyang ulahing mga pulong sa krus, si Hesus labing hingpit nga gikapoy. Sa kining kahimtang, nisinggit si Hesus uban ang makusog nga tingog, "Amahan, sa Imong mga Kamot Itugyan Ko ang Akong Espiritu."

Unya si Jesus, mituwaw sa makusog nga tingog, nga nag-ingon, "Amahan, nganha sa imong mga kamot itugyan Ko ang Akong espiritu!" Sa naka-pamulong niini, nabugto ang Iyang ginhawa. (Lucas 23:46).

Imong mahimong matamdan nga gitawag ni Hesus ang Dios, "Amahan" imbes nga "Akong Dios." Kini nagpatimaan nga nakumpleto na ni Hesus ang Iyang misyon ingon sa usa ka pambayad-sala nga sakripisyo.

Gitugyan ni Hesus ang Iyang Espiritu ug Kalag sa Dios

Nganong si Hesus, nga niari sa yuta ingon sa atong Manluluwas, itugyan ang Iyang espiritu ug kalag ngadto sa mga kamot sa Iyang Amahan?

Ang tawo nabuhat sa espiritu, kalag ug lawas (1 Mga Taga-Tesalonica 5:23). Sa iyang pagkamatay, ang iyang espiritu ug kalag mobiya sa iyang lawas. Ang Iyang espiritu ug kalag mobalik sa kiliran sa Dios kon siya usa ka anak sa Dios. Kon dili, ang iyang espiritu ug kalag muadto sa impiyerno (Lucas 16:19-31). Ang Iyang lawas ilubong ug mobalik sa abog.

Si Hesus, ang Anak sa Dios, nahimong unod ug niari sa niining kalibotan. Aduna Siya og espiritu, kalag, ug lawas parehas kanato. Sa Iyang paglansang, and Iyang lawas namatay apan dili and Iyang espiritu ug kalag; Iyang gitugyan ang Iyang espiritu ug kalag ngadto sa mga kamot sa Dios.

Ang Dios mudawat sa imong parehong espiritu ug kalag kon ikaw mamatay. Kon dawaton lang sa Dios ang imong espiritu apan dili ang imong kalag, dili ka makasinati sa tinood nga kasadya sa langit o mapasalamaton gikan sa kailawman sa imong kasingkasing. Ngano man? Dili kanimo mahinumdoman ang mga butang nga nanggawas sa imong kalag sama sa mga paghilak, kasubo, pag-antos ug uban pang mga butang nga imong giaguwanta niining yuta. Mao kana nganong ang Dios mudawat sa parehong espiritu ug kalag.

Ngano, man, gitugyan ni Hesus ang Iyang espiritu ug kalag sa Dios? Kay tungod nga ang Dios mao ang Mamumugna, kon kinsa nagdumala sa tanang mga butang niining kalibotan ug nag-atiman sa imong kinabuhi, kamatayon, panunglo, ug panalangin. Kana maingon nga, ang tanang butang gipanag-iyahan sa Dios ug naa sa silong sa Iyang kagahom. Ang Dios lang ang maong makatubag sa imong mga pangampo. Busa, si Hesus kinahanglan mangampo sa Iyang Kaugalingon aron matugyan ang Iyang espiritu ug kalag ngadto sa Amahan Dios (Mateo 10:29-31).

Si Hesus Nangampo sa Makusog nga Tingog

Ngano mang nangampo si Hesus sa makusog nga tingog bisan pa nga anaa Siya sa taliwala nga dako kaayong pag-antos, nga miingon, "Amahan, sa Imong mga kamot itugyan Ko ang Akong espiritu?"

Kini tungod gusto Niya nga makapaminaw ang mga tawo ug pahibaloon sila nga ang pagtuwaw sa pangampo mao ang pagbuot sa Dios. Ang iyang pangampo alang sa pagtugyan Niya sa Iyang espiritu sa Dios maikangon sa Iyang pangampo sa Getsemani sa dili madugay nga gidakop Siya.

Usab, ang pangampo ni Hesus, "Amahan, sa Imong mga kamot itugyan Ko ang Akong espiritu," nagpamatuod nga natuman ni Hesus ang tanang butang suma sa pagbuot sa Dios. Mao na nga, mahimo niyang itugyan ang Iyang espiritu sa Dios sa mapahitas-on nga paagi human Niyang makumpleto ang Iyang obra sa bug-os nga pagkamasinugtanon sa Dios.

Nagkompisal ang apostol nga Si Pablo nga, *"Gibugno Ko na ang maayong pakigbugnoay, natapos ko na ang akong pagdalagan sa lumba, gikabantayan ko ang pagtoo; sa paabuton adunay gitagana alang kanako nga korona sa pagkamatarong, kon asa ang Ginoo, ang matarong nga Hukom, nga niadto unyang adlawa iganti kanako; ug dili lang kanako, kondili usab sa tanang mga naghigugma sa Iyang pagpadayag"* (2 Timoteo 4:7-8).

Ang dekano nga sa Esteban nabuhi sad suma sa pagbuot sa Dios ug nipadayon sa pagtoo. Kana mao nga makapangampo siya og, *"Ginoong Hesus, dawata ang akong espiritu"* sa pagkabugto sa iyang ginhawa (Mga Buhat 7:59). Ang apostol nga si Pablo ug si Esteban dili makapangampo sa mao nga paagi kon sila nangabuhi og pangkalibotan nga mga kinabuhi, nga naggukod sa mga kalami nga namuno gikan sa makakasala nga kinaiya.

Sa sama, mapahitaason kanimong maingon nga, "Tapos na" ug "Amahan, ngadto sa Imong mga kamot Akong itugyan ang Akong espiritu, sama sa paagi nga gihimo ni Hesus, kon ikaw nabuhi lang suma sa pagbuot sa Amahan nga Dios.

Unsa man ang Nahinabo Human Pagkamatay ni Hesus?

Si Hesus namatay sa krus human ikabilin ang Iyang ulahing mga pulong sa makusog nga tingog. Mao kato ang ikasiyam nga oras (alas tres sa hapon). Bisan pa nga adlaw kato, nagtabon ang kangitngit sa tibuok nga yuta gikan sa ikaunom (udto) ngadto sa ikasiyam nga oras ug ang tabil sa templo nagilis sa taliwala (Lucas 23:44-45).

Ug tan-awa, ang tabil sa templo nagilis sa duha ka bahin gikan sa taas ngadto sa ubos; ug ang yuta nikurog ug ang mga pangpang nangasip-ak. Nangaabli usab ang mga lubong, ug namangon ang daghang mga lawas sa mga balaan nga nangamatay na; ug sa nakapanggula sila gikan sa mga lubong tapos sa iyang pagkabanhaw nangadto sila sa siyudad nga balaan ug nipakita ngadto sa daghang mga tawo. (Mateo 27:51-53).

Adunay usa ka importante nga kahulogan sa pulongan nga, "ang tabil sa templo nagilis sa duha ka bahin gikan sa taas ngadto sa ubos." Ang taas nga tabil sa templo mao ang nibahin sa Dapit nga Balaan gikan sa Balaan nga mga Kabalaanan. Walay bisan kinsa ang makasulod sa Dapit nga Balaan gawas sa pari ug ang taas nga pari ang makasulod sa Balaan nga mga Kabalaanan kausa sa usa ka tuig.

Ang paggilis sa tabil sa templo nagpatimaan nga gihalad ni Hesus ang Iyang Kaugalingon ingon sa usa ka pagdait nga halad aron magilis ang bungbong sa mga sala. Sa wala pa magilis ang tabil sa taliwala, ang taas nga pari nihatag ug mga halad sa sala para sa mga tawo ug nipatunga kanila ngadto sa Dios.

Mahimo kang makakuha og deretso nga relasyon sa Dios kay ang bungbong sa mga sala nagilis na paagi sa pagkamatay ni Hesus. Mao kana nga, kon kinsa man ang motoo ni Hesukristo mahimong makasulod sa balaan nga sangtuwaryo ug magsimba ug mangampo sa Dios nga walay pagpatunga sa taas nga mga pari o mga manalagna.

Busa, ang tagsulat sa Mga Hebreohanon nag-ingon nga, "Busa, mga igsoon, sanglit may pagsalig man kita sa pagsulod sa dapit nga balaan pinaagi sa dugo ni Hesus, pinaagi sa bag-o ug buhi nga dalan nga iyang gibuksan alang kanato lahos sa tabil, nga mao ang, Iyang unod" (Mga Hebreohanon 10:19-20).

Sa dugang pa, ang yuta nikurog ug ang mga pangpang nangasipak. Kining tanan nga dili kasagaran nga mga hinabo nag-ingon kanimo nga ang tibuok nga kalibotan niuyog. Niini mao ang pagpakita sa kaguol sa Dios nga gidala sa pagkamadinaoton sa tawo. Gipadayag sa Dios nga halawom Siyang gisakitan kay ang kasingkasing sa tawo nigahi og pag-ayo nga muduwat ni Hesukristo bisan pa nga Iyang gikahatag ang Iyang bugtong nga Anak aron maluwas sila.

Nangaabli ang mga lubnganan ug ang mga lawas sa daghang balaan nga mga tawo nga nangamatay gipabanhaw. Mao kini ang kalig-onan sa pagbanhaw nga kon kinsa man ang motoo ni Hesukristo gipasaylo ug mabuhi usab.

Busa, akong gilaom nga imong masabtan ang espirituwal nga mga kahulogan ug ang gugma sa Ginoo sa Iyang siete palabras sa krus aron ikaw mopadulong sa usa ka madinaogon nga Kristiyano nga kinabuhi sa pagkagusto alang sa pagpakita sa Ginoo sama sa mga kagikanan sa pagtoo.

Kapitulo 8

Ang Tinuod nga Pagtoo ug ang Walay-Katapusan nga Kinabuhi

- Unsa Kadako nga Misteryo Niini!
- Ang Dili-Tinuod nga mga Pangompisal
  Dili Makadala Ngadto sa Kaluwasan
- Ang Unod ug ang Dugo sa Anak sa Tawo
- Kapasayloan paagi Lang sa Paglakaw sa
  Kahayag
- Ang Pagtoo nga Uban ang Paglihok
  Mao ang Tinuod nga Pagtoo

Siya nga mukaon sa Akong unod ug muinom sa Akong dugo may walay-katapusan nga kinabuhi, ug pagabanhawon ko Siya sa kaulahian nga adlaw. Kay ang Akong unod tinuod nga kalan-on ug ang Akong dugo tinuod nga ilimnon. Siya nga mukaon sa Akong unod ug muinom sa Akong dugo magapuyo sa sulod Nako, ug Ako sa sulod niya. Maingon nga ang buhing Amahan nagpadala Kanako, ug Ako nabuhi tungod sa Amahan, busa Siya nga mukaon Kanako, siya usab mabuhi tungod Kanako.

Juan 6:54-57

Ang ultimo nga tuyo sa pagtoo ni Hesukristo ug motambong sa iglesia mao ang maluwas ug makaangkon sa walay-katapusan nga kinabuhi. Apan, daghang mga tawo naghunahuna nga maluwas sila sa pag-adto lang sa iglesia kada Domingo ug miingon nga nituo sila ni Hesukristo, nga wala mabuhi suma sa Pulong sa Dios.

Nan, maingon niini sa Mga Taga-Galacia 2:16, *"Bisan pa niana nga nasayod nga ang tawo dili pagamatarungon tungod sa mga binuhat sa Balaod, kondili pinaagi sa pagtoo kang Kristo Hesus, bisan pa kami nitoo kang Kristo Hesus, aron kami pagamatarungon pinaagi sa pagtoo kang Kristo ug dili pinaagi sa mga buhat sa Balaod; kay pinaagi sa buhat sa Balaod walay unod nga pagamatarungon,"* dili ka makasulod sa langit o pagkamatarungon sa pagbantay lang sa balaod sa gawas, labi na kon ang imong kasingkasing puno sa pagkamadinaoton. Wala kay relasyon ni Hesukristo, kon mupadayon ka og paghimo og mga sala ug dili musunod sa Pulong sa Dios bisan pagkahuman kanimong matun-an niini.

Busa, imong angay nga mamatngonan nga lisod alang kanimo ang maluwas sa pagdawat lang og pagtoo sa imong baba. Ang dugo ni Hesukristo nihinlo kanimo gikan sa imong mga sala aron maluwas ka kon ikaw maglakaw lang sa kahayag ug mabuhi sa kamatuoran. Kinahanglan aduna kay tinuod nga pagtoo nga kiguyogan og lihok (1 Juan 1:5-7).

Karon, atong hunahunaon sa detalye og unsaon pag-angkon sa tinuod nga pagtoo aron madawat ang tibuok nga kaluwasan ug walay-katapusan nga kinabuhi ingon sa mga tunay nga anak sa Dios.

Unsa Kadako nga Misteryo Niini!

Mabasa niini sa Mga Taga-Efeso 5:31-32 nga, *"Tungod niining maong hinungdan pagabiyaan sa lalake ang iyang amahan ug inahan ug makig-usa siya sa iyang asawa, ug silang duha mahimong usa ka unod. Kini maoy usa ka dakong misteryo; apan nagapasabot ako niini mahitungod kang Kristo ug sa iglesia."*

Sentido komon na kiini nga ang tawo mubiya sa iyang mga ginikanan ug maghiusa sa ilang bana o asawa sa ilang pagtubo. Ngano, man, giingon kini sa Dios nga may dakong misteryo? Kon imong hubadon ug sabton kining bersikulo sa literal, dili ka masayod og unsa ang kining "dako nga misteryo," apan kon imong mamatngonan ang espirituwal nga kahulogan sa likod niini, ikaw mapuno sa kalipay.

Ang "iglesia" nganhi naghinambit sa mga anak sa Dios nga nidawat sa Espiritu Santo. Kana maingon, gitandi sa Dios ang relasyon sa tunga ni Hesukristo ug ang mga tumuloo uban sa tunga sa lalake ug babaye nga gihiusa.

Unsaon man kanimo pagbiya sa kalibotan ug maghiusa uban ang imong Pamanhonon nga si Hesukristo?

Kon Imong Dawaton si Hesukristo paagi sa Pagtoo

Kay ang unang tawo nga si Adan nihimo og sala paagi sa pagkamasupilon sa Dios, ang sala nisulod sa kalibotan. Ang tanan niyang mga kaliwat nahimong mga ulipon sa sala ug anak sa kaaway nga yawa kon kinsa nagdumala niining kalibotan.

Ikaw kaniadto nasakop niining kalibotan ug sa kaaway nga yawa, kon kinsa adunay gahom niining kalibotan sa kangitngit, sa wala pa kanimo madawat si Hesukristo. Kini nasanong pinaagi sa Juan 8:44, kon asa mabasa nga, *"Kamo gikan sa inyong amahan nga mao ang yawa, ug ang inyong tinguha mao ang pagtagbaw sa mga pangibog sa inyong amahan. Siya maoy usa ka mamumuno sukad pa sa sinugdan, ug siya walay labot sa kamatuoran kay ang kamatuoran wala man diha kaniya. Inigpamakak niya, siya magasulti tukma sa iyang kaugalingong kinaiya, kay siya bakakon man ug mao ang amahan sa mga bakak,"* ug pinaagi sa 1 Juan 3:8, kon asa miingon nga, *"Ang nagahimo og pagpakasala iya sa yawa; kay ang yawa nagapakasala man sukad pa sa sinugdan."*

Apan, kon imong dawaton si Hesukristo ingon sa imong Manluluwas ug muadto sa kahayag, madawat kanimo ang kagamhanan maingon nga anak sa Dios ug makagawas gikan sa mga sala, kay ang imong mga sala gipasaylo paagi sa dugo ni Hesukristo.

Kon imong maangkon ang pagtoo nga gilukat ni Hesukristo gikan sa imong mga sala paagi sa pagkuha sa Iyang krus, igahatag kanimo sa Dios ang Espiritu Santo maingon nga usa ka gasa, ug ang Espiritu Santo nagpanganak sa espiritu sa imong tagiposoon.

Giingon ug gipanudlo kanimo sa Espiritu Santo ang pagbuot sa Dios alang kanimo nga magminatarong ug mabuhi sa sulod sa kamatuoran.

Ikaw unya mahimong anak sa Dios nga gidala sa Espiritu sa Dios, kay Kaniya ikaw mutuwaw, "Abba Amahan" (Mga Taga-Roma 8:14-15), ug mapanunod ang ginharian sa langit.

Unsa ka kahibulongan ug misteryoso niini nga ang mga anak sa yawa kon kinsa sa makausa nahagbong ngadto sa walay-katapusan nga kamatayon nahimong mga anak sa Dios kon asa karon gidala ngadto sa langit paagi sa pagtoo!

Kon ikaw gihiusa uban si Hesukristo paagi sa pagtoo Kaniya, ang Espiritu Santo musulod sa imong kasingkasing ug maghiusa uban ang binhi sa kinabuhi. Gibuhat sa Dios ang unang tawo gikan sa abog ug gihuypan ngadto sa iyang mga bangag sa ilong og gininhawa sa kinabuhi. Ang gininhawa sa kinabuhi mao ang binhi sa kinabuhi, ang kinabuhi nga kaugalingon. Busa, dili niini mamatay ug gipasa niini sa mga kaliwat paagi sa mga tulos ug mga itlog sa katawhan gikan sa usa ka henerasyon ngadto sa sunod.

Kining binhi sa kinabuhi giputos sa kasingkasing. Human gibuhat sa Dios si Adan, gitanom Kaniya ang kahibalo sa kinabuhi, ang kahibalo sa espiritu sa iyang kasingkasing. Ang paagi nga ang bag-ong panganak nga puya kinahanglan magtuon sa kahibalo niining kalibotan aron mahimong tawo sa kultura ug kinaiya ug mabuhi maingon nga usa ka tawo, ang usa ka tawo kinahanglan sa kahibalo sa kinabuhi aron mahimong tinuod nga buhi nga linalang bisan pa nga kinabuhi na niini sa iyang kaugalingon.

Si Adan sa makausa gipuno sa kahibalo lang sa espiritu, nga maingon ang kamatuoran. Apan, human niyang hingsupil sa Dios, nabugto ang pakig-ambit sa Dios. Unya nisugod siya og kawala sa kahibalo sa espiritu sa tagdiotay, ug ang bakak nibanos sa iyang kasingkasing.

Gikan sa katong panahon, ang kasingkasing nga gipuno lang sa kamatuoran nahimong napuno sa duha ka mga bahin: kamatuoran ug bakak. Pananglitan, Si Adan adunay gugma sa iyang kasingkasing, apan ang kaaway nga yawa nitanom ug usa ka bakak nga gitawag og pagdumot ngadto kaniya. Ang nadangatan, nga makita kanimo sa Genesis 4, si Cain, kon kinsa gipanganak ni Adan human niyang paghimo og sala, gipatay ang iyang igsoon nga lalake nga si Abel tungod sa kaibog ug pangabugho.

Sa pag-agi sa panahon, usa pa ka bahin ang naugmad sa iyang kasingkasing, kon asa napuno sa kamatuoran og bakak. Ang katong bahin gitawag nga "kinaiya." Imong gipanunod ang mga batasan ug mga kinaiya gikan sa mga ginikanan. Imong gipasulod ang unsa imong makita, mapaminawan, ug magtuon subay sa imong pagbati sa imong hunahuna.

Kining duha nag-umol sa "kinaiya" sa paggukod sa kamatuoran.

Kining kinaiya kanunay gitawag nga "tanlag," ug kini nagkalainlain pag-ayo nga naumol depende sa klase sa mga tawo nga imong matagbo, ang klase sa mga libro nga imong mabasa, ug ang klase sa mga kahitaboan kon asa ikaw gipadako. Pananglitan, samtang gatan-aw sa samang hitabo o indibidwal, pipila miingon, "Dautan kini" samang ang uban mahimong miingon, "Maayo kini" o "Niini nasakop sa kamaayo."

Busa, kon imong analisahon ang kasingkasing sa usa, adunay usa ka tinuod nga bahin nga sinakpan sa Dios, usa ka bakak nga bahin nga gikahatag ni Satanas, ug ang kinaiya sa usa giumol maingon sa pagdangat niining duha ka mga bahin.

Ang Espiritu Santo Gihiusa Uban ang Binhi sa Kinabuhi sa Kasingkasing

Sa kaso ni Adan, kining tulo ka mga bahin nagputos sa binhi sa kinabuhi nga gikahatag sa Dios sa kasingkasing. Kining estado mao kon asa ang Pulong sa Dios nga "Mamatay ka gayud" natuman human hingkaon si Adan gikan sa kahoy sa kahibalo sa maayo ug dautan. Bisan pa nga aduna ang binhi sa kinabuhi, wala niining kahilain gikan sa pagkamatay kon wala niini maglihok.

Pananglitan, kon ikaw mopugas og mga binhi sa kapatagan, dili tanang mga binhi moturok kay pipila kanila patay na. Apan, kon buhi ang mga binhi, kini sila gayud moturok.

Sama niini sa katawhan. Kon ang binhi sa kinabuhi nga gikahatag sa Dios hingpit nga patay na, dili ini mabuhi og usab, ug dili na kinahanglan sa Dios nga moandam ni Hesukristo alang sa kaluwasan sa katawhan o magbuhat og langit ug impiyerno.

Apan, tunhay ang binhi sa kinabuhi nga gikahatag ngadto sa tawo sa paghuyop sa Dios sa gininhawa sa kinabuhi ngadto kaniya. Kon imong dawaton ang ebanghelyo, ang binhi sa kinabuhi mabuhi og usab; mas malapad ang tinuod nga bahin sa imong kasingkasing, mas sayon kanimo ang madawat ang ebanghelyo. Kon kinsa man ang maminaw sa mensahe sa krus ug mudawat ni Hesukristo nidawat sa Espiritu Santo. Sa ining panahon, ang binhi sa kinabuhi sa imong kasingkasing mahiusa uban ang Espiritu Santo.

Sa sukwahi, ang mga tawo uban ang tanlag nga napagod sama sa mainit nga plantsa walay lugar alang sa ebanghelyo nga mosulod kay ang kasingkasing sa pamakak hingpit nga niputos ug nitago sa binhi sa kinabuhi sa ilang mga kasingkasing. Ang binhi sa kinabuhi nga anaa sa estado nga kamatayon nag-angkon og gahom aron makahimo sa lihok niini kon iuban sa dakong gahom sa Dios, ang Espiritu Santo.

Aron Mahimong Tawo sa Espiritu

Sa imong pagtambong sa mga serbisyo nga pagsimba, matnguni ang Pulong sa Dios, ug mag-ampo, nga ang grasya ug baskog nga gahom sa Dios moadto kanimo ug mahimo kang makasunod sa kinaiya sa Espiritu Santo.

Paagi niining proseso, ang imong kasingkasing ug espiritu maghiusa sama nga ang imong kasingkasing mahimong magdugay nga labing tinuod paagi sa pagtangtang sa mga pamakak gikan niini ug pun-on niini sa kamatuoran. Kon ang kasingkasing sa usa hingpit nga gipuno sa kahibalo sa espiritu ug kamatuoran, ang kining kasingkasing mao ang espiritu sa iyang kaugalingon kon asa ang unang tawo nga si Adan mao kaniadto.

Bisan pa nga ang pagtan-aw kanimo matinuohon, molihok ikaw suma sa imong kinaiya kon dili ka mangampo. Ang Espiritu

Santo nga anaa kanimo dili makapanganak sa espiritu ug ikaw usa lang ka tawo sa unod sa gihapon. Sa dugang pa, dili ikaw makasunod sa kinaiya sa Espiritu Santo kon dili kanimo balion ang imong kaugalingong mga hunahuna ug mga pangatarongan bisan pa nga kugihan kang nangampo o sa taas kaayo nga panahon. Busa, dili ikaw mausab ngadto sa tawo nga espiritu.

Ang Espiritu Santo nagpahimo kanimo nga mohunahuna suma sa kamatuoran sa imong kasingkasing. Mao kana nga, nabuhi ka subay sa pagpaninguha sa Espiritu Santo. Suma niini, si Satanas nagtrabaho sama niining paagi aron madala ka sa kagub-anan paagi sa pagpanulay kanimo nga musunod sa unodnon nga hunahuna sama nga anaa pa ang pamakak sa imong kasingkasing.

Busa, kinahanglan imong pahilayuon ang parehong unodnon nga mga hunahuna ug ang pagkamatinarongon sa imong kaugalingon sama sa giingon sa 2 Mga Taga-Corinto 10:5, *"Ginalumpag namo ang mga pangatarongan ug ang tanang mapahitas-ong babag nga nagaali batok sa kahibalo sa Dios, ug ginabihag namo ang tanang panghunahuna aron kini magmasinugtanon kang Kristo."*

Kon mosugot ka sa Pulong sa Dios, nga moingon, "Oo" ug musunod sa paninguha sa Espiritu Santo, ang imong kasingkasing mapuno lang sa kamatuoran, ug unya mahimo kang hingpit nga pagbalaan nga tawo sa espiritu.

Mahimo Kanimong Madawat ang Bisan Unsang Imong Pangayuon

Maghiusa ka sa Ginoo kon imong ilabay ang tanang pamakak, balion ang "kinaugalingong-pangatarongan" paagi sa pagpanganak sa espiritu uban ang Espiritu Santo, ug himoon ang imong kasingkasing nga hinlo sama sa kasingkasing sa Ginoong Hesukristo.

Ang usa ka lalake ug usa ka babaye mahimong usa ka unod ug manganak sa usa ka puya paagi sa pag-usa sa usa ka tulos ug usa ka itlog. Sa sama, kon mugawas ka sa kalibotan ug maghiusa uban ni Hesukristo, ang imong pamanhonon paagi sa pagdawat Kaniya, manganak ka sa espiritu uban ang Espiritu Santo ug dagaya nga madawat ang panalangin ingon sa usa ka anak sa Dios.

Sa giingon sa Mga Taga-Roma 12:3, adunay mga sukod sa pagtoo, ug makadawat ka og mga tubag suma sa niining mga sukod. Sa 1 Juan 2:12 ug sa sumunod, ang pagdako sa pagtoo gitandi sa proseso sa pagdako sa katawhan.

Ang katong nidawat ni Hesukristo, nidawat sa Espiritu Santo, ug naluwas adunay pagtoo nga iya sa gagmay nga mga bata (1 Juan 2:12). Katong nagtilaw nga gamiton ang kamatuoran sa paglihok adunay pagtoo nga iya sa mga bata (1 Juan 2:13). Kon sila mutubo pag samot gikan niining estado ug gamiton ang kamatuoran sa paglihok, aduna silay pagtoo nga iya sa mga batan-on (1 Juan 2:13). Kon mutubo pa sila ug samot, aduna silay pagtoo nga iya sa mga amahan (1 Juan 2:13).

Kon makabasa ka nahanungod ni Job gikan sa Daang

Kasabotan, giila siya sa Dios ingon sa usa ka walay-kabasolan ug matarong nga tawo apan sa nihagit si Satanas, gitugotan sa Dios si Satanas nga mosulay ni Job. Sa una, si Job namugos nga matarong siya. Apan, nakamatngon siya sa madali sa iyang pagkamadinaoton ug nagbasol sa atubang sa Dios kon asa ang dautan sa iyang kinaiya natukas paagi sa pagsulay. Ang kinaugalingong-kinamatarongan ni Job nabali ug ang iyang kasingkasing nahimong matarong ug hinlo sa panan-aw sa Dios. Mao lang nga panalanginan siya og dagaya sa makaduha kay sa una.

Sa sama, kon imong makuha ang sukod sa pagtoo sa mga amahan, kon asa mao ang pinakamataas nga estado sa pagtoo paagi sa pagbali sa imong kinaugalingong-kinamatarongan ug naghiusa uban ang Ginoo, mahimo kang makadawat og nag-awas nga mga panalangin ingon sa usa ka anak sa Dios. Mao niini ang gisaad sa Dios kanimo sa 1 Juan 3:21-22: *"Mga hinigugma, kon ang atong mga kasingkasing dili magasudya kanato, nan, may pagsalig kita diha sa atubangan sa Dios; ug gikan Kaniya magadawat kita sa bisan unsa nga atong pangayoon, kay kita nagabantay man sa iyang mga sugo ug nagabuhat sa makapahimuot sa Iyang panan-aw."*

Makapangalipay Ka sa mga Panalangin ingon sa usa ka Anak sa Dios

Sa kining paagi, maghiusa ka uban si Hesukristo nga abot sa imong pagka-espirituwal. Imo sad madawat ang panalangin nga mahimong usa uban ang Dios maingon nga imong matuman ang pagkamatarong sa Dios.

Nisaad si Hesus sa Juan 15:7 nga *"Kon kamo mupabilin Kanako, ug ang Akong mga pulong mupabilin kaninyo, pangayo kamo og bisan unsa nga inyong gusto, ug kini pagabuhaton alang kaninyo."* Usab, sa Juan 17:21, nag-ingon Siya kanato *"aron silang tanan maghiusa; maingon nga Ikaw, Amahan, ania Kanako ug Ako anaa Kanimo, aron Sila usab maania Kanato, aron ang kalibotan motoo nga Ikaw mao ang nagpadala Kanako."*

Sa sama, kon naghiusa ka sa Ginoo paagi sa paggawas niining kalibotan nga gidumala sa gahom og kangitngit sa yawa, maghiusa ka uban ang imong Amahan nga Dios. Sa niini, mabasa sa Mga Taga-Galacia 4:4-7 ang mga musunod:

> *Apan sa pag-abot na sa tukma nga panahon, ang Dios nipadala sa Iyang Anak, nga natawo sa babaye, natawo sa ilalom sa Balaod, aron malukat Kaniya ang katong nailalum sa Balaod, aron kita managdawat sa pagkasinagop ingon nga mga anak. Tungod kay kamo mga anak man, ang Dios nipadala sa Espiritu sa Iyang Anak nganhi sa atong mga kasingkasing, nga nagatuwaw, "Abba! Amahan!" Busa dili na ikaw ulipon, kondili anak, ug kon anak, nan, manununod pinaagi sa Dios.*

Ang paagi nga ang mga tawo magpanunod sa mga kabtangan gikan sa ilang mga ginikanan, ipanunod kanimo ang ginharian sa Dios kon mahimo kang Iyang anak paagi sa pagdawat ni

Hesukristo. Kana mao nga, ang mga anak sa yawa magpanunod sa impiyerno gikan sa yawa, ug ang mga anak sa Dios magpanunod sa langit gikan sa Dios.

Apan, imong ibutang sa imong hunahuna nga katong wala mapanganak sa espiritu paagi sa Espiritu Santo muadto sa impiyerno kay ang langit usa ka hinlo nga dapit nga gikapuno lang sa kamatuoran ug abot sa imong espiritu nga mauswagon ug maghiusa sa Dios, makuha kanimo ang himaya nga makapuyo sa kinadul-an sa Dios sa langit.

Busa, akong gilaom nga madawat kanimo ang panalangin sa walay-katapusan nga kinabuhi paagi sa pagdawat ni Hesukristo ang imong pamanhonon ug maghiusa sa Ginoong Hesus ug ang Amahang Dios paagi sa paglabay sa tanang pamakak ug itagbong ang kinaugalingong-pagkamatarong. Sa kining paagi, mahimo kanimong ihatag ang tanang himaya sa Dios.

Ang Dili-Tinuod nga mga Pangompisal Dili Makadala Ngadto sa Kaluwasan

Si Hesukristo mahimong imong tinuod nga pamanhonon kon kinsa mudala kanimo sa dalan ngadto sa walay-katapusan nga kinabuhi ug panalangin sa imong paghiusa uban Kaniya paagi sa pagtoo. Kon anggid kanimo ang kasingkasing ni Hesukristo and imong pamanhonon ug makab-ot ang hingpit nga pagtoo, dili lang kanimo mapanunod ang ginharian sa langit apan magkahayag sad ka sama sa adlaw ngadto.

Kon imong mabinantayon nga basahon ang Biblia, imong

makita nga pipila ka mga tawo kon kinsa nag-angkon nga nagtoo sa Dios wala maluwas. Sa Mateo 25, adunay sambingay sa napu ka mga birhen. Lima ka maalam nga mga birhen kon kinsa nag-andam og lana ang naluwas, apan ang ubang lima ka dili-maalam nga mga birhen dili maluwas.

Sa sama, tin-aw nga nisulti kanimo ang Dios sa Biblia kon kinsa ang mahimo ug dili-mahimong maluwas, bisan pa nga matag usa kanila nag-angkon nga adunay pagtoo. Imo unya masayod kon unsang klase sa kinabuhi ang angay kanimong ipangabuhi aron maluwas.

Tin-aw nga miingon sa Mateo 7:21 nga, *"Dili ang tanang magaingon Kanako, 'Ginoo, Ginoo,' makasulod sa ginharian sa langit, apan ang nagatuman sa pagbuot sa akong Amahan nga anaa sa langit ang makasulod."* Kon imong tawgon si Hesus "Ginoo, Ginoo," nagkahulogan niini nga nagtoo ka nga si Hesus mao si Kristo. Apan, dili ikaw maluwas sa pagtawag lang sa pangalan sa Ginoo ug motambong sa iglesia kada Domingo.

Ang mga Mambubuhat-sa-Dautan Dili Maluwas

Ang Dios nagsulti kanimo nahanungod sa Paghukom sa Mateo 13:40-42:

Busa maingon nga ang mga bunglayon pagatapukon ug pagasunogon sa kalayo, mao man usab kana ang mahitabo unya inigkatapos na sa kapanahonan. Ang Anak sa Tawo magapadala unya sa Iyang mga manolunda, ug ilang tapukon ug hakuton pagawas sa

Iyang ginharian ang tanang hinungdan sa pagpakasala, ug ang tanang mga magbubuhat ug kadautan, ug ilang igalabay kini sila ngadto sa hudno nga magadilaab; didto ang mga tawo manag-panghilak ug managkagot sa ilang mga ngipon."

Kon ang usa ka mag-uuma nangani, iyang tapukon ang mga trigo ngadto sa iyang kamalig, apan iyang sunugon ang uhot sa kalayo. Sa sama nga paagi, ang Dios nisulti kaninyo nga ang katong dili matarong sa iyang panan-aw kinahanglan mangatubang sa pagsilot.

"Ang tanang hinungdan sa pagpakasala" naghinambit sa mga katong niangkon nga nagtoo sa Dios, apan nagpanulay sa mga igsoon nga lalake ug mga igsoon nga mga babaye nga anaa sa pagtoo ug nakaingon sa kanila nga mawala ang ilang pagtoo. Busa, dili ikaw maluwas kon makaingon ka nga makasala ang tawo ug maghimo og dautan.

Unsa, man, ang dautan? Mabasa sa 1 Juan 3:4 nga, "*Ang tanan nga nagahimog pagpakasala nagahimog paglapas sa balaod; kay ang pagpakasala mao may paglapas sa balaod.*"

Sama nga ang tagsatagsa nga lunsod adunay kaugalingong han-ay nga mga balaod, aduna sad usa ka spiritual nga balaod sa gingharian sa Dios. Ang balaod sa espirituwal nga sinakpan mao ang Pulong sa Dios nga gisulat sa Biblia. Kon kinsa man ang molapas sa Pulong sa Dios gisudyaan sa paagi nga bisan kinsa nga nagbali sa balaod ipagasumbong suma sa balaod. Busa, ang paglapas sa Pulong sa Dios dautan ug sala.

Ang balaod sa Dios mahimong mabahinbahin og dako sa upat ka mga kategoriya: "mga pagbuhat," "mga dili pagbuhat," "mga paghupot," ug "mga pagtambog." Kay ang Dios kahayag, gisultihan Kaniya ang Iyang mga anak nga himoon ang unsang matarong, dili himoon ang sayop, huptan ang mga katungdanan sa mga anak sa Dios, ug itambog ang unsang gikadumtan sa Dios kay gusto Niya nga ang Iyang mga anak mabuhi sa kahayag.

Sa Deuteronomio 10:12-13 giagda sa Dios kanato nga, *"Karon, Israel, unsa ang gikinahanglan sa GINOO nga imong Dios kanimo, kondili ang pagkahadlok sa GINOO nga imong Dios, ang paglakaw sa tanang mga dalan Niya ug ang paghigugma Kaniya, ug ang pag-alagad sa GINOO nga imong Dios sa bug-os mong kasingkasing ug sa bug-os mong kalag, ug ang pagbantay sa mga sugo sa GINOO ug sa iyang kabalaoran nga akong ginasugo kanimo niining adlawa alang sa imong kaayohan?"* Sa usa ka bahin, makadawat ka og mga panalangin kon imong ibutang ang Pulong sa Dios sa paglihok. Sa pikas nga bahin, imong madawat ang walay-katapusan nga kamatayon tungod sa dautan ug sala kon dili ka mabuhi sa Iyang Pulong.

Nagsugilon ang Mga Taga-Galacia 5:19-21 sa mga buhat sa unod:

Karon dayag kaayo ang mga buhat sa unod, nga mao kini: pakighilawas, kahugaw, kaulag, pagsimbag mga diosdios, panglamat, mga dinumtanay, mga pakigbingkil, pangabugho, kapungot, iyaiyahay, sinupakay, pundokpundok, kasina, huboghubog, hudyaka-bahakhak, ug mga butang nga maingon-ingon niini, kon asa pasidan-an ko kamo, sama sa ako nang pagpasidaan kaninyo kaniadto, nga ang mga nagabuhat sa maong mga butang dili magapanunod sa gingharian sa Dios.

Ang "Pakighilawas" naghinambit sa tanan nga mga klase sa sekswal nga kahugaw, ug dili ang pagpabilin nga ulay, nga naghilakip sa pakigrelasyong sekswal nga wala pa gikasal. Ang "Pagkahugaw" nganhi nagkahulogan og gubot nga mga paglihok nga lapas sa komon sentido nga nadangat gikan sa makakasala nga kinaiya.

Ang "Kaulag" mao ang kanunay nga pagsunod kanimo sa imong makakasala, sekswal na pakighilawas ug mabuhi uban ang panapaw nga mga pulong o buhat. Ang "pagsimbag mga diosdios" mao ang pagsimba sa mga butang nga gibuhat sa bulawan, pilak, bronse o bisan unsang butang, kon labi kanimong gihigugma ang bisan unsang butang kay sa Dios.

Ang "Panglamat" mao ang pagpamihag kanimo sa usa ka linalang uban ang limbongan nga mga bakak. Ang "Mga Pagdinumtanay" mao ang pagpaninguha aron gub-on ang ubang mga tawo sa pagdumot, ang kaatbang sa gugma. Ang "Mga Pakigbingkil" naghinambit sa lihok nga pakigbisog aron makapangita og kinaugalingong-benepisyo ug kagamhanan. Ang "Pangabugho" mao ang pagdumot sa usa ka tawo kay imong gibati nga mas maayo siya kay sa kanimo. Ang "Kapungot" dili nagkahulogan nga nasuko lang, apan nahinungdan sa kagusbatan sa uban tungod sa kinatumyan nga pagkasuko.

Ang ""Iyaiyahay" naghinambit sa paghimo og himulag nga grupo o usa ka sanga ug ang pagsunod sa mga buhat ni Satanas kay wala ka nag-uyon sa uban. Ang "Sinupakay" mao ang paghimo og usa ka partido ug maghimulag paagi sa pagsunod sa imong kaugalingong mga hunahuna, dili ang mga hunahuna sa Espiritu Santo. Ang "Pundokpundok" naghinambit sa pagbalibad sa Dios ang Trinidad ug si Hesus na niari sa unod, nagpaagas og dugo aron malukat ang katawhan ug nahimong si Kristo.

Ang "Kasina" mao ang pagkagusbat o pagdala og kadaut nga mga lihok batok sa usa ka linalang tungod sa pangabugho. Ang "Huboghubog" mao ang lihok sa pag-inom sa alkohol, ug ang "Hudyaka-bahakhak" nagkahulogan nga dili lang pagkahubog, kinaugalingong-mapatuyangong pagkabuhi, ug pagkawala sa pagpugong, apan ang pagkapakyas sad sa paghimo og insakto sa imong katungdanan ingon sa usa ka esposo o usa ka ginikanan.

Sa dugang pa, "ang mga butang sama niini" nagkahulogan nga adunay daghang makakasala nga mga buhat nga amgid niini, ug katong kon kinsa nihimo sa kining mga buhat dili maluwas.

Ang Mga Sala Nga Magdala sa Kamatayon ug mga Sala nga Dili

Sa niining kalibotan, ang "sala" gipasabot nga usa ka "sala" kon ang nadangatan atong sala mao ang dayag ug pisikal nga pagkagusbat sa usa ka partido nga gipaluyohan paagi sa matunog nga ebidensiya. Apan, ang Dios, kon kinsa ang Kahayag, nisulti kanato dili lang ang makakasala nga mga buhat apan ang tanan sad nga kangitngit nga batok sa kahayag usa ka sala.

Bisan pa nga wala sila gipasundayag o gisaksihan, ang tanang makakasala nga mga pagpaninguha sa imong kasingkasing sama sa pagdumot, kaibog, pangabugho, kaulag, ang pahukom sa uban, pagsudya, pagkawalay kasingkasing, ug mga matikason nga mga kaisipan mga dautan ug mga sala sad.

Mao kana ang gisulti kanato sa Dios nga, *"Apan sultihan ko kamo nga bisan kadtong magatan-aw og babaye uban sa pagkaibog kaniya nakapanapaw na kaniya diha sa sulod sa iyang kaugalingong kasingkasing"* (Mateo 5:28), ug *"Ang matag-usa nga nagadumot sa iyang igsoon, mamumuno; ug kamo nasayod nga ang mamumuno walay kinabuhing dayon nga magapabilin diha kaniya"* (1 Juan 3:15). Sa dugang pa, miingon sa Mga TagaRoma 14:23 nga, *"Apan ang tawo nga may pagduhaduha gisudyaan kon mukaon, kay ang iyang pagkaon dili man gumikan sa pagtoo; ug kay ang tanan nga dili gumikan sa pagtoo, kini sala."* ug mabasa sa Santiago 4:17 nga *"Busa, ang tawo nga nasayod unsay matarong nga pagabuhaton ug wala magabuhat niini, siya nakasala."* Busa, imong mamatngonan nga sala og paglapas sa balaod ang dili pagbuhat sa gusto ug mga sugo sa Dios.

Apan, ang tanang tawo ba mamatay kon ilang himoon kining mga sala? Imong angay nga mamatngonan nga ang pagkabuhi sa pagtoo kon ang namakak adto nangampo ug nagsulay nga mahimong matinuod-on nga tawo. Bisan pa nga wala pa nila nalabay ang tanang dili-matinud-anon sa ilang kasingkasing tungod sa ilang maluyang pagtoo, dili niini tinuod nga dili sila maluwas tungod niining sala.

Nisulti kanato sa 1 Juan 5:16-17 nga, *"Kon may makakita nga ang iyang igsoon nagahimog sala nga dili makamatay, kinahanglan mangampo siya alang kaniya ug ang Dios magahatag kaniyag kinabuhi nga alang kanila kinsang sala dili makamatay. Anaay sala nga makamatay; wala ako mag- ingon nga mahangyo siya mahitungod niini. Sala ang tanang kalapasan, ug anaay sala nga dili makamatay."*

Ang mga sala sa kasagaran gibahinbahin sa duha ka mga kategoriya: ang katong nagdala sa kamatayon ug ang uban nga dili magdala sa kamatayon. Ang katong nag-angkon og mga sala nga dili magdala sa kamatayon maluwas kon imo silang dasigon, mag-ampo alang kanila, ug motabang kanila nga magbasol sa ilang mga sala. Apan, kon ang usa moangkon og mga sala nga magdala sa kamatayon, dili siya maluwas bisan pa nga nangampo ka alang kaniya.

Ang mga tawo nga gihunahuna nga mga matinud-anon usahay mamakak alang sa ilang kaugalingon nga mga benepisyo, o maghimo og daghang matikason nga mga buhat bisan pa nga ang mga buhat sa ilang kaugalingon wala magdaut sa ubang tawo. Imong nahibaloan nga makakasala kamo sa pagmatngon ninyo sa kamatuoran, bisan pa nga naghunahuna ka nga nangabuhi ka sa matarong nga kinabuhi sa wala ka pa nagtoo sa Dios. Gipakita sa Dios kanimo dili lang ang mga sala nga makit-an apan dautan nga mga hunahuna sad sa imong kasingkasing, tanan kini mga sala.

Ang tanang mga dili-maayong-buhat sala ug ang suhol sa sala mao ang kamatayon. Apan, gipasaylo ni Hesukristo ang tanang mga sala kaniadto, karon, ug ang paaboton paagi sa pagpaagas sa Iyang dugo sa krus. Adunay mga sala nga mapasaylo paagi sa gahom sa dugo ni Hesus sa imong pagbasol ug pagtalikod gikan kanila. Kini mao ang mga sala nga wala magdala og kamatayon.

Kon wala ka nagbasol apan nagpadayon sa pagpakasala, ang imong tanlag mogahi. Unya, sa katapusan, dili kanimo madawat ang espiritu sa kabasolan kon naghimo ka ug usa ka sala nga nagdala kanimo sa kamatayon. Busa, ang imong mga sala dili mapasaylo bisan pa nga nagsulay ka nga magbasol.

Karon, tan-awon nato ang tulo ka mga klase sa mga sala nga magdala sa kamatayon: pagpasipala batok sa Espiritu, pagbutang sa Anak sa Dios sa pabalik-balik nga pagpakaulaw, ug sa pagpadayon sa tinuyo nga pagpakasala.

Pagpasipala sa Espiritu Santo

Adunay tulo ka mga butang nga anaa sa pagpasipala batok sa Espiritu Santo. Naghimo ka og pasipala batok sa Espiritu kon ikaw magsulti batok sa Espiritu Santo, kon ikaw mosupak sa buhat sa Esperitu Santo, ug kon kaulawan kanimo ang Espiritu Santo.

Busa sultihan ko kamo, nga ang mga tawo pagapasayloon sa ilang tanang pagpakasala ug pagpasipala, apan ang pasipala batok sa Espiritu dili gayud pasayloon. Bisan kinsa nga magasulti batok sa Anak sa Tawo, siya mapasaylo; apan bisan kinsa nga magasulti batok sa Espiritu Santo dili gayud siya pasayloon, bisan niining panahona karon o niadtong kapanahonan nga palaabuton. (Mateo 12:31-32).

Ug ang matag-usa nga magasulti batok sa Anak sa Tawo, siya mapasaylo; apan ang magapasipala og sulti batok sa Espiritu Santo, siya dili gayud pasayloon. (Lucas 12:10).

Una, "pagsulti batok sa uban" mao ang dauton sila ug pugngan sa ilang mga buhat. **"Pagsulti batok sa Espiritu Santo"** mao ang pagsulay nga baldahon ang pagtuman sa gingharian sa Dios paagi sa pagsakdaw sa mga buhat sa Espiritu Santo base sa kaugalingong pagbuot ug mga hunahuna. Pananglitan, pagsulti kini batok sa Espiritu Santo kon imong supakon ang buhat sa Dios kay wala niini nagtakdo uban sa imong mga hunahuna bisan pa nga kini buhat sa Espiritu Santo.

Kon imong sudyaan ang alagad sa Dios maingon sa irihis na sa kamatuoran siya dili, ug nagpahunong sa mga buhat sa Espiritu Santo, kini makalisang nga sala sa atubang sa Dios nga dili niini mapasaylo. Busa, kinahanglan takos ka nga makaila taliwala sa mga espiritu suma sa kamatuoran.

Lagi, kinahanglan kanimo sa kapig-oton nga tambagan ang mga tawo og dili tugotan ang ilang mga pamatasan kon ilang sulayan nga himoon ang uban nga mudawat sa dautan nga espiritu o sila tininuod nga irihis sa panan-aw sa Dios. Mabasa sa Kang Tito 3:10 nga, *"Igasalikway mo ang tawo nga malalison tapos kanimo siya katambagi sa makausa o makaduha."*

Karong adlawa, daghang mga tawo nagsudya sa pipila ka mga

iglesia ingon sa irihis o gilutos pa gayud sila sa daghang mga paagi, kon asa nag-ila sa Dios nga Trinidad ug gikuyogan paagi sa buhat sa Espiritu Santo, kay ang kining mga tawhana dili makaila sa kalainan taliwala sa mga espiritu. Bisan pa nga niangkon sila nga nagtoo sa Dios, wala sila og nakaigo nga biblikanhon nga kahibalo sa erehiya. Usahay, wala sila gani masayod sa kahulogan sa erehiya.

Sa kaso sa paglutos sa uban tungod sa walay kaangay nga kahibalo, kon ang mga tawo magbasol ug magbiya, mapasaylo sila. Apan, kon ilang samokon ang mga buhat sa Dios uban ang dautan nga tuyo ug panibugho bisan pa nga nasayod sila nga kini buhat sa Espiritu Santo, dili gayud sila mapasaylo.

Makapangita ka og ehemplo niini sa Biblia. Sa Marcus 3, kon asa si Hesus naghimo og milagroso nga mga timaan ug mga katingalahan, ang katong nangabugho Kaniya nagkatag og hungihong nga Siya buang. Ang hungihong nagkatag sa haluag nga ang Iyang mga miyembro sa pamilya nga ato sa halayo nagpuyo nagkuha Kaniya gawas sa publiko.

Gibatikos sa mga manunudlo sa balaod ug ang mga Pariseo si Hesus, nga miingon, *"Ug ang mga eskriba nga nanghilugsong gikan sa Herusalem nanag-ingon, 'Kini siya hingsudlan ni Beelzebu,' ug, 'Siya nagapagula og mga yawa pinaagi sa punoan sa mga yawa.'"* (Marcos 3:22). Adunay silay hingpit nga kahibalo sa Pulong sa Dios. Nasayod sila sa balaod og maayo ug gitudlo niini sa mga tawo apan sila nisupak gihapon sa mga buhat sa Dios tungod sa ilang panibugho ug kaibog ni Hesus.

Ikaduha, "ang pagsupak sa buhat sa Espiritu Santo, mao

ang pagsukol sa tingog sa Espiritu Santo nga gikahatag sa Dios, o ang paghukom ug pagsudya sa mga buhat sa Espiritu Santo ug pagsulay nga hatagan og kadaut ang ubang tawo.

Pananglitan, pagsulti niini batok sa Espiritu Santo nga mokatag og mga hungihong o mohimo-himo og mga dokumento, o pagsudya sa usa ka pastor o iglesia maingon nga "irihis" kon asa ang mga buhat sa Espiritu Santo gipakita aron masamok ang pagbuhi og usab sa mga kanhi nga mga panagtabo o mga pagtapok.

Unya, unsa man ang buot ipasabot sa "Kon kinsa man ang musulti og pulong batok sa Anak sa Dios, pasayloon niini siya"? "Ang Anak sa Dios" sa niining bersikulo naghinambit ni Hesus kon kinsa niari maingon nga usa ka tawo sa wala pa Siya gilansang sa krus.

Ang pagsulti batok sa Anak sa Dios nagkahulogan nga pagsupil ni Hesus, pagkasayod ug pag-ila Kaniya maingon nga usa lang ka tawo kay niari Siya sa unod. Ang pagkawalay takos nga mailhan si Hesus maingon nga Manluluwas nagkadangat sa pagkakulang sa kahibalo. Sa kini nga kaso, ikaw pasayloon ug mahimong maluwas kon ikaw hingpit lang nga magbasol ug mudawat sa Ginoo.

Busa, kon ikaw mohimo niining klase sa sala nga wala nakasayod sa kamatuoran o sa wala ka pa nidawat sa Espiritu Santo, ang Dios naghatag kanimo og higayon nga magbasol ug mapasaylo sa kada tinoon.

Apan, kon imong supilon ug supakon ang Ginoo samtang nakahibalo nasayod ka og tukma kon kinsa si Hesukristo, imong kinahanglan mamatngonan nga dili ka gayud mapasaylo alang kiini kay parehas niini sa pagsulti batok sa Espiritu Santo ug pagsupak sa mga buhat sa Espiritu Santo.

Ikatatlo, ang pagpasipala nagkahulogan sad nga dayag nga kaulawan ang mga butang nga langitnon, balaan, ug hinlo. Ang pagpasipala batok sa Espiritu Santo nagkahulogan sad nga **"kaulawan ang Espiritu Santo,** ang Espiritu sa Dios, ug ang pagkalangitnon sa Dios. Sala niini ang pagpakaulaw sa walay-katapusan nga gahom sa Dios ug pagkalangitnon kon imong dauton ang mga buhat sa Espiritu Santo, na moingon kato mga buhat ni Satanas, o kon imong ipugos nga ang usa ka butang mao ang buhat sa Espiritu Santo kon asa dili kini. Usab, ang pagwali sa kamatuoran maingon nga pamakak, pag-angkon sa dili tinood maingon nga kini tinuod, ug pagsudya kon unsa ang matood nga kini dili tinuod mao nga ang tanan "pagpasipala batok sa Espiritu Santo."

Sa unang mga inadlaw, kon ang usa nadakpan alang sa iyang mga pulong o mga lihok sa pagpasipala batok sa hari, kini giila nga pagbudhi ug siya patyon.

Kon ikaw magpasipala batok sa balaan nga langitnon nga Dios, kon kinsa ang makagagahom ug dili maanggid sa bisan kinsa nga hari niining kalibotan, dili ka gayud mapasaylo.

Bisan si Hesus, kon kinsa ang kinaiya Dios ug niari niining kalibotan sa unod, wala magsudya sa bisan kinsa. Kon imo gihapong gisudyaan ang mga igsoon nga mga lalake ug mga igsoon nga mga babaye, ug dugang pa nga pakaulawan ang mga buhat nga gihimo sa Espiritu Santo, unsa ka tiribli nga sala kiini! Kon ikaw magtindog sa kalisang ug kakuyaw sa Dios, dili ikaw mosupak, musulti batok, o pakaulawan ang Espiritu Santo.

Busa, imong kinahanglan nga mamatngonan nga kining mga sala dili gayud mapasaylo sa kining panahona o sa panahon nga umalabot ug dili kanimo angay nga himoon kining mga sala. Bisan pa nga imong nahimo ang kining mga sala sa una, dapat kanimong pangitaon ang grasya sa Dios ug magbasol sa bug-os kanimong kasingkasing.

Ang Pagbutang sa Anak sa Dios sa Dayag nga Kaulaw

Magdala niini sa imong kamatayon ang padayon nga paglansang sa Anak sa Dios ug pagbutang Kaniya sa dayag nga kaulaw, maingon sa gihulagway sa Mga Hebreohanon 6.

Kay bahin niadtong mga tawo nga sa makausa nalamdagan na unta, ug nakatilaw na sa langitnong gasa ug nakaambit na sa Espiritu Santo, ug nakatagamtam na sa pagkamaayo sa pulong sa Dios ug sa mga gahom sa kapanahonan nga umalabot, ug unya managpanibug sila, dili na gayud mahimo ang pagpabalik pa kanila sa paghinulsol, sanglit gituyoan man nila ang paglansang pag-usab sa Anak sa Dios ug pagpakaulaw Kaniya sa dayag. (Mga Hebreohanon 6:4-6).

Pipila ka mga tawo mobiya sa iglesia ug sa Dios paagi sa mga pagpanulay niining kalibotan ug mahagbong ngadto sa dakong pagpakaulaw sa Dios bisan pa nga nadawat nila ang Espiritu

Santo, nasayod nga adunay Langit ug Impiyerno, ug nagtuo sa pulong sa kamatuoran. Nag-ingon kita nga naghimo sila og sala sa paglansang usab sa Anak sa Dios ug gibutang Siya sa dayag nga kaulaw. Kining sahi sa tawo wala lang naghimo og daghang mga sala nga gihuptan ni Satanas, apan usab nagpangulipas sa Dios ug nagsilot ug nagpakaulaw sa iglesia ug mga tumuluo.

Gitugyan na nila ang ilang tanlag ngadto ni Satanas, busa ang ilang mga kasingkasing gipuno sa kangitngit.

Busa, dili gani sila gusto magbasol ug ang espiritu sa pagbasol wala muanha kanila. Wala silay higayon nga magbasol ug busa, dili gayud sila mapasaylo.

Si Hudas Iskariote naghimo niining sala. Siya mao ang usa sa dose ka mga tinun-an ni Hesus. Nasaksihan niya ang daghang mga timaan ug mga katingalahan, apan nagkahakog siya ug gibaligya si Hesus sa salapi nga katloan ka buok. Unya, ang iyang tanlag nadapatan ug napuno siya sa pagbasol, apan ang espiritu sa paghinulsol wala moabot ni Hudas. Ang iyang sala dili mapasaylo, ug siya sa ulahi nagpakamatay kay siya dako nga gipaguol sa iyang kasal-anan (Mateo 27:3-5).

Tuyo nga pagpadayon ug pakasala

Ang ulahi nga sala nga magdala ngadto sa kamatayon mao ang tuyo nga pagpadayon sa pagpakasala human kanimong madawat ang kahibalo sa kamatuoran.

Kay kon kita magapadayon sa tinuyo nga pagpakasala tapos nato madawat ang kahibalo sa kamatuoran, wala nay nahibilin pa nga halad-inihaw tungod sa mga sala, kondili ang usa na lamang ka makalilisang nga pagpaabot ug hukom ug kabangis sa kalayo nga magaut-ut sa mga kaaway (Mga Hebreohanon 10:26-27).

Sa "pagpadayon og pakasala human madawat ang kahibalo sa kamatuoran" nagkahulogan na paghimo og usab sa mga dili-angay nga mga butang nga dili mapasaylo sa Dios. Usab, nagkahulogan niini aron magpadayon og pakasala, nga nasayod nga niini usa ka sala maingon nga *"Sila hingmatud-an sa tinuod nga sambingay nga nagaingon, 'Gibalikan sa iro ang iyang kaugalingong suka,' ug 'Tapus madigo ang anay, sa yanang mobalik siya sa paglunang.'"* (2 Pedro 2:22).

Sa usa ka bahin, kaniadtong si David, nga naghigugma sa Dios og dako, naghimo og panapaw, nagpanganak niini og daghang mga sala ug nagdala kaniya aron patyon ang usa sa iyang maunongon nga mga sundalo. Apan, kaniadtong gitudlo ni Nathan ang iyang sala, nagbasol dayun si Haring David.

Sa usa ka bahin, Si Haring Saul nagpadayon og pakasala bisan human si Samuel ang manalagna nagtudlo kaniya sa iyang mga sala. Si David nagbasol ug nidawat sa mga panalagin sa Dios, samtang si Saul gibiyaan tungod wala siya nagbasol ug nagpadayon sa pagpakasala.

Sa dugang pa, si Balaam mao ang manalagna kon kinsa adunay kagamhanan sa panalangin ug panunglo, apan sa iyang pagkombuya uban niining kalibotan aron maangkon ang bahandi ug ang kabantog, nabutang siya sa usa ka makalalaot nga katapusan.

Sa usa ka bahin, ang Espiritu Santo sa mga kasingkasing sa katong naghimo tinuyo nga sala nagkupas tungod ang Dios nagtalikod sa kanila. Unya sila nagwala sa ilang pagtoo ug naghimo og dautan ug mga sayop nga mga buhat nga gikuptan sa yawa. Sa katapusan, ang Espiritu Santo sa kanila hingpit nga mawala, ug dili sila maluwas tungod dili sila makabasol ug ang ilang mga pangalan papason gikan sa Libro sa Kinabuhi (Pinadayag 3:5).

Sa pikas nga bahin, adunay mga tawo nga nagpadayon sa paghimo sa mga sala tungod nasayod lang sila sa Dios uban ang kahibalo apan wala magtoo Kaniya sa ilang mga kasingkasing. Ang ilang sala mahimong mapasaylo ug madala sila sa dalan sa kaluwasan kon hingpit ug bug-os sa kasingkasing sila magbasol ug adunay tinuod nga pagtoo.

Busa, kinahanglan kanimong masayod nga dili ikaw maluwas kon tinuyo kang maghimo og mga sala sa paghimo sa mga buhat sa unod bisan pa nga ikaw mahimong gipasabot kausa, nga nagtoo nga adunay langit ug impiyerno, ug nasinati ang dagaya nga grasya sa Dios.

Ako sad gilaom nga imong bug-os nga masabtan nga ang tanang mga sala mao ang paglapas sa balaod ug kangitngit ug ang Dios nagdumot kanila bisan pa nga pipila sa kanila dili magdala ngadto sa kamatayon. Paghimuot nga mahimo kang maalam nga tumuluo kon kinsa dili motugot ug maghimo sa bisan unsa nga klase sa sala.

Ang Unod ug ang Dugo
sa Anak sa Tawo

Aron mahuptan ang usa ka himsog nga kinabuhi, kinahanglan kanimo nga magkonsumo og kaangay nga pagkaon ug mga ilimnon. Sa samang paagi, aron mapadayon nga himsog ang imong espiritu ug mag-angkon sa walay-katapusan nga kinabuhi, kinahanglan kanimo nga magkaon sa unod ug mag-inom sa dugo sa Anak sa Tawo.

Karon, imong matun-an og unsa ang mga unod ug dugo sa Anak sa Tawo, ug nganong kinahanglan kanimo nga magkaon sa Iyang unod ug mag-inom sa Iyang dugo aron maangkon ang walay-katapuan nga kinabuhi, base sa musunod ng teksto gikan sa Juan 6:53-55:

> *Busa si Hesus miingon kanila, "Sa pagkatinuod, sa pagkatinuod, magaingon Ako kaninyo, gawas kon mukaon kamo sa unod sa Anak sa Tawo ug muinom sa Iyang dugo, wala kamoy kinabuhi diha kaninyo. Siya nga mukaon sa Akong unod ug muinom sa Akong dugo may walay-katapusan nga kinabuhi, ug pagabanhawon Ko siya sa kaulahian nga adlaw. Kay ang Akong unod tinuod nga kalan-on ug ang Akong dugo tinuod nga ilimnon."*

Unsa man ang Unod sa Anak sa Tawo?

Gisulti kanimo ni Hesus sa Biblia ang mga sekreto sa langit

ug ang pagbuot sa Dios uban ang daghang mga sambingay. Alang sa mga tawo nga namuyo niining tulo ka dimensiyonal nga kalibotan, lisod kaayo sabton niini ug matngonon ang pagbuot sa Dios, kon kinsa nagpuyo sa upat ka dimensiyonal nga kalibotan ug taas pa. Busa, gitandi ni Hesus ang mga langitnon nga mga butang sa dili-buhi nga mga butang, mga tanom, mga mananap ug nipuyo niining kalibotan aron tabangan kita nga makasabot og maayo sa langitnon nga pagbuot.

Mao kana nganong si Hesus ang usa ug bugtong nga Anak sa Dios gitandi sa bato ug bituon, kon asa mao ang mga dili-dimensiyonal, ngadto sa usa-ka-dimensiyonal nga balagon, ngadto sa duha-ka-dimensiyonal nga karnero, ug ngadto sa Anak sa Tawo kon kinsa mao ang tulo-ka-dimensiyonal.

Si Hesus gitawag nga Anak sa Tawo, busa ang unod sa Anak sa Tawo mao ang unod ni Hesus.

Nisulti kanato ang Juan 1:1 nga, "*Sa sinugdan mao na ang Pulong, ug ang Pulong uban sa Dios, ug Dios ang Pulong.*" Mapanid-an sa Juan 1:14 nga *"Ug ang Pulong nahimong tawo ug mipuyo uban kanato, ug among nakita ang Iyang himaya, ang himaya nga maingon nga pagadawaton sa bugtong Anak gikan sa Amahan.*"

Si Hesus mao ang usa kon kinsa niari niining kalibotan sa unod maingon sa Pulong sa Dios. Busa, ang unod sa Anak sa Tawo mao ang Pulong sa Dios, kon asa mao ang kamatuoran sa iyang kaugalingon, ug ang pagkaon sa Anak sa Tawo mao ang pagtuon sa Pulong as Dios nga anaa sa Biblia.

Unsaon man Pagkaon sa Unod sa Tawo

Sa Exodo 12:5 ug sa sumunod nga mga bersikulo, si Hesus gihulagway maingon nga usa ka "Karnero":

Ang inyong nating karnero, mao ang walay ikasaway nga lalake, usa ka tuig ang panuigon; pagakuhaon ninyo kini gikan sa mga karnero o sa mga kanding. Pagatipigan ninyo kini hangtud sa adlaw nga ikapulo ug upat sa maong bulan, unya ang tibook nga katilingban sa katawohan sa Israel magaihaw niini sa hapon. Sa dugana pa, magakuha sila sa dugo ug igabutang nila kini sa duha ka haligi ug sa balabag sa pultahan sa mga balay diin sila magakaon niini.

Sa katibuokan, daghang mga tumuluo naghunahuna nga ang karnero naghinambit sa mga bag-o nga tumuluo, apan kon mahinalongon kanimong tun-an ang Biblia, ang karnero simbolo ni Hesus.

Si Juan Bautista, nga nagtan-aw ni Hesus kon kinsa nagpadulong kaniya, nag-ingon sa Juan 1:29, *"Tan-awa, mao kana ang Kordero sa Dios, nga magakuha sa sala sa kalibotan!"* Ug ang apostol nga si Pedro naghinambit ni Hesus ingon sa kordero sa 1 Pedro 1:18-19, nga miingon, *"Kamo sayod nga gikan sa walay hinungdan nga paggawi nga inyong napanunod gikan sa inyong mga ginikanan kamo gitubos, dili pinaagi sa mga butang madugta ingon sa salapi o bulawan, apan sa bililhong dugo, nga daw sa nating karnero nga walay ikasaway o kahugaw, ang dugo ni Kristo.*" Gawas niini, daghang ubang mga pagpahayag ang nitandi ni Hesus sa karnero.

Nganong gitandi man sa Biblia si Hesus sa karnero? Ang usa ka karnero mao ang pinakamalumay ug pinakamasinugtanon sa tanang kahayopan. Nag-ila niini sa tingog sa iyang pastol ug nagsunod sa kaniya. Walay uban nga makalimbong sa karnero bisan pa nga sundon sa ubang tawo ang tingog sa iyang pastol. Naghatag kini og puti ug humok nga balhibo, gatas, karne ug ang tanan nga mga parte sa iyang lawas sa mga tawo.

Sama nga ang karnero nagsakripisyo sa tanang butang alang sa tawo, hingpit nga nagmasinugtanon si Hesus sa pagbuot sa Dios ug nagsakripisyo sa tanang butang alang kanato.

Si Hesus niari niining kalibotan sa unod bisan pa nga sa iyang kinaiya Dios siya, nagwali sa ebanghelyo sa langit, nag-ayo sa daghang mga sakit ug mga kaluyahan, ug gilansang. Gibiyaan ni Hesus ang tanang butang aron malukat ka gikan sa imong mga sala.

Si Hesus gitandi sa usa ka karnero tungod ang Iyang mga ilhanan ug mga lihok anggid sa katong malumay nga karnero, ug ang pagkaon sa karnero nagsimbolo sa pagkaon sa unod ni Hesus, nga mao ang unod sa Anak sa Tawo.

Unsaon, man, kanimo pagkaon sa unod sa Anak sa Tawo? Tan-awon nato sa Exodo 12:9-10 nga naghatag sa sumunod nga panudlo:

Dili kamo magakaon niini nga hilaw o gipabukalan sa tubig, kondili sinugba sa kalayo. ang iyang ulo uban ang iyang mga tiil ug ang iyang sulod sa ginhawaan. Ug dili kamo magbilin bisan unsa niini hangtud sa buntag, apan kadto nga mahabilin niini hangtud sa buntag, sunogon ninyo sa kalayo.

Una, dili kanimo kan-on ang Pulong sa Dios nga hilaw

Unsa man ang kahulogan nga mukaon sa unod sa Anak sa Tawo nga "hilaw"?

Sa katibuokan, dili niini maayo nga mukaon og hilaw nga karne. Kon mukaon ka og hilaw nga karne, mahimo kanimong makuha ang pipila ka mga bakterya ug magdaut. Sa samang paagi, nisulti kanimo ang Dios nga dili mukaon sa Pulong sa Dios nga hilaw tungod niini makahalit.

Ang Pulong sa Dios gisulat paagi sa inspirasyon sa Espiritu Santo, busa imo kinahanglan nga basahon niini ug himuon niining imong pagkaon uban ang inspirasyon sa Espiritu Santo.

Unsa man kon imong literal nga hubadon ang Pulong sa Dios? Lagmit nga imong masaypan ang tuyo sa Dios. Busa, ang pagkaon sa "Pulong sa Dios nga hilaw" nagkahulogan nga literal nga hubadon ang Biblia.

Miingon sa Juan 1:1 nga, *"Dios ang Pulong,"* ang Biblia nagkaunod sa kasingkasing sa Dios ug pagbuot ug tanang butang gituman suma sa niining Pulong.

Ang Pulong sa Dios nisulti kanato og unsaon nato makaabot sa langit. Kinahanglan kanimong bug-os nga masabtan ang Pulong sa Dios aron maangkon ang walay-katapusan nga kinabuhi. Sa atbang, ang tawo sa unod dili makakita o makakupot sa espirituwal nga kalibotan.

Sama niini sa usa ka gangis nga wala nasayod nga adunay langit kon kini usa ka ulod nga anaa sa sulod sa yuta. Sama niini sa usa ka manok nga wala nasayod sa gawas nga kalibotan kon anaa pa ini sa sulod sa itlog. Sama niini sa usa ka puya nga wala nasayod sa bisan unsa nahanungod sa kalibotan kon anaa pa siya sa sulod sa taguangkan sa inahan.

Sa sama, samtang anaa ka sa unodnon nga kalibotan, wala ka nasayod sa bisan unsang butang nahanungod sa espirituwal nga kalibotan.

Nisulti kanimo ang Dios nga adunay lain nga kalibotan lapas niining tulo-ka-dimensiyonal nga kalibotan. Sama sa usa ka manok nga kinahanglan buk-on ang iyang bayanan, kinahanglan sad kanimong buk-on ang imong kaugalingong unodnon nga hunahuna aron masabtan ug makasulod sa espirituwal nga ginsakpan.

Pananglitan, mabasa sa Mateo 6:6 nga, *"Apan ikaw, sa imong pag-ampo, sumulod ka sa imong lawak, takpi ang pultahan ug mag-ampo ka sa imong Amahan nga anaa sa tago, ug ang imong Amahan nga nagatan-aw sa tago magabalos kanimo."* Kon imong literal nga hubadon kiining bersikulo, kinahanglan kanimong kanunay nga mag-ampo sa imong lawak. Apan, dili ka makapangita og bisan kinsa nga mga nanguna sa pagtoo nga nangampo sa ilang mga lawak sa tago.

Si Hesus wala nag-ampo sa iyang lawak apan sa usa ka kabungturan sa tibuok gabii (Lucas 6:12), ug sa usa ka dapit nga awaaw sa buntag (Marcos 1:35).

Sa dugang pa, si Daniel nag-ampo ka tulo sa usa ka adlaw nga abli ang mga tamboanan paingon sa Herusalem (Daniel 6:10) ug ang apostol nga si Pedro nag-ampo sa atop (Mga Buhat 10:9).

Unya, unsa man ang kahulogan sa pag-ingon ni Hesus nga, "Sumulod sa imong lawak, takpi ang pultahan ug mag-ampo"?

Nganhi, ang "lawak" espirituwal nga nagsimbolo sa kasingkasing sa tawo. Busa sa pagsulod sa imong lawak nagkahulogan nga moagi sa imong mga hunahuna ug musulod sa kailauman ngadto sa sulod sa inyong mga kasingkasing, sama sa pag-agi kanimo sa salas o sa lawak-higdaan aron musulod ngadto sa suludlon nga lawak. Mao lang, nga maka-ampo sa tanan kanimong kasingkasing.

Kon musulod ka ngadto sa usa ka suludlon nga lawak, nag-awaaw ka gikan sa gawas. Sa sama, kon mag-ampo ka, kinahanglan kanimong babagan ang tanang dili-kinanglan nga mga hunahuna, pagkayugot ug mga kabalaka ug mag-ampo sa tanan kanimong kasingkasing.

Busa, kinahanglan dili ka magkaon sa unod sa Anak sa Tawo nga hilaw. Dili kanimo angay nga literal nga hubadon ang Pulong sa Dios. Kana mao nga, angay kanimong espirituwal nga hubadon ang Pulong sa Dios paagi sa inspirasyon sa Espiritu Santo.

Ikaduha, ayaw pagkaon sa Pulong sa Dios nga giluto sa tubig

Unsa man ang kahulogan sa "Ayaw pagkaon bisan unsa niini

nga pinabukalan sa tubig"? Nagkahulogan niini nga dili kita magdugang ug bisan unsa sa Pulong sa Dios apan magkaon niini nga puro.

Dili sakto nga magwali sa Pulong sa Dios ug magsagol uban sa mga politika, mga estorya sa sosyodad, o mga panultihon sa mga gidayeg o mga makasaysayan nga mga indibidwal.

Ang Dios, kon kinsa nagbuhat sa mga langit ug yuta ug nagdumala sa kinabuhi ug kamatayon sa katawhan, panalangin ug panunglo, mao ang makagagahom ug walay kulang nga bisan unsa.

Miingon sa 1 Mga Taga-Corinto 1:25 nga, *"Kay ang binoang sa Dios labi pang maalam kay sa mga tawo, ug ang kahuyang sa Dios labi pang kusgan kay sa mga tawo."* Kini gitala aron makamatngon ka nga bisan ang pinakaalam ug pinakamaayo dili matandi sa Dios.

Dili ka makawali sa tanang butang nga anaa sa Biblia sa imong tibuok nga kinabuhi. Unya, nganong magtugatuga man ka og sagol sa mga pulong sa mga tawo ug ang Pulong sa Dios kon ikaw maghatod og mensahe?

Ang mga pulong sa tawo magbaylo sa paglipas sa panahon. Bisan pa og adunay kamatuoran kanila, nga nasulti na kini sila sa Biblia, ug sila gisulti uban ang kaalam sa Dios.

Busa, ang imong unang prayoridad mao ang puro nga Pulong sa Dios sa pagtudlo sa Bibila. Lagi, makahatag ka og pipila ka mga sambingay o mga dibuho aron mahimong mas sayon ang mga tawo nga makasabot sa Pulong sa Dios ug ang mga sekreto sa espirituwal nga kalibotan.

Imong angay nga mamatngonan nga ang Pulong sa Dios lang

ang maong tunhay ug ang hingpit nga kamatuoran nga nagdala kanimo sa walay-katapusan nga kinabuhi. Busa, dili ka angay nga mukaon sa Iyang Pulong nga niluto sa tubig.

Ikatulo, imo kinahanglan nga kan-on ang Pulong sa Dios nga sinugba sa kalayo

Unsa man ang kahulogan niini "sinugba sa kalayo, ang iyang ulo uban ang iyang mga tiil ug ang iyang sulod sa ginhawaan"? (Exodo 12:9) Nagkahulogan niini nga angay kanimong himoon ang Pulong sa Dios, ang unod sa Anak sa Tawo, ang imong espirituwal nga pagkaon nga tibuok nga walay nahabilin nga bisan unsa.

Pananglitan, pipila ka mga tawo nagduda sa kamatuoran nga si Moises nagpahat sa Red Sea. Pipila ka mga tawo wala gani nagsulay nga basahon ang Levitico tungod ang mga sakripisyo sa Daang Kasabotan lisod masabtan. Pipila ka uban nga mga moingon nga ang mga milagro nga gikahimo ni Hesus lisod tuohan ug naghunahuna nga ang katong mga milagro nahinabo lang sa miagi nga 2,000 ka mga tuig. Gilak-angan nila ang daghang mga butang nga dili matakos sa mga hunahuna sa tawo ug nagsulay nga kuhaon lang ang moral nga mga leksiyon.

Wala gani sila mag-atiman nga ibutang sa kaisipan ang sama nga mga pulong nga "Higugmaa ang imong kaaway," o "Likayi ang tagsatagsa nga umol sa dautan" kay katong mga pulong nag-ingon nga lisod kaayo alang kanila nga mosugot. Posible baya kanila nga maluwas?

Busa, dili lang angay kanimo nga kuhaon ang unsang imo

gusto gikan sa Biblia sama sa buangbuang nga mga tawo. Kinahanglan kanimong kan-on ang tanang pulong sa Biblia nga tibuok nga sinugba sa ibabaw sa kalayo gikan sa Genesis lahos sa Pinadayag.

Unsa man ang kahulogan niini, nan, paagi sa pagkaon sa Pulong sa Dios "nga sinugba sa kalayo"? Ang kalayo nganhi naghinambit sa kalayo sa Espiritu Santo kinahanglan kanimo nga mapuno ug mapadasig paagi sa Espiritu Santo kon ikaw magbasa ug maminaw sa Pulong sa Dios kay gisulat niini paagi sa inspirasyon sa Espiritu Santo. Kondili, mga kahibalo lang sila, dili espirituwal nga pagkaon.

Aron makaon ang Pulong sa Dios nga gisugba sa kalayo, kinahanglan kanimong madinaabong nga mag-ampo. Ang mga pag-ampo nagsilbi nga kakuhaan sa pagkapuno sa Espiritu Santo. Kon imong kan-on ang Pulong sa Dios paagi sa inspirasyon sa Espiritu Santo, matam-is niini kay sa dugos. Dili sad ikaw laayan bisan pa nga ang sermon taas kaayo, kay niini bilihon kaayo ug ang imong gugma nga maminaw sa Pulong sa Dios maingon nga usa ka uhaw nga binaw nga nangita og sapa nga tubig.

Mao kini og unsaon pagkaon sa Pulong sa Dios nga gisugba sa kalayo. Sa kining paagi lang nga masabtan kanimo ang Pulong sa Dios, himoon niini nga imong espirituwal nga unod ug dugo, ug matngonon ug musunod sa pagbuot sa Dios. Mao kini kon unsaon kanimo magpanganak sa espiritu paagi sa Espiritu Santo, patuboa ang imong pagtoo, ug bawion ang nawala nga dagway sa Dios paagi sa pagpangita sa tibuok nga katungdanan sa mga tawo.

Apan, ang katong nagkaon sa Pulong sa Dios uban ang ilang kaugalingong mga hunahuna nga wala gisugba niini sa ibabaw sa kalayo nagbati na og kalaay sa Pulong sa Dios, ug dili sila makahinumdom niini kay naminaw sila niini nga anaa sa tiwangwang nga mga hunahuna. Dili ni sila makatubo sa espirituwal o makaangkon og tinuod nga kinabuhi.

Ika-upat, dili kanimo angay nga ikabilin ang Pulong sa Dios hangtud sa buntag

Unsa man ang kahulogan sa "Dili kamo magbilin bisan unsa niini hangtud sa buntag, apan kato nga mahabilin niini hangtud sa buntag, sunugon ninyo sa kalayo"?

Nagkahulogan niini nga angay kang mukaon sa unod sa Anak sa Tawo, ang Pulong sa Dios sa gabii. Ang kalibotan kon asa ka nagpuyo karon mao ang usa kangitngit nga kalibotan nag gidumala sa yawa, ug kini mahimong espirituwal nga malitok sa gabii o sa kagabhion. Kon mobalik na ang atong Ginoo, ang tanang kangitngit mawala ug ang tanang butang mabawi; mahimo niining buntag, ang kalibotan sa kahayag.

Busa, "dili kamo magbilin bisan unsa niini hangtud sa buntag" nagkahulogan imong tun-an ang Pulong sa Dios aron maandam kanimo ang imong kaugalingon ingon sa usa ka kalaslon sa atong Ginoo sa wala pa Siya makabalik.

Sa dugang pa, kon ang pagbalik sa Ginoo duol na o dili, mabuhi lang ka sa setenta o otsenta ka mga tuig, ug wala ka nasayod kon anus-a kanimo makit-an ang Ginoo. Hangtud sa magkita kamo sa Ginoo, espirituwal ka nga magtubo abot nga makakaon ka sa unod ug makainom sa dugo sa Anak sa Tawo. Busa kinahanglan kanimo nga magkugi sa pagtuon sa Pulong sa Dios ug magtubo sa espirituwal.

Kon aduna kay pagtoo sa amahan paagi sa kanunay nga pagdugang sa pagtubo sa imong espiritu, makadawat ka og himaya sama sa nagsidlak nga adlaw duol sa trono sa Dios sa Iyang gingharian tungod nasayod ka sa Dios kon kinsa gikan sa sinugdan, nagpa-ugmad sa siyam ka bunga sa Espiritu Santo ug ang mga Kaluwalhatian nga nag-anggid sa dagway sa Dios.

Pag-inom sa Dugo sa Anak sa Tawo

Aron mahuptan ang kinabuhi, kinahanglan kanimong mukaon og pagkaon uban ang pag-inom sa tubig. Kon dili ka magkonsumo og tubig, ang pagkaon dili mahilis ug ikaw mamatay. Kon moadto ang pagkaon sa tiyan sagol sa tubig, sila gihilis, ang mga nutrina gisurop, ug ang hugaw gipagawas.

Sa sama nga paagi, kon imong kan-on ang unod sa Anak sa Tawo, kon dili ka mag-inom sa dugo sa Anak sa Tawo, dili ka makahilis niini. Busa, imong maangkon ang walay-katapusan nga kinabuhi sa pagkaon lang sa unod sa Anak sa Tawo uban ang pag-inom sa dugo sa Anak sa Tawo.

"Ang pag-inom sa dugo sa Anak sa Tawo" mao ang pagbutang sa Pulong sa Dios sa kalihokan uban ang pagtoo. Human kanimong maminaw sa Pulong sa Dios, importante kaayo nga molihok suma niini, ug kini mao ang pagtoo. Kon dili ka molihok suma sa Pulong sa Dios human kang naminaw niini ug nasayod niini, walay pulos lang ang pagpaminaw niini.

Sa paagi nga ang mga nutrina gisurop ug ang mga hugaw gipagawas kon imong hilison ang imong pagkaon, ang Pulong sa Dios, ang kamatuoran, isurop ug ang mga pamakak pagawason kon ikaw molihok suma sa Pulong sa Dios aron mahinlo ang inyong mahugaw nga mga kasingkasing.

Unsa man ang mga "gisurop nga kamatuoran" ug ang "gipagawas nga pamakak"? Atong ingnon nga naminaw ka sa Pulong sa Dios, "Ayaw og pagdumot, apan higugmaon ang matag usa." Kon himoon kanimo niini nga pagkaon ug molihok suma niini, ang nutrina nga gitawag nga gugma gisurop ug ang hugaw nga gitawag nga pagdumot gipagawas. Ang imong kasingkasing awtomatik nga mahimong mas hinlo ug dugang nga matud-anon paagi sa pagpagawas sa bulingon ug hugaw nga mga hunahuna.

Maglihok Suma sa Pulong sa Dios human Mapaminawan Niini

Apan, kon dili ka molihok suma sa Pulong sa Dios, wala ikaw nag-inom sa dugo sa Anak sa Tawo. Busa, ang Pulong sa Dios usa lang ka bahin nga kahibalo sa ulo ug dili ka maluwas kon dili ka molihok suma niini.

Ang pag-inom sa dugo sa Anak sa Dios, ang paglihok suma sa Pulong sa Dios, dili mahimo sa paningkamot lang sa tawo. Kinahanglan aduna kay pagbuot ug paningkamot sa paglihok suma sa Iyang Pulong, ug unya dawaton ang grasya sa Dios, ug ang tabang sa Espiritu Santo paagi sa madilaab nga pagpangampo.

Kon makahilayo ka sa sala paagi sa imong kaugalingong mga paningkamot, Si Hesus dili kinahanglan nga ilansang, ug dili kinahanglan sa Dios nga ipadala ang Espiritu Santo.

Si Hesukristo gilansang aron mapasaylo ang imong mga sala kay dili ka makasulbad sa problema sa sala paagi sa imong kaugalingon, ug ang Dios nagpadala sa Espiritu Santo aron tabangan ka nga mabaylo ang imong bulingon nga kasingkasing sa usa ka hinlo nga kasingkasing.

Ang Espiritu Santo, ang Espiritu sa Dios, nagtabang sa mga anak sa Dios aron mabuhi sa sulod sa kamatuoran ug pagkamatarong. Busa, uban sa tabang sa Espiritu Santo, ang mga anak sa Dios angay nga mabuhi suma sa Pulong sa Dios sa pagpahilayo sa ilang mga sala ug dawaton ang gugma og panalangin sa Dios.

Kapasayloan paagi Lang sa Paglakaw sa Kahayag

Sa pag-ingon nga nagkaon ka sa unod ug nag-inom ka sa dugo sa Anak sa Tawo, kini nagkahulogan nga ikaw naglihok sa kahayag suma sa Pulong sa Dios. Unya, sa unsa mang klaseng mga lihok niini naghinambit? Kinahanglan kanimo nga magbinot-an sa kahayag. Imong biyaan ang kangitngit ug maglihok sa kahayag kon magkaon ka sa unod sa Anak sa Tawo, hilison kiini, ug himoon ang imong kasingkasing nga tinuod. Kon maglihok ka sa kahayag, hinloan sa dugo sa Ginoo ang imong mga sala sa kaniadto, karon, ug sa umalabot.

Bisan pa nga aduna kay mga sala nga wala pa matangtang, kon ikaw magbasol sa tibuok kanimong kasingkasing sa atubang sa Dios, ang imong mga sala mahimong mapasaylo paagi sa grasya sa Dios. Katong kon kinsa tinuod nga nagtoo sa Dios ug nagsulay nga matuman ang pagkamatarong sa ilang mga kasingkasing dili na mga makakasala apan matarong nga mga tawo, ug sila mahimong maluwas ug maangkon ang walay-katapusan nga kinabuhi.

Ang Dios mao ang Kahayag

Miingon sa 1 Juan 1:5 nga *"Ang gipahibalo nga among nadungog gikan Kaniya ug karon among ginamantala kaninyo mao kini, nga ang Dios kahayag, ug diha Kaniya wala gayuy kangitngit."*

Ang apostol nga si Juan, kon kinsa ang nagsulat sa 1 Juan, gitudloan og deretso ni Hesus, kon kinsa niari sa niining kalibotan ug nahimong kahayag sa niining kalibotan ug ang dalan ngadto sa Dios.

Busa, nag-ingon niini nahanugod ni Hesus sa Juan 1:4-5 nga, *"Diha Kaniya ang kinabuhi, ug ang maong kinabuhi mao ang Kahayag alang sa mga tawo. Ang kahayag nagsidlak sa kangitngitan, ug ang kangitngitan wala makabuntog niini."* Gipahayag ni Hesus ang Kaugalingon, *"Ako mao ang dalan, ug ang kamatuoran, ug ang kinabuhi; walay bisan kinsa nga makaadto sa Amahan, gawas kon pinaagi Kanako."* (Juan 14:6).

Busa, ang mga disipolo ni Hesus nagsaksi sa kamatuoran nga "Ang Dios mao ang Kahayag," paagi ni Hesus, ug ang mensahe nga ilang gipahayag kanimo nga "Ang Dios ang Kahayag."

Ang Kahayag Espirituwal nga Nagkahulogan nga Kamatuoran

Unsa, man, ang "kahayag"? Sa espirituwal, ang kahayag nagkahulogan nga kamatuoran mao ang kaatbang sa kangitngit.

Nagsulti kanato ang Dios sa Mga Taga-Efeso 5:8, *"Kay bisan tuod kangitngit kamo kaniadto, karon Kahayag na kamo tungod sa Ginoo; paglakaw kamo ingon sa mga anak sa Kahayag"*. Katong naminaw sa mensahe nga "Ang Dios ang Kahayag" ug magtuon sa kamatuoran nga ang Dios magsidlak ug magpahayag niining kalibotan, sa paagi nga ang kahayag magtabog sa kangitngit sa layo.

Ang mga anak sa kahayag kon asa naglihok suma sa kamatuoran nagpamunga sa Kahayag. Mao kana nga miingon sa Taga Efeso 5:9 nga, *"Kay ang bunga sa Kahayag nagkaunod sa tanang maayo ug pagkamatarong ug kamatuoran."* Ang spiritual nga gugma nga naghulagway sa 1 Mga Taga-Corinto 13 ug ang mga bunga sa Espiritu Santo sama sa gugma, kalipay, kalinaw, kamailubon, kamaayo, pagkamatinuohon, pagkamaaghop, ug pagpugong-sa-kaugalingon mao ang mga bunga sa Kahayag.

Busa, ang kahayag naghinambit sa tanan nga mga pulong sa kamatuoran sa kamaayo, pagkamatarong, ug gugma sama sa "higugmaon ninyo ang usa og usa, mag-ampo, tumana ang

Sabbath, sundon ang Napu ka mga Sugo" nga gisulti kanimo sa Dios sa Biblia.

Ang Kangitngot Nagkahulogan sa Espirituwal nga Sala

Ang kangitngit naghinambit sa kahimtang kon asa walay kahayag, ug nagkahulogan niini mga sala.

Ang tanang mga dili-tinuod nga mga butang, kon asa mao ang kaatbang sa kamatuoran, ingon sa mga butang nga gisulat sa Mga Taga-Roma 1:28-29, *"Ug kay nanagdumili man sila sa pag-ila sa Dios, sila gitugyan sa Dios ngadto sa pagpanghunahuna nga dautan, sa paggawi sa mga butang nga dili angay, sila napuno sa pagkadili matarong, pagkadautan, kahakog, dautan; puno sa kasina, pagbuno, pakiglalis, lansis, kangil-ad."* Kining tanan mao ang kangitngit.

Ang Biblia nisulti kanimo nga ipahilayo ang tanang butang nga paghisakop sa kangitngit sama sa pagpangawat, pagbuno, panapaw ug tagsatagsa nga dautan.

Sa usa ka bahin, pipila ka mga tawo nag-angkon nga anak sila sa Dios, bisan pa nga wala sila nagmasinugtanon sa unsang gisulti kanila sa Dios nga himuon o huptan apan naghimo sa mga butang nga nagsulti ang Dios dili nila himoon o ilabay. Kining kangitngit gidumala sa yawa ug ni Satanas ug kini gipanag-iyahan niining kalibotan, busa dili niini gayud mapanag-uban sa kahayag. Mao kini nganong katong kon kisa ang naglihok sa kangitngit nagdumot sa kahayag ug nagpuyo palayo gikan niini. Sa pikas nga bahin, ang tinuod nga mga anak sa Dios, nga mao ang kahayag kon asa walay kangitngit, angay nga magsalikway sa kangitngit ug maglihok sa kahayag. Mao lang, nga mahimo kang makig-ambit sa Dios ug ang tanang butang magmaayo sa imong kinabuhi.

Ebidensiya nga Adunay Pagpakig-uban sa Dios

Sa kasagaran, adunay haduol kaayo nga pagpakig-uban base sa gugma taliwala sa mga ginikanan ug ang ilang mga anak. Sa samang paagi, dayag niini alang kanimo–kon kinsa nagtoo ni Hesukristo–aron adunay pagpakig-uban sa Dios kon kinsa mao ang Amahan sa imong espiritu (1 Juan 1:3).

Ang pakig-uban nganhi nagkahulogan nga dili lang ang usa ang nakaila sa usa pa, apan parehas silang nakaila sa matag-usa og maayo. Dili ka makaingon nga aduna kay pagpakig-uban sa Presidente bisan pa nga nasayod ka og dako kaayo kaniya. Sama niini sa imong pagpakig-uban sa Dios. Aron adunay tinuod nga pagpakig-uban sa Dios, kinahanglan masayod ka Kaniya sama nga masayod Siya ug makaila kanimo.

Miingon sa 1 Juan 1:6-7 nga, *"Kon kita magaingon nga may pakig-uban kita Kaniya apan naglakaw sa kangitngit, kita nagabakak ug wala magkinabuhi subay sa kamatuoran; apan kon kita magalakaw diha sa kahayag maingon nga siya anaa sa kahayag, kita may pakig-uban sa usa og usa, ug ang dugo ni Hesus nga iyang Anak nagahinlo kanato gikan sa tanang sala."*

Kini nagkahulogan nga aduna kay pagpakig-uban sa Dios kon imo lang ipahilayo ang mga sala ug maglihok sa kahayag. Kon moingon ka nga aduna kay pagpakig-uban sa Dios samtang nagalihok sa gihapon ug nagpanginabuhi sa kangitngit, usa niini ka bakak. Ang pagpakig-uban sa Dios nagkahulogan nga adunay espirituwal ug matinud-anon nga pagpakig-uban, dili lang adunay dili-diosnon nga pagpakig-uban nga nasayod lang Kaniya uban ang kahibalo sa sulod sa imong ulo. Ikaw sa imong kaugalingon dapat mahimong kahayag aron adunay pagpakig-uban sa Dios kay Siya mao ang kahayag. Ang Espiritu Santo, ang kasingkasing sa Dios, klaro nga nagtudlo kanimo sa pagbuot sa Dios sa abot nga ikaw magpabilin sa kamatuoran aron ikaw adunay halawom nga pakig-ambit sa Dios kon imong mabasa ang Pulong sa Dios ug mag-ampo.

Kon Maglakaw ka sa Kangitngit

Nagpamakak ka kon imong giangkon nga aduna kay pagkig-uban sa Dios apan naglakaw sa kangitngit nga naghimo og mga sala. Dili niini paglakaw sa kamatuoran, ug ikaw sa ulahi moadto sa dalan sa kamatayon.

Sa 1 Samuel 2, ang mga anak nga lalake ni Eli ang pari naglikok og dautan ug naghimo og mga sala. Iya unta silang gisilotan, apan gipasidan-an lang niya sila, *"Nganong inyo mang gihimo kaning mga butanga? Dili ninyo angay himoon kana."* *(b. 23).*

Sa katapusan, ang kasuko sa Dios nahulog ngadto kanila.

Duha ka mga anak nga lalake ni Eli ang pari namatay sa away, ug si Eli patalikod nga nahulog sa iyang lingkoranan sa kilid sa ganhaan; ang iyang liog nabali ug namatay siya. Ang kasuko sa Dios nahulog sad sa iyang mga kaliwat, (1 Samuel 2:27-36, 4:11-22).

Busa, sa giingon sa Mga Taga-Efeso 5:11-13, *"Ayaw kamo pag-ambit sa mga dili mabungahong buhat sa kangitngit, hinoon kinahanglan ibutyag ninyo kini; kay makauulaw gayud ang paghisgot sa mga butang nga ginabuhat nila sa tago. Apan ang tanang mga butang makita kon sila nga ipadayag pinaagi sa kahayag, kay ang tanang makita kahayag man."*

Kon adunay usa ka tawo nga nag-angkon nga aduna siya og pagpakig-uban sa Dios apan wala maglakaw sa kahayag, imo siyang pasidan-an uban ang gugma. Kon dili gihapon siya moadto sa kahayag, imo siyang kasuk-an aron madala siya sa kahayag aron dili siya moadto sa dalan sa kamatayon.

Kapasayloan paagi sa Paglakaw sa Kahayag

Adunay balaod niining kalibotan ug ang usa ka tawo kon mosupak niini, silotan siya suma sa sukod sa iyang lihok. Apan, dili siya makatabang nga mobati nga sad-an siya sa iyang tanlag kay ang kagusbatan nahimo na bisan pa nga iyang gibayran kon unsa ang iyang nahimong sayop ug gisilotan.

Sa sama, aduna pa gihapon ka og makakasala nga kinaiya sa imong kasingkasing bisan pa nga imong gidawat si Hesukristo, napasaylo ang imong mga sala, ug gipahayag nga matarong. Busa, gisugo kanimo sa Dios nga imong tulion ang imong kasingkasing aron dili kanimo mabati nga sad-an ka bisan pa sa imong tanlag.

Suma sa giingon sa Jeremias 4:4, *"Magtuli kamo sa inyong kaugalingon sa GINOO ug kuhaa ang mga habolhabol sa inyong kasingkasing, kamong mga tawo sa Juda ug mga pumoluyo sa Herusalem, o tingali unya nga mogula ang Akong kapungot sama sa kalayo ug mosunog sa pagkaagi nga walay makapalong niini, tungod sa kadautan sa inyong mga buhat,"* ang pagtuli sa kasingkasing nagkahulogan sa pagputol sa panit sa imong kasingkasing.

Ang pagputol sa panit sa imong kasingkasing nagkahulogan nga sundon kon unsa ang giingon sa Dios nga anaa sa Biblia sama sa, "Mga Himoon," "Mga Dili Himoon." "Mga Huptanan," og "Mga Inuglabay." Sa ubang mga pulong, nagkahulogan niini nga ipahilayo ang tanang butang nga batok sa Pulong sa Dios sama sa pamakak, dautan, dili-pagkamatarong, kalapasan sa balaod, ug kangitngit ug hinloan ang imong kasingkasing ug pun-on kanila sa kamatuoran.

Busa, kinahanglan kugihan kang maghimo sa Pulong sa Dios nga imong pagkaon, suropon ang mga nutrina paagi sa paglihok suma niini, ug ipagawas ang dautan ug mga pamakak nga ginsakpan sa kangitngit. Kon imong tulion ang imong kasingkasing, mahimo kang espirituwal nga motubo.

Kon mahimo kang espirituwal ug matinud-anon nga tawo nga mopagawas sa sala ug dautan maingon nga hugaw, aduna kay pagpakig-uban sa Dios. Unya, ang dugo ni Hesukristo mahimong mohinlo sa imong mga sala kay aduna ka niining pagpakig-uban.

Busa, dili lang kanimo dawaton si Hesukristo ug magpahayag nga matarong, apan magbaylo sad ngadto sa usa ka tinuod nga matarong nga tawo paagi sa pagkaon sa unod, pag-inom sa dugo sa Anak sa Tawo, ug ang pagtuli sa imong kasingkasing.

Ang Pagtoo nga Uban ang Paglihok Mao ang Tinuod nga Pagtoo

Sa imong pagsorpresa, makita kanimo ang daghang mga tawo nga wala gayud makasabot sa kahulogan sa pagtoo. Pipila ang moingon nga, "Nganong dili ka man lang mosimba? Maluwas ka man gihapon."

Kon maminaw ka sa Pulong sa Dios ug masayod niini, apan wala maglihok suma niini, kini usa lang ka pagtoo sa umol nga kahibalo sa imong ulo, dili ang tinuod nga pagtoo. Sa niining paagi, dili ka maluwas. Unsa man ang pagtoo nga giila sa Dios? Unsaon man pagluwas kanimo paagi sa pagtoo?

Ang Tinuod nga Pagbasol Nagkinahanglan sa Pagtalikod Pahilayo Gikan sa mga Sala

Miingon sa 1 Juan 1:8-9 nga *"Kon kita magaingon nga wala kitay sala, kita ra ang nagapahisalaag sa atong kaugalingon ug wala kanato ang kamatuoran. Kon ikompisal ta ang atong mga sala, Siya kasaligan ug makatarunganon nga tungod niana mopasaylo Siya sa atong mga sala ug magahinlo kanato gikan sa tanang pagkadili makatarunganon."*

Unsa, man, ang magkompisal sa imong mga sala?

Kunohay ang atong Dios nag-ingon kanimo nga, "Ang pag-adto sa sidlakan mao ang dalan ngadto sa kinabuhi nga walay-katapusan, busa muadto ka sa sidlakan. Bisan pa niani, kon magpadayon ka og ngadto sa kasadpan ug moingon, "Ginoo, didto unta ko niadto sa sidlakan, apan didto ako padulong sa kasadpan, busa pasayloa ako," dili niini usa ka pangompisal. Dili niini pagtoo sa Dios o pagkahadlok Kaniya, apan kini usa ka pagbugalbugal Kaniya. Ang tinuod nga pagbasol mahimo dili lang sa pagkompisal sa imong mga sala sa baba apan paagi sad sa hingpit nga pagtalikod pahilayo gikan sa imong mga sala ug sa imong mga buhat. Mao lang nga ang Dios mudawat niini maingon nga pagbasol ug maghatag kanimo og kapasayloan.

Ang paagi nga mamatay ka kon dili ka mukaon sa bisan unsa nga pagkaon bisan pa nga nasayod ka nga kinahanglan kanimo nga mukaon aron mahuptan ang imong kinabuhi, dili ikaw mahinlo paagi sa dugo sa Ginoo kon imo lang ikompisal ang imong mga sala sa imong baba ug wala magtalikod pahilayo gikan kanila.

Ang Pagtoo nga walay mga Buhat Mao ang Patay nga Pagtoo

Miingon niini sa Santiago 2:22, nga, "*Makita mo nga ang pagtoo diay naglihok duyog sa Iyang binuhatan, ug pinaagi sa iyang binuhatan, ang iyang pagtoo nahingpit.*" Ang bersikulo 26 nagpadayon nga: "*Kay maingon nga patay ang lawas nga mahimulag sa espiritu, mao man usab patay ang pagtoo nga mahimulag sa binuhatan.''*

Daghang mga tawo ang mosimba kay napaminawan kanila nga adunay langit ug impiyerno. Apan, kay wala tinuod sila magtoo niining kamatuoran sa ilang mga kasingkasing, naghimulag ang mga buhat.

Kini mao nga pagtoo lang maingon nga kahibalo ug patay nga pagtoo.

Sa dugang pa, kon mangompisal ka sa imong baba nga nagtoo ka samtang nagkabuhi sa sala, unsa man kanimo pag-ingon nga aduna kay pagtoo? Ang Biblia miingon kanimo nga ang sala nga nahimo uban ang kahibalo mao ang mas dautan kaysa sala nga gihimo nga walay kahibalo.

Kon ikaw magkompisal, "Nagtoo ako" nga walay mga buhat, mahimong maghunahuna ka nga aduna kay pagtoo apan wala niini giila sa Dios nga tinuod nga pagtoo.

Ang mga Israelinhon kon kinsa nanggawas sa Egipto nagsinati og daghan nga mga binuhatan sa Dios. Gipahat sa Dios ang Red Sea, naghatag og manna ug buntog kanila, ug gipanalipdan sila uban ang haligi sa panganod sa adlaw ug haligi sa kalayo sa gabii.

Apan, sa pagsugo kanila sa Dios nga maniid sa yuta sa Canaan, si Joshua ug Caleb lang ang nitoo sa Pulong ug gahom sa Dios. Ang nadangatan, ang katong mga Israelinhon, nga wala nagmasinugtanon sa Dios kay wala sila og makusog nga pagtoo nga muadto sa Canaan, adunay kuwarenta ka mga tuig nga mga pagsulay sa kasiotan ug sa ulahi nangamatay ngadto.

Imong angay nga mamatngonan nga walay pulos kini kon dili ka magtoo o maglihok suma sa Pulong sa Dios bisan pa nga imong nasaksihan ug nasinati ang daghang mga binuhatan sa Dios. Ang pagtoo makompleto uban ang mga buhat.

Ang Kato lang nga Naghupot sa Balaod ang Himoon nga mga Matarong

Nagsulti kanato ang Dios sa Mga Taga-Roma 2:13 nga *"Kay dili ang mga nagapatalinghug sa Balaod maoy matarong sa atubangan sa Dios, kondili ang mga nagatuman sa kasugoan mao ang pakamatarungon."*

Dili ikaw matarong paagi lang sa pagtambong sa serbisyo ug pagpaminaw sa mga mensahe. Ikaw mahimong matarong lang kon ang imong dili tinuod nga kasingkasing magbaylo ngadto sa tinuod nga kasingkasing paagi sa paglihok suma sa Pulong sa Dios.

Pipila miingon nga mahimo kang maluwas sa pagtawag lang ni Hesukristo "Ginoo" sa imong baba nga wala masabti ang Mga Taga-Roma 10:13, *"Kay ang tanan nga mutawag sa ngalan sa Ginoo maluwas."* Apan, kana hingpit nga sayop. Sa giingon sa Isaias 34:16, *"Susiha ninyo gikan sa libro sa GINOO, ug basaha: walay usa niini nga mawala; walay makulangan sa iyang kauban. Kay ang Iyang baba nagsugo na, ug ang Iyang Espiritu, maoy nagtigum kanila,"* Ang Pulong sa Dios adunay kauban ug mahimo lang niining hingpit kon mahubad kuyog ang kauban.

Miingon sa Mga Taga-Roma 10:9-10 says, *"Kon pinaagi sa imong baba magkompisal ikaw nga si Hesus mao ang Ginoo, ug magatoo sa sulod sa imong kasingkasing nga Siya*

gibanhaw sa Dios gikan sa mga patay, maluwas ikaw; kay sa
kasingkasing ang tawo magatuo, aron siya magkamatarong,
ug siya magkompisal pinaagi sa iyang baba, aron maluwas
siya."

Kato lang kon kinsa tinuod nga nagtoo sa ilang mga
kasingkasing nga nabanhaw si Hesus ang makahimo sa ilang
pangompisal sa ilang baba sa tinuod kay sila nabuhi suma sa
Pulong sa Dios. Maluwas sila kon sila mangompisal uban ang
kining tinuod nga pagtoo ug magkadugang nga matarong, apan
katong wala nangompisal uban ang kining pagtoo dili maluwas.

Mao kana nganong si Hesus nag-ingon sa Mateo 13:49-50,
"Busa niana ang mahitabo inigkatapus na sa kapanahonan;
ang mga manolunda manggula ug ang mga dautan ilang
lainon gikan sa mga matarong, ug ilang igalabay kanila
ngadto sa hudno nga magadilaab; didto ang mga tawo
managpanghilak ug managkagot sa ilang mga ngipon."

Nganhi, "ang matarong" naghinambit sa tanan nga nakaila sa
Dios ug niangkon nga adunay pagtoo. "Lainon ang mga dautan
gikan sa mga matarong" nagkahulogan nga katong wala
naglihok suma sa Pulong sa Dios dili maluwas bisan pa nga
nagsimba sila sa iglesia ug nagdala sa Krisitiyano nga mga
kinabuhi.

Gusto Gayud sa Dios ang Pagtuli sa Kasingkasing

Gusto sa Dios nga ang Iyang mga anak mabinalaanon ug
hingpit. Mao kana nga nagsulti Siya kanato sa 1 Pedro 1:15,
"Maingon nga Balaan man Siya nga nagtawag kaninyo,

kinahanglan kamo usab magmabalaanon sa tanan ninyong paggawi" ug sa Mateo 5:48, *"Busa kamo kinahanglan magmahingpit, ingon nga hingpit ang inyong Amahan nga langitnon."*

Sa panahon sa Daang Kasabotan, ang mga tawo naluwas paagi sa mga buhat ingon sa pakigtugyan sa unsa ang moabot, apan sa panahon sa Bag-ong Kasabotan kon kanus-a gituman ni Hesukristo ang balaod sa gugma, ikaw naluwas paagi sa pagtoo.

"Pagkaluwas paagi sa mga buhat sa Balaod" nagkahulogan nga bisan ikaw aduna, sa pananglitan, usa ka bulingon nga kasingkasing, pagdumot, naghimo og pakighilawas, namakak, ug uban pa, dili kini giila nga sala gawas kon gihimo niini sa lihok.

Wala gisudyaan sa Dios ang mga tawo gawas kon ilang gihimo ang sayop nga mga buhat kay dili sila makatagbong sa ilang mga sala sa ilang kaugalingon nga wala ang Espiritu Santo sa panahon sa Daang Kasabotan. Apan, sa panahon sa Bag-ong Kasabotan, maluwas lang ka kon imong tulion ang imong kasingkasing nga anaa ang pagtoo uban ang katabang sa Espiritu Santo, kay ang Espiritu Santo nianha kanimo. Ang Espiritu Santo nakapaamgo kanimo sa kalainan taliwala sa sala ug pagkamatarong, ug ang Paghukom, naghatag og higayon kanimo nga mabuhi suma sa Pulong sa Dios. Busa, mahimo kang hilayo sa pamakak ug tulion ang imong kasingkasing uban ang katabang sa Espiritu Santo.

Imong angay nga mamatngonan nga ang Dios naghangyo gayud kanimo nga imong tulion ang imong kasingkasing, ipahilayo ang mga sala, mabinalaanon, ug mosalmot sa balaanon nga kinaiya. Ang apostol nga si Pablo nasayod niining pagbuot sa Dios ug gipanudlo ang pagtuli sa kasingkasing, dili ang sa unod (Mga Taga-Roma 2:28-29). Iyang gitambagan kamo nga mosukol sa punto nga magpaagas sa inyong dugo sa inyong pakigbisog sa sala, uban ang imong mga mata nga nakatutok ni Hesus, ang manughingpit sa imong pagtoo (Mga Hebreohanon 12:1-4).

Gilaom kanako nga aduna ka og tinuod nga pagtoo uban ang mga buhat nga mamatngonan nga dili ka masulod sa langit sa pagtawag lang "Ginoo, Ginoo," apan pinaagi lang sa paglakaw sa kahayag ug sa pagtuli sa imong kasingkasing.

Kapitulo 9

ARON MAPANGANAK SA TUBIG UG SA ESPIRITU

- Hing-adto si Nicodemo kang Kristo
- Hingtabang si Hesus sa Espirituwal
  nga Pagpasabot ni Nicodemo
- Sa Pagpanganak sa Tubig ug sa
  Espiritu
- Tulo ka mga Pagpamatuod: ang
  Espiritu, ang Tubig, ug ang Dugo

"Karon dihay usa ka tawo sa mga Pariseo, nga ginganlan si Nicodemo, nga punoan sa mga Hudio; kining tawhana miadto kang Hesus sa takna sa kagabhion ug miingon kaniya, 'Rabi, kami nasayod nga ikaw maoy usa ka magtutudlo nga gikan sa Dios; kay wala gayuy makahimo niining mga milagro nga Imong gipangbuhat gawas lamang kon ang Dios anaa uban Kaniya.' Ug si Hesus mitubag kaniya, 'Sa pagkatinuod, sa pagkatinuod, magaingon ako kanimo, gawas kon ang usa ipanganak pag-usab dili siya makakita sa gingharian sa Dios.' Ug si Nicodemo nangutana kaniya, 'Unsaon man pagkahimo nga pagpanganak sa tawo kon tigulang na siya? Makasulod pa ba siya pag-usab sa taguangkan sa iyang inahan ug mahimugso?' Si Hesus mitubag, 'Sa pagkatinuod, sa pagkatinuod, magaingon ako kanimo, gawas kon ang tawo ipanganak sa tubig ug sa Espiritu, dili siya makasulod sa gingharian sa Dios.'"

Juan 3:1-5

Gipadala sa Dios si Hesukristo, ang Iyang usa ug bugtong nga Anak, ug nagbukas sa dalan sa kaluwasan. Kon kinsa ang mudawat Kaniya makadawat sa katarongan nga mahimong anak sa Dios ug mangalipay sa gipanalanginan ug walay-katapusan nga kinabuhi karon ug sa kahangtoran. Apan, karong mga adlawa makita kanimo nga daghang mga tawo wala niining kapangakohan sa kaluwasan bisan pa nga nadawat nila si Hesukristo. Sa dugang pa, pipila ka mga tawo niangkon nga nakadawat sa kaluwasan apan nagkulang sa pagtoo aron maluwas, o ang ubang pipila niangkon nga kausa nang nakadawat sa Espiritu Santo, apan wala silay nangilabot nahanungod sa ilang mga buhat pagkahuman.

Karon sa pagtapos sa mensahe sa krus, atong tin-awon nahungod sa unsa pagkab-ot sa hingpit nga kaluwasan gikan sa panahon nga nidawat ka ni Hesukristo, paagi sa sugilanon ni Nicodemo.

Hing-adto si Nicodemo kang Kristo

Sa panahon ni Hesus, ang mga Pariseo adunay taas nga pagtagad alang sa Balaod ni Moises, ug nagpadayon sa paggunit sa tradisyon sa mga katiguwangan. Sila mao ang mga relihiyoso nga mga punoan nga naapil sa mga pinili nga mga Israelinhon kon kinsa nitoo sa kagahom sa Dios, ang pagkabanhaw, ang mga manulonda, ang katapusan nga Paghukom, ug ang pag-ari sa Misiyas.

Apan, nagbalikbalik og badlong kanila si Hesus, nga miingon, "Alaut kamo, mga Pariseo." Sila, maingon nga mga mapagawal, nagpakita nga mga balaan sa tawo sa gawas, apan sa sulod puno sa kahakog ug kaugalingong-indulhensiya sama sa gihinloan nga mga lubnganan (Mateo 23:25-36).

Si Nicodemo Adunay Maayong Kasingkasing

Si Nicodemo usa sa mga Pariseo sa konseho sa pamuno nga Hudiohanon nga gitawag Sanhedrin. Apan, wala siya naglutos ni Hesus dili sama sa ubang mga Pariseo. Hinoon, nagtoo siya nga si Hesus nagkagikan sa Dios, nga nakakita sa mga katingalahan ug mga timaan nga gihimo ni Hesus. Gusto ni Nicodemo masayod kon kinsa si Hesus kay aduna siya og maayo nga kasingkasing.

Sa Juan 7:51, gipangutana ni Nicodemo ang mga Pariseo nga gustong mudakop ni Hesus, nga nagdepensa Kaniya, *"Ang atong Balaod mohukom ba diay kining tawo aron silotan sa wala unay pagpatalinghug kaniya ug pagpakisayod unsa ang iyang nabuhat?"*

Dili gayud sayon musulti sa anang paagi maingon sa usa ka miyembro sa Sanhedrin sa katong panahona. Bisan pa karon kon ang usa ka gobyerno magsupak o magpawala sa kasibot sa Pagkakristiyano paagi sa balaod, ang mga opisyal nga mga tawo dili makatindog sa kiliran sa Pagkakristiyano. Sa sama, sa katong panahona ang mga Israelinhon nagtagad sa tanang mga relihiyon gawas sa Judaism maingon nga dili tinuod. Nasayod si Nicodemo nga mahimo siyang ipatiwalag kon magtindog siya sa kiliran ni Hesus.

Apan, gidepensahan ni Nicodemo si Hesus. Nagmatuod kato nga matinuod-anon siya ug malig-on siya nga nagtindog sa pagtoo kang Kristo.

Ang Juan 19:39-40 naghubit sa usa ka eksena sa gilayon nga pagkamatay ni Hesus sa krus:

> *Si Nicodemo, siya nga kaniadto mao gani ang nakigkita kang Hesus sa takna sa kagabhion, niadto sad, nga nagdala og mga sinakot nga mirra ug mga aloe, gibanabana nga nagbug-at og usa ka gatos nga mga libra. Busa ilang gikuha ang lawas ni Hesus ug gibugkosan kinig mga panapton nga lino lakip ang mga pahumot, sumala sa batasan sa mga Hudio sa paglubong.*

Busa, nagtoo si Nicodemo nga si Hesus usa ka tawo sa Dios, nag-alagad ni Hesus nga walay pagbaylo bisan pagkahuman sa Iyang paglansang, ug nag-angkon og kaluwasan uban ang pagtoo sa Iyang pagkabanhaw.

Hing-adto si Nicodemo kang Hesus

Sa Juan 3, adunay pagsinultihay sa tunga ni Hesus ug ni

Nicodemo sa wala pa niya masabtan ang kamatuoran sa espiritu.

Usa ka gabii hing-adto si Nicodemo kang Hesus, ug nag-ingon, *"Kining tawhana miadto kang Jesus sa takna sa kagabhion ug miingon kaniya, 'Rabi, kami nasayod nga Ikaw maoy usa ka magtutudlo nga gikan sa Dios; kay wala gayuy makahimo niining mga timaan nga Imong gipangbuhat gawas lamang kon ang Dios anaa uban kaniya'"* (b. 2.)

Si Nicodemo sa una wala masayod nga si Hesus mao ang Misiyas ug Anak sa Dios. Apan, human niyang masaksihan ang mga milagro ni Hesus, namatngonan ni Nicodemo ug nagsulti nga si Hesus usa ka tawo sa Dios kay aduna siya og maayo nga tanlag. Paagi sa iyang maayong tanlag, nasayod siya nga mao lang ang Makagagahom nga Dios kon kinsa makapabangon sa mga patay, gipakita ang bulag, gipatindog ang bakol, ug giaayo ang sanglahon.

Unya, nganong hing-adto man siya ni Hesus sa gabii? Siya sama sa katong mga tawo nga dili gusto mosimba sa hayag kay wala sila og kompiyansa sa Dios ang Mamumugna.

Bisan pa nga anaa og maayong kasingkasing si Nicodemo, wala siya og tinuod nga pagtoo. Wala siya kompiyansa ni Hesus maingon nga Anak sa Dios ug ang Misiyas, busa wala siya magbisita ni Hesus sa hayag sa adlaw – gihimo niya kini sa kagab-ihon.

Hingtabang si Hesus sa Espirituwal nga Pagpasabot ni Nicodemo

Giingnan ni Hesus si Nicodemo, *"Si Hesus mitubag kaniya, 'Sa pagkatinuod, sa pagkatinuod, magaingon ako kanimo, gawas kon ang tawo ipanganak pag-usab dili siya makakita sa gingharian sa Dios.'"* (Juan 3:3).

Apan, si Nicodemo dili gayud makasabot niini. Unya siya nangutana, "Unsa man pagpanganak sa tawo kon tigulang na siya?" Wala siya og espirituwal nga pagtoo, busa siya natingala, "Ang usa ka tigulang nga tawo mamatay ug mobalik sa yuta, ug unsaon man kaniya pagpanganak usab?"

Unya si Hesus nag-ingon kaniya nahanungod sa pagpanganak sa tubig ug sa Espiritu: *"Sa pagkatinuod, sa pagkatinuod, magaingon ako kanimo, gawas kon ang tawo ipanganak pag-usab, dili siya makakita sa gingharian sa Dios. Ang gipanganak sa unod, unod man, ug ang gipanganak sa Espiritu, espiritu man"* (bb.5-6).

Si Nicodemo nagmasusihon nahanungod sa unsa gisulti ni Hesus, si Hesus nagpatin-aw sa usa ka sambingay: *"Ang hangin bitaw mohuros man ngadto sa buot niyang padulngan ug mabati mo ang iyang tingog, apan dili kanimo mahibaloan diin siya gikan o asa siya padulong; busa maingon usab niana ang tanan nga gipanganak sa Espiritu"* (b.8).

Human sa pagsupil ni Adan, ang tagsatagsa nga espiritu sa tawo namatay ug ang tanan nga nisunod gitagana nga mamatay. Apan, ang espiritu sa tawo mabuhi human ang pagpanganak sa Espiritu Santo. Maingon nga nahimo siyang espirituwal, nagbawi siya sa dagway sa Dios ug naluwas. Apan, wala kini nasabtan ni Nicodemo ug unsa ang buot ipasabot ni Hesus (b.9).

Busa nangutana siya, "Unsaon man kini?" Nitubag si Hesus:

> *Kon dili kamo motoo sa yutan-ong mga butang nga Akong gisugilon kaninyo, unsaon man ninyo sa pagtoo kon suginlan ko kamo og langitnong mga butang? Walay nakasaka ngadto sa langit, gawas lamang Kaniya nga nanaug gikan sa langit: nga mao ang Anak sa Tawo. Sa maingon nga ang halas giisa ni Moises didto sa kamingawan maingon man usab kinahanglan igaisa ang Anak sa Tawo, aron ang tanan nga mutuo Kaniya makabaton sa walay-katapusan nga kinabuhi (bb.12-15).*

Sa Mga Numero 21:4-9, ang mga Israelinhon nga gidala gawas sa Egipto nagsulti batok ni Moises tungod nga ang ilang pagpanaw ngadto sa Canaan nagkadugang og kalisod nga pag-antos. Unya gitalikdan sila sa nawong sa Dios ug gipadala ang ang malala nga mga halas nga namaak sa mga tawo.

Sa pagpangayo nila og tabang, nagsulti ang Dios ni Moises nga magbuhat og bronse nga halas ug ibutang sa tukon. Giluwas sa Dios ang kinsa man nga nitan-aw niini, apan ang mga badlongon nga mga tawo namatay kay wala sila naghasol og tan-aw niini sa dili pagtoo.

Aron Espirituwal nga Masabtan ang Pulong sa Dios

Nganong gisugo man sa Dios nga maghimo og bronse nga halas ug ibutang sa taas sa tukon? Gikan sa Genesis 3:14 nasayod kita nga ang halas mao ang gipanunglo. Sa dugang pa, miingon sa Mga Taga-Galacia 3:13 nga, *"Matinunglo ang matag-usa nga pagabitayon diha sa kahoy."*

Busa, ang pagbutang sa usa ka bronse nga halas sa taas sa tukon nagsimbolo nga si Hesus ipagabutang sa kahoy nga krus sama sa usa ka gipanunglo nga halas aron malukat ka. Sa dugang pa, sama sa kon kinsa ang mutan-aw sa bronse nga halas mabuhi, kon kinsa ang motoo ni Hesukristo maluwas.

Dili masabtan ni Nicodemo ang kahulogan sa Pulong sa Dios, kay wala pa siya mapanganak sa tubig ug Espiritu, ug wala pa mabuksan ang iyang espirituwal nga mga mata.

Bisan pa karong adlawa, gawas nga ikaw mapanganak sa tubig ug Espiritu ug ang imong espirituwal nga mga mata mabuksan, dili ka makasabot sa kahulogan sa espirituwal nga mensahe kay mahimong imo kining kuhaon nga literal ug dili niini masabtan.

Kinahanglan mangampo ka og madinalaabon aron masabtan ang kahulogan sa Pulong sa Dios paagi sa inspirasyon sa Espiritu Santo. Unya ang Dios sa grasya magabukas sa imong kasingkasing, ug imong masabtan ang Pulong sa Dios ug mag-angkon sa tinuod nga pagtoo.

Sa Pagpanganak sa Tubig ug sa Espiritu

Nisulti si Hesus ni Nicodemus sa pagbisita kaniya sa gabii, *"Sa pagkatinuod, sa pagkatinuod, magaingon ako kanimo, gawas kon ang tawo ipanganak sa tubig ug sa Espiritu, dili siya makasulod sa ginharian sa Dios. Nga ang gipanganak sa unod, unod man; ug ang gipanganak sa Espiritu, espiritu man."* (Juan 3:5-6).

Atong tin-awon ang nahanungod sa kahulogan sa pagpanganak sa tubig ug sa Espiritu. Unsaon man kanimo pagpanganak usab paagi sa tubig ug sa Espiritu ug maka-angkon og kaluwasan?

Ang Tubig Nagsimbolo sa Tubig sa Walay-Katapusan nga Kinabuhi

Ang tubig muhuwas sa imong kauhaw ug nagpahanoy sa imong kasudlan sa lawas. Kini maghinlo sad sa imong lawas sa parehong gawas ug sa sulod.

Busa si Hesus nagtandi sa tubig sa walay-katapusan nga kinabuhi sa tubig aron mapatin-aw nga niini magahinlo kanimo ug magdala ug kinabuhi.

Nisulti kanato si Hesus sa Juan 4:14, *"Apan bisan kinsa nga magainom sa tubig nga Akong igahatag kaniya dili na gayud pagauhawon; kay ang tubig nga Akong igahatag kaniya mahimong diha sa sulod niya usa ka tubod sa tubig nga magatubo ngadto sa walay-katapusan nga kinabuhi."*

Kon mag-inom ka ug tubig, dili ka uhawon alang sa

kasamtangan, apan mahimo kang uhawon usab sa pagkataud-taod. Ang tubig niining balaan nga kasulatan nagkahulogan sa walay-katapusan nga tubig. Kon kinsa man ang muinom sa tubig nga gikahatag ni Hesus dili na gayud uhawon og usab. Maingon nga, "usa ka tubod sa tubig nga magatubo ngadto sa walay-katapusan nga kinabuhi" magahatag kanimo og kinabuhi. Mabasa sa Juan 6:54-55 nga, *"Siya nga mukaon sa Akong unod ug muinom sa Akong dugo may walay-katapusan nga kinabuhi, ug pagabanhawon ko siya sa kaulahian nga adlaw. Kay ang Akong unod tinuod nga kalan-on, ug ang Akong dugo tinuod nga ilimnon."* Mao nga, ang unod ni Hesus ug ang Iyang dugo ang walay-katapusan nga tubig.

Sa dugang pa, and Iyang "unod" naghinambit sa Pulong sa Biblia kay si Hesus mao ang Pulong nga niari sa kalibotan sa unod. Ang pagkaon sa iyang unod naghinambit sa paghupot sa Iyang Pulong sa imong pangisip paagi sa pagbasa sa Biblia.

Ang dugo ni Hesus mao ang kinabuhi, ug ang kinabuhi mao ang kamatuoran. Ang kamatuoran mao si Kristo, ug si Kristo mao ang gahom sa Dios. Kining tanan mao ang dugo ni Hesus. Kay ang gahom sa Dios gikan sa pagtoo, ang pag-inom sa dugo ni Hesus nagkahulogan sa pagkamasinugtanon sa Iyang Pulong paagi sa pagtoo.

Imong matun-an nga ang tubig sa spirituwal nagsimbolo sa unod ni Hesus – nga mao ang Pulong sa Dios ug anga Kordero sa Dios. Sa paagi nga ang tubig magahinlo sa imong lawas, ang Pulong sa Dios maghugas pahilayo sa bulingon ng mga butang gikan sa imong kasingkasing.

Mao kana kon nganong ikaw gibunyagan og tubig sa iglesia,

ug ang bautismo nagsimbolo nga ikaw anak sa Dios ug gipasaylo sa imong mga sala. Sa dugang pa, nagkahulogan niini nga angay kang magpamalandong sa Pulong sa Dios ug magpahinlo paagi niini sa adlaw-adlaw.

Ang Pagpanganak Usab Uban ang Tubig

Unsaon, man, paghugas kanimo sa buling gikan sa imong kasingkasing paagi sa Pulong sa Dios nga mao ang walay-katapusan nga tubig?

Adunay upat ka mga sugo nga gikahatag sa Dios kanato: "Mga pagbuhat," "Mga dili pagbuhat," "Paghupot sa usa ka butang," ug "Pagtambog sa usa ka butang." Pananglitan, gisultihan ka sa Dios nga dili magbuhat sa mga butang sama sa kaibog, pagdumot, paghukom, pagpangawat, pakighilawas ug pagbuno.

Sa sama nga paagi, dili kanimo angay nga buhaton ang unsang gidili ug sa sama nga panahon, imong angay nga itambog ang tagsatagsa nga klase nga dautan nga butang. Kinahanglan sad kanimo nga huptan ang Sabbath, magpasangyaw, mag-ampo, ug maghigugma sa usa ug usa. Ang imong kasingkasing magkaanam ug kapuno uban ang kamatuoran paagi sa tabang sa Espiritu Santo, ug ang Pulong sa Dios maghugas sa imong pagkamadinauton o sala. Sa kining paagi, ang imong kasingkasing mahimong matuli ug mabaylo ngadto sa kamatuoran paagi sa paglihok suma sa Pulong sa Dios, ug kini mao ang "pagpanganak sa tubig."

Busa, aron madawat ang tibuok nga kaluwasan, dili lang angay kanimong dawaton si Hesus apan tulion sad ang imong kasingkasing paagi sa pagkamasinugtanon sa Pulong sa Dios sa tagsatagsa nga panahon sa imong kinabuhi.

Pagpanganak Usab Uban ang Espiritu

Aron makadawat sa kaluwasan, kinahanglan kanimo nga ipanganak sa tubig ug sama sa Espiritu. Unsaon man kanimo pagpanganak sa Espiritu? Sa Mga Buhat 19:2, ang apostol nga si Pablo nangutana sa pipila ka mga tinun-an, *"Nakadawat ba kamo sa Espiritu Santo sa diha nga nitoo na kamo?"* Unsa man ang makadawat sa Espiritu Santo?

Ang unang tawo nga si Adan nagsakop sa "espiritu," "kalag," ug "lawas" (1 Mga Taga-Tesalonica 5:23), apan ang iyang espiritu namatay maingon nga ang nadangatan sa pagkamasupilon. Unya nahimo siya og linalang nga labing dautan kay sa mananap nga nabuhat sa kalag ug lawas (Ecclesiastes 3:18).

Kon ikaw magbasol sa imong mga sala, nga nag-ila nga ikaw makakasala, ang Dios naghatag kanimo sa Espiritu Santo maingon nga usa ka gasa ug maingon sa usa ka handomanan nga ikaw Iyang anak (Mga Buhat 2:38).

Ang bisan kinsa nga mga anak sa Dios, nga nagdawat sa Espiritu Santo, mahimong magsahi taliwala sa maayo ug dautan paagi sa Pulong sa Dios ug mabuhi suma sa Pulong sa Dios paagi sa gahom ug kusog gikan sa langit paagi sa ilang madilaabon ug kanunay nga pangampo.

Sa kining paagi, nagbaylo ikaw ngadto sa kamatuoran ug adunay espirituwal nga pagtoo abot nga nagpanganak ka sa espiritu paagi sa Espiritu Santo. Miingon niini sa Juan 3:6 nga,

"Ang gipanganak sa unod, unod man; ug ang gipanganak sa Espiritu, espiritu man," ug mapanid-an sa Juan 6:63 nga, *"Ang nagahatag ug kinabuhi mao ang Espiritu; ang unod walay kapuslanan; ang mga pulong nga Akong gisulti kaninyo-kini espiritu ug kinabuhi."*

Mahimong Tawo sa Espiritu nga Musunod sa Espiritu Santo

Kon ikaw ipanganak sa tubig ug sa Espiritu Santo, mahimo kang mamulupyo sa langit (Mga Taga-Filipinos 3:20). Maingon nga anak sa Dios, mutambong ka sa mga serbisyo sa pagsimba, dalayegon Siya sa kalipay, ug mangimbisog nga mabuhi sa kahayag.

Sa wala pa makadawat sa Espiritu Santo, nabuhi ikaw sa kangitngit tungod wala ikaw masayod sa kamatuoran. Apan, human kang makadawat sa Espiritu Santo, magsulay ka sa pagkabuhi sa kahayag.

Sa pagpadayon sa panahon, nakita kanimo ng samtang aduna kay kalipay sa imong kasingkasing, nagpakigbisog ka sa kanunay sa sulod. Kini tungod ang balaod sa Espiritu nga magsunod sa mga paninguha sa Espiritu Santo nagpakigbisog batok sa balaod sa makakasala nga kinaiya nga nagsunod kaibog sa unod, ang kaibog sa mata, ug ang hambog nga garbo sa kinabuhi (1 Juan 2:16).

Nisulti ang apostol nga si Pablo nahanungod niining pagpakigbisog: *"Kay sa kinasuloran sa akong pagkatawo ginakalipay ko ang balaod sa Dios, apan dinhi sa mga bahin sa akong lawas nakita ko ang laing balaod, nga nagapakig-away batok sa balaod sa akong salabotan ug nagahimo kanakong binihag ngadto sa balaod sa sala nga nagalublob sa sulod sa mga bahin sa akong lawas. Alaut ako nga tawo! Kinsay mopagawas kanako gikan niining lawasa nga iya sa kamatayon?"* (Mga Taga-Roma 7:22-24)

Kon ikaw mapanganak sa tubig ug sa Espiritu, nahimo ka na nga usa ka anak sa Dios. Wala niini nagkahulogan nga ikaw usa ka hingpit nga espirituwal nga tawo.

Mao kana nganong nagsugid kanato sa Taga-Galacia 5:16-17 nga, *"Apan ako magaingon, panaggawi kamo diha sa Espiritu, ug dili ninyo pagtumana ang mga pangibog sa unod. Kay ang mga pangibog sa unod batok sa Espiritu ug ang mga tinguha sa Espiritu kasupak sa unod; kay kining duha nagakasinupakay man ang usa sa usa, aron kamo dili makahimo sa buot ninyong pagabuhaton."*

Aron masunod ang Espiritu Santo, kinahanglan kanimo nga mabuhi suma sa Pulong sa Dios ug maghimo sa pagbuot nga madawat ug himuot sa Dios. Busa, kon imong sundon ang paninguha sa Espiritu, dili ikaw mapanulayan ug mahimong mabuntog ang kaaway nga yawa ug si Satanas kon kinsa nagpanulay kanimo nga sundon ang mga paninguha sa makakasala nga kinaiya. Mahimo kang mabuhi ka sa kamatuoran ug maghalad sa imong kaugalingon nga matinuohon sa gingharian sa Dios ug sa Iyang pagkamatarong.

Kon imong sundon ang mga paninguha sa Espiritu Santo, anaa ka sa kalipay ug kalinaw. Apan, ikaw maalaut ug magpas-an kon imong sundon ang mga paninguha sa makakasala nga kinaiya.

Sa paghamtong sa imong pagtoo, mahimo kanimong

matagbong ang imong mga sala ug musunod sa paninguha sa Espiritu Santo sa tanang mga butang. Mawala na ang mga paninguha nga anaa kanimo nga gustong musunod sa makakasala nga kinaiya. Sa dugang pa, dili na kanimo kinahanglan nga magpakigbisog aron matagbong ang mga sala ug aron malaut pa. Mahimo kang kanunay nga mangalipay sa ilalom sa bisan unsang mga kahitaboan.

Ang Dios nahimuot uban sa katong nabuhi paagi sa mga paninguha sa Espiritu. Naghatag Siya sa kanila sa mga paninguha sa ilang mga kasingkasing maingon nga Iyang mga saad kanato sa Mga Salmo 37:4, *"Magkalipay ka uban sa GINOO; ug siya magahatag kanimo sa mga paninguha sa imong kasingkasing."*

Kon imong baylohon ang imong kasingkasing ngadto sa usa nga napuno lang uban sa kamatuoran, ang Dios nahimuot pagayo uban kanimo ug naghimo sa tanang butang posible alang kanimo. Akong gilaom nga ikaw mapanganak sa tubig ug sa Espiritu, ug mabuhi sumala uban sa mga paninguha sa Espiritu.

Tulo ka mga Pagpamatuod: ang Espiritu, ang Tubig, ug ang Dugo

Isip nga ako nang gipatin-aw, kinahanglan mapanganak ka sa tubig ug sa Espiritu aron maluwas. Apan, aron madawat ang hingpit nga kaluwasan, kinahanglan kang mahinloan gikan sa mga sala uban ang dugo ni Hesus paagi sa paglakaw sa kahayag.

Kon ang imong kasingkasing wala mahinloan, aduna ka pa'y

mga sala. Busa, kinahanglan kanimo ang dugo ni Hesukristo aron mahinloan gikan sa nahabilin nga sala.

Niini, nagsulti kanato sa 1 Juan 5:5-8 sa sumunod:

> *Kinsa ba ang mananaug sa kalibotan, kondili siya lamang nga nagatoo nga si Hesus mao ang Anak sa Dios? Si Hesukristo, mao kini siya ang moanhi pinaagi sa tubig ug dugo; dili pinaagi sa tubig lamang, kondili pinaagi sa tubig ug sa dugo. Ang Espiritu mao ang nagapamatuod niini, kay ang Espiritu mao man ang kamatuoran. Kay tulo man ang nagapamatuod niini: nga mao ang Espiritu, ang tubig, ug ang dugo; ug kini silang tulo nag-kauyon.*

Si Hesus Niari paagi sa Tubig ug Dugo

Mabasa sa Juan 1:1 nga, "Ang Dios ang Pulong" ug sa Juan 1:14, *"Ug ang Pulong nahimong unod, ug ipon kanamo nipuyo siya, ug among nakita ang iyang himaya, ang himaya nga ingon sa pagadawaton gikan sa Amahan, nga puno sa grasya ug sa kamatuoran."* Mao kana, si Hesus, ang bugtong nga Anak sa Dios ug ang Pulong gayud sa Dios, niari sa yuta sa unod aron mapasaylo ang atong mga sala. Bisan pa karong adlawa, nagpadayon Siya sa paghinlo kanato uban ang Pulong sa Dios – ang Biblia.

Apan, dili ikaw mabuhi suma sa Pulong sa Dios nga walay panabang sa Espiritu Santo. Imposible niini sa pagtagbong sa mga sala paagi sa imong kaugalingong kusog. Kinahanglan kanimong dawaton ang panabang sa Espiritu Santo paagi sa madilaabon nga pangampo aron nga matangtang kanimo ang kaibog sa unod, ang kaibog sa mata, ug ang garbo sa kinabuhi. Unya lang ikaw makagawas pahilayo sa kangitngit nga pamakak gikan sa imong kasingkasing.

Sa dugang pa, kinahanglan kanimo ang pagpaagas sa dugo aron mapasaylo. Miingon saa Mga Hebreohanon 9:22 nga *"Ug suma sa Balaod, ang usa mahimong miingon nga hapit ang tanang butang pagahinloon ug dugo, ug gawas sa pagpaagas sa dugo walay mahimong pasaylo."* Kinahanglan kanimo ang dugo ni Hesus tungod ang Iyang walay-kabasolan ug walay lama nga dugo naghatag kanimo og pasaylo.

Kinahanglan kanimong motoo ni Hesus nga niari sa tubig ug dugo, ug dawaton ang Espiritu Santo maingon nga usa ka gasa gikan sa Dios aron maangkon ang kaluwasan, alang kon asa kinahanglan kanimo ang sumunod nga tulo: ang Espiritu, ang tubig, ug ang dugo.

Kon walay pagpaagas sa dugo, walay kapasayloan ug ikaw anaa gihapon sa sala. Dili lang kanimo kinahanglan ang Pulong – ang tubig – aron mahinloan, apan ang Espiritu Santo sad aron tabangan ka nga mabuhi nga hingpit suma sa kining Pulong. Busa kining tulo nagka-uyon.

Busa, kinahanglan kanato, human mapasaylo sa atong mga sala paagi sa pagdawat ni Hesukristo, magpadayon sa pagpanganak sa tubig ug sa Espiritu aron makakuha sa hingpit nga kaluwasan, sa pagsabot sa kamatuoran nga ang tulo sa Espiritu, sa tubig ug sa dugo sa kinatibuk-an makaluwas kanato ug magdala kanato sa Langit.

Kapitulo 10

UNSA MAN AND EREHIYA?

- Ang Biblikal nga Paghatag og
  Kahulogan sa Erehiya
- Ang Espiritu sa Kamatuoran ug ang
  Espiritu sa Kasaypanan

Apan diha usab ang mga dili tinuod nga mga manalagna nga nanggawas sa taliwala sa katawhan, maingon nga sa taliwala ninyo aduna usab gayuy mobarug nga mga dili tinuod nga magtutudlo, nga sa tago magapasulod sa makapadaut nga mga erehiya, nga magapanghimakak pa gani sa Agalon nga maoy nagpalit kanila, ug busa magpahimutang sa kalit nga pagkalaglag diha sa ilang kaugalingon. Daghan ang managsunod sa ilang pagpatuyang sa kaulag, ug tungod kanila pagapasipad-an ang dalan sa kamatuoran; ug tungod sa ilang kadalo kamo ilang panapion pinaagi sa dili tinuod nga mga pulong; sukad pa kaniadto sa karaan ang hukom kanila sa silot wala maghunong, ug ang ilang pagkalaglag wala magkatulog.

2 Pedro 2:1-3

Maingon nga ang pag-ugmad sa sibilisasyon nga materyalismo, ang mga tawo nagpangulipas sa Dios kay sila nagsalig sa ilang kaugalingong kaalam ug kahibalo. Sa pagkatap sa mga sala, ang mga espiritu sa mga tawo nagkangitngit ug ang mga tawo nagkabaklag. Busa, daghang mga tawo ang nalimbongan paagi sa mga bakak kay dili sila makaila sa kalainan taliwala sa unsa ang kamatuoran ug unsa ang dili tinuod. Naghimo sad sila sa sayop nga paghukom sa ubang tawo nga gibase sa ilang kaugalingong kahibalo ug mga teyorya.

Sa Mateo 12:22-32, Si Hesus nag-ayo sa usa ka gisudlan og demonyo nga tawo kon asa usa ka bulag ug amang. Apan, sa pagkadungog sa mga Pariseo niini, nag-ingon sila, *"Kining tawhana nagapagula sa mga yawa pinaagi lamang kang Beelzebu, ang punoan sa mga yawa"* (b. 24). Ilang gipasabot nga ang buhat sa Dios gihimo paagi sa usa ka yawa.

Si Hesus nag-ingon kanila sa Mateo 12:31-32, *"Busa sultihan ko kamo, nga ang mga tawo pagapasayloon sa ilang tanang pagpakasala ug pagpasipala, apan ang pasipala batok sa Espiritu dili gayud pasayloon. Bisan kinsa nga magasulti og batok sa Anak sa Tawo, siya mapasaylo; apan bisan kinsa nga magasulti og batok sa Espiritu Santo dili gayud siya pasayloon, bisan niining panahona karon o niadtong kapanahonan nga umalabot."*

Ang mga Pariseo naghukom nga ang gibuhat ni Hesus paagi sa gahom sa Dios mao ang buhat sa usa ka demonyo. Kini mao ang usa ka pasipala batok sa Espiritu Santo. Kining mga Pariseo, busa, dili posible nga mapasaylo.

Kon imong tin-aw nga ilhon ang kalainan taliwala sa kamatuoran ug ang pagkasayop paagi sa Biblia, dili ikaw maghukom sa ubang tawo o malimbongan sa kung unsa ang dili tinuod.

Atong usisaon og dugang ang "erehiya" gikan sa panan-aw sa Dios, unsaon ang pag-ila sa kalainan taliwala sa Espiritu sa Dios ug sa mga yawan-on, ug ang ubang mga sekta kon asa ikaw kinahanglan mainampingon.

Ang Biblikal nga Paghatag og Kahulogan sa Erehiya

Ang gihatag nga kahulogan sa Oxford Dictionary sa 'erehiya' maingon nga 'usa ka pagtoo o usa ka opinyon nga batok sa mga prinsipyo sa usa ka partikular nga relihiyon.'

Si Pablo, Gikasuhan maingon nga usa ka Pangulo sa Pundok sa usa ka Erehiya nga Sekta

Mabasa sa Mga Buhat 24:5 nga, *"Kay among nakita nga maoy usa ka samokan kining tawhana ug ang usa ka tig-ugda og mga kagubot sa tanang mga Hudio sa tibuok kalibotan, ug pangulo sa pundok sa mga Nazareno."* Dinhi, "ang sekta sa mga Nazareno," naghinambit sa, "usa ka irihis nga sekta" ug niini mao ang unang panahon nga ang pulong nga "irihis" anaa sa Biblia.

Ang mga Hudio nagdala og kaso batok ni Pablo sa atubang sa gobernador kay ilang gihunahuna nga ang ebanghelyo nga giwali ni Pablo mao nga erehiya. Gilalis ni Pablo ang pasangil ug gipahayag ang iyang pagtoo maingon sa gitala sa Mga Buhat 24:13-16.

Ni dili sila makapadayag kanimo og kamatuoran sa ilang mga sumbong karon batok kanako. Apan kini akong gi-angkon kanimo, nga sumala sa Dalan nga ilang gitawag ug pundok ako nagasimba sa Dios sa among mga ginikanan, nga nagatoo sa tanan nga nahimutang diha sa Balaod ug kana nahisulat diha sa mga Manalagna; nga nagabaton diha sa Dios sa samang paglaom nga gipanagdawat usab niini nila, ang paglaom nga adunay pagkabanhaw sa mga matarong ug sa mga dili matarong. Tungod niini, kanunay ko gayud nga ginasingkamotan ang paghupot sa walay-kabasolan nga kaisipan ngadto sa Dios ug sa mga tawo.

Ang Apostol nga si Pablo ba usa Gayud ka Irihis?

Angay kanimong tan-awon ang kahulogan sa erehiya sa Biblia kay ang Biblia mao ang Pulong sa Dios, ang bugtong nga Linalang kon kinsa ang makaila sa kalainan sa kamatuoran gikan sa pagkasayop. Ang kahulogan sa erehiya gihisgotan sa sa 2

Pedro 2:1:

Apan diha usab ang mga dili tinuod nga mga manalagna sa taliwala sa katawhan, maingon nga sa taliwala ninyo aduna usab gayuy mobarug nga mga dili tinuod nga magtutudlo, nga sa tago magapasulod sa makapadaut nga mga erehiya, ug magapanghimakak pa gani sa Agalon nga maoy nagpalit kanila, ug busa magpahimutang sa kalit nga pagkalaglag diha sa ilang kaugalingon.

"Ang Agalon nga maoy nagpalit kanila" naghinambit ni Hesukristo. Ang tawo sa kinaunahan paghisakop sa Dios ug nabuhi suma sa Iyang pagbuot. Human sa iyang pagkamasupilon, nan, si Adan nahimong usa ka makakasala nga nahisakop sa yawa. Apan, ang Dios nagkalooy sa mga tawo nga anaa sa dalan sa kamatayon. Gipadala sa Dios si Hesus, ang iyang bugtong nga Anak, maingon nga usa ka kalinaw nga halad ug gitugotan Siya nga malansang aron mabuksan Kaniya ang dalan sa kaluwasan paagi sa Iyang dugo.

Ang Dios nagtrabaho alang kanato, kon kinsa sa kausa ginsakpan sa yawa, aron mapasaylo ang atong mga sala kon motoo kita ni Hesukristo. Nagdawat sad kita ug kinabuhi ug usab nahisakop sa Dios. Mao kini kon nganong makasulti kita nga si Hesus nagpalit kanato paagi sa Iyang paglansang, ug ang Biblia nag-ingon kanato nga si Hesus "ang Agalon nga maoy nagpalit kanila."

Ang mga Irihis Nagpanghimakak ni Hesukristo

Karon nasayod na kanimo nga ang "irihis" naghinambit sa *"katong magapanghimakak pa gani sa Agalon nga maoy nagpalit kanila, ug busa magpahimutang sa kalit nga pagkalaglag diha sa ilang kaugalingon."* (2 Pedro 2:1). Kining termino wala pa gayud magamit hangtud nahingpit ni Hesus ang Iyang misyon maingon nga ang Manluluwas. Ang pangalan nga "Hesus" nagkahulogan "[ang usa nga] muluwas sa Iyang mga tawo gikan sa ilang mga sala." Si "Kristo" mao ang "Ang Usa nga Gilanahan." Si Hesus nahimong Manluluwas human lang nga nahimo Kaniya ang Iyang buhat – ang malansang ug mabanhaw.

Mao kana nganong dili kanimo makit-an ang kining termino sa Daang Kasabotan o sa mga Ebanghelyo sa Mateo, Marcus, Lucas, ug Juan kon asa ang kinabuhi ni Hesus natala. Bisan pa ang mga Pariseo, manunudlo sa Balaod, ug ang mga pari kon kinsa ang naglutos ni Hesus wala naggamit katong termino. Ni wala niini gigamit sa punoan sa mga pari.

Human lang mabanhaw si Hesus aron matapos and Iyang misyon maingon nga ang Kristo, "katong magapanghimakak pa gani sa Agalon nga maoy nagpalit kanila," ang nanggawas. Ug sa mao lang, ang Biblia nagsugod ug nagpabantay kanato nahanungod niining mga irihis.

Busa, kon ang mga tawo motoo ni Hesukristo maingon nga "ang Agalon nga maoy nagpalit kanila," dili sila mga irihis. Kon sila magapanghimakak ana, nan, sila mga irihis.

Ang apostol nga si Pablo, wala nagpanghimakak ni Hesukristo kon kinsa nagpalit kanya sa Iyang bilihon nga dugo. Hinoon, si

Pablo naghatag og pasalamat ni Hesukristo kon kinsa iyang gipasangyaw bisan asa siya padulong, ug si Pablo gilutos ug nagbayad og taas nga presyo. Sa lima ka beses, nagdawat siya gikan sa mga Hudio og kuwarenta ka mga bunal minos ang usa. Kausa siya gibato. Siya gipriso, gilutos sa mga Hentil ug sa iyang kaugalingon nga mga paisano, ug giluiban sa katong iyang gisaligan. Bisan pa niining tanan, si Pablo nahimong tawo nga dako ang gahom paagi sa paglupig sa katong mga pag-antos kauban ang kalipay ug pagpasalamat, ug gihimaya ang Dios paagi sa pag-ayo sa dili-maihap nga mga tawo sa pangalan ni Hesukristo hangtud sa adlaw nga namatay siya sa usa ka kamatayon sa martir.

Si Pablo Nagwali sa Ebanghelyo nga Nagpasundayag sa Gahom sa Dios

Imong angay nga masayod nga ang gahom sa Dios dili mapakita sa katong nagpanghimakak sa Dios nga Mamumugna ug ni Hesukristo kon kinsa sa kinaiya gayud mao ang Dios kay ang Biblia tino nga miingon, *"Ang Dios nagsulti sa nakausa; nakaduha ako makadungog niini: nga ang gahom Iya man sa Dios"* (Mga Salmo 62:11).

Kinahanglan dili kanimo hukman ang usa ka tawo kon kinsa nagpasundayag sa gahom sa Dios kay ang gahom magmatuod nga ang Dios anaa kaniya ug ang kanang tawhana naghigugma Kaniya ug dako. Sa Mga Taga-Galacia 1:6-8, si Pablo, kon kinsa gitawag nga pangulo sa pundok sa sekto sa Nazareno, nga mapigoton nga mainampingong dili musunod o magwali sa usa ka lain nga ebanghelyo gawas sa mensahe sa krus:

Nahibulong ako nga sa kalit motalikod kamo Kaniya nga nagtawag kaninyo sa grasya ni Kristo, alang sa laing ebanghelyo; kon asa dili nga adunay lain; lamang nga adunay nanagpagubot kaninyo ug buot magatuis sa ebanghelyo mahitungod kang Kristo. Apan bisan pa kon kami, o usa ba ka manolunda nga gikan sa langit, magawali kaninyo og ebanghelyo nga supak sa amo nang gikawali kaninyo, ipatunglo siya!

Bisan pa karong adlawa, pipila ka mga tawo ang mga irihis, bisan pa nga nga wala sila gayud nagpanghimakak ni Hesukristo apan nagwali lang sa ebanghelyo ni Kristo ug nagpasangyaw sa buhi nga Dios paagi sa pagpasundayag ug pagbuhat uban ang Iyang gahom.

Ayaw Pagsinalagma og Hukom sa Uban maingon nga Irihis

Nag-antos sad ako ug nag-aguwanta sa mga serye nga mga pagsulay sa pagpasangil sa erehiya, maingon nga akong gipasundayag ang gahom sa Dios ug ang akong iglesia nagtubo og dako. Sa kamatuoran, ang kadakuon sa kongresgasyon nagtubo og sobra sa 120,000 ka mga miyembro sa hanubo sa tulo ka mga dekada sukad ang iglesia natukod kaniadtong 1982.

Nag-antos ako gikan sa daghang mga sakit alang sa pito ka mga tuig, ug ako gi-ayo sa gahom sa Dios sa usa lang ka panahon. Unya nagsulay ko og panginabuhi alang sa himaya sa Dios bisan pa nga mukaon ko o muinom sa paagi nga gihimo ni Pablo ang apostol. Gibutang kanako ang akong kinabuhi sa kamot sa Dios ug gitutok niini kang "Hesus lamang, Hesus sa kanunay."

Gikan sa panahon nga ako usa ka layko, nagsulay ako sa pagpamatuod nga ang Dios nag-ayo kanako ug magwali sa ebanghelyo. Humang pagtawag maingon nga usa ka alagad sa Dios, ako nagwali sa mensahe sa krus ug nagpasundayag sa buhing Dios ug ni Hesus ang Manluluwas. Nagpamatuod ako nahanungod sa Dios bisan pa nagdumala sa usa ka kasal kay matinguhaon nga gustong magdala sa daghang tawo ngadto sa dalan sa kaluwasan.

Akong namatngonan nga ang parehong gahom sa Pulong sa Dios ug ang mga ebidensiya sa buhing Dios kinahanglan aron makasaksi sa Ginoo sa mga tumoy sa kalibotan. Busa ako mainiton nga nag-ampo, maingon nga ang mga katigulangan sa pagtoo naghimo, aron madawat ang gahom sa Dios, ug ipasa ang tanang mga pagsulay nga gihatag kanako uban ang pagpasalamat ug kalipay.

Usahay adunay mga sama sa makamatay nga mga pagsulay. Apan, maingon nga gidawat ni Hesus ang himaya sa pagkabanhaw human ang iyang walay-kabasolan nga kamatayon, gidugangan sa Dios ang akong gahom suma sa Iyang pagbuot kon kanus-a kanakong usa-usa malupig ang mga pagsulay.

Maingon sa nadangatan, sa tagsatagsa kanako nga pagpamatuod nganong ang Dios mao lang ang tinuod nga Dios ug nganong ikaw maluwas kon ikaw motoo ni Hesukristo sa tibuok kalibotan—sa Kenya, Uganda, Honduras, Japan, bisan pa sa kadaghang Muslim sa Pakistan ug ang gidominar-sa-Hinduism nga pungsod India—sukad pa sa 2000, mga napulo ka mga libo nga mga tawo ang nagbasol, ang mga bulag nakadawat og panan-aw, ang mga amang nakasulti, ang mga bungol nakapaminaw, ug ang dili-matambalan nga mga sakit sama sa AIDS ug nagkalain-lain nga mga kanser nanga-ayo. Kining mga milagro dako nga naghimaya sa Dios.

Busa, ang usa nga hingpit nga nakasabot og unsa ang erehiya dili dasngag nga maghukom sa uban maingon nga mga irihis. Sa Mga Buhat 5:33-42, mabasa kanimo nahanungod ni Gamaliel, usa ka manunudlo sa balaod, kon kinsa gikadungganan sa tanan nga mga tawo. Giunsa man kaniya paglihok?

Sa katong panahona, ang mga Pariseo sa Sanhedrin nagdumili kang Pedro ug Juan nga magpamatuod nahanungod ni Hesukristo, apan sila puno sa Espiritu Santo ug wala nagmasinugtanon sa konseho. Busa, ang gusto sa mga miyembro sa Sanhedrin nga patyon ang mga apostol. Apan, si Gamaliel nagtindog sa Sanhedrin ug nagsugo nga ang mga tawo ibutang lang usa sa gawas. Unya siya nagsulti kanila:

Mga Israelinhon, magbantay kamo sa inyong buot pagabuhaton niining mga tawhana. Kay sa unang mga adlaw si Teudas nitungha, nga nag-angkon nga hilain siya nga pagkatawo; ug kaniya nidapig ang mga upat ka gatos ka tawo. Apan kini siya gipatay, ug ang tanang nisunod kaniya nanghitibulaag ug nangahanaw. Sunod niining tawhana, si Hudas sa Galilia nitungha sa mga adlaw sa pagpanglista ug iyang gipasalaag ang pipila sa mga tawo ngadto kaniya; siya usab nalaglag, ug nanghitibulaag ang tanang nisunod kaniya. Busa abot niini karon, sultihan ko kamo, ayaw ninyo paghilabti kining mga tawhana ug pasagdi lamang sila; kay kon kining larawa o kining paningkamota iya ra man ugaling sa tawo, nan kini mapakyas gayud; apan kon kini iya man sa Dios, dili gayud kamo arang makalupig niini; tingali baya hinoon makaplagan kamo nga nakig-away diay batok sa Dios (Mga Buhat 5:35-39).

Sa imong pagbasa niining sulat, imong mamatngonan nga kon ang usa ka milagroso nga buhat dili gikan o iya sa Dios, kini mapakyas sa ulahi bisan pa nga dili maglihok ang mga tawo aron mapaundang niini. Apan, kon sila musupak o musamok sa mga buhat nga gikan sa Dios, dili nila mahimong mapaundang ang katong mga buhat. Hinoon, ang ilang mga paningkamot walay hilain gikan sa pakig-away batok sa Dios ug sila ipailalom sa Iyang pagsilot ug paghukom.

Usahay ang mga tawo maghukom sa uban maingon nga mga irihis tungod sa mga nagkalainlain nga interpretasyon sa Biblia, mga panan-aw gikan sa Espiritu Santo, ug bisan pa mga dila bisan pa sila tanan niila sa Trinidad ug si Hesukristo niari sa unod.

Pipila ka mga tawo nagsulti pa nga dili nila kinahanglan ug mga dila ug mga panan-aw, ug kining mga buhat sa Espiritu Santo mao nga sayop kay walay naitala nga si Hesus nagsulti sa dila o nakapanan-aw. Apan, ang Biblia miigon nga kini maayo alang kanato:

Apan ngadto sa matag-usa gikahatag ang alamag sa Espiritu alang sa kaayohan sa tanan. Kay ngadto sa usa gihatag ang pulong sa kaalam pinaagi sa Espiritu, ug ngadto sa usa gihatag ang pulong sa kahibalo sumala sa mao na nga Espiritu; ngadto sa usa gihatag ang pagtoo pinaagi sa mao ra nga Espiritu, ug ngadto sa usa gihatag ang mga hiyas sa pagpang-ayo og mga sakit pinaagi sa mao rang usa ka Espiritu, and ngadto sa usa gihatag ang gahom sa paghimo og mga milagro, ug ngadto sa usa ang paghimo og panagna, ug ngadto sa usa ang katakos sa pag-ila sa mga nagkalainlaing espiritu, ug ngadto sa usa ang nagkalainlaing pagpanulti og mga dila, ug ngadto sa usa ang paghubad sa panulti og mga dila. Apan kining tanang butang ginadasig pinaagi sa usa ug mao rang Espiritu, nagaapod-apod niini ngadto sa matag-usa sumala sa iyang pagbuot (1 Mga Taga-Corinto 12:7-11).

Busa, dili angay nga magsulti ka og kadaut o maghukom sa katong adunay lain nga mga klase sa gasa sa Espiritu maingon nga mga irihis tungod lang nga wala kanimo niini masinatian sa imong kaugalingon.

Ang Espiritu sa Kamatuoran ug ang Espiritu sa Kasaypanan

Sa 2 Pedro 2:1-3, adunay pagpatin-aw nahanungod sa erehiya. Ang Biblia nagpa-amping kanimo nahanungod sa dili tinuod nga mga manalagna ug manunudlo kon kinsa sekreto nga nagpag-ila sa magub-anon nga mga erehiya. *"Daghan ang managsunod sa ilang pagpatuyang sa kaulag, ug tungod kanila pagapasipad-an ang dalan sa kamatuoran; ug tungod sa ilang kadalo kamo ilang panapion pinaagi sa dili tinuod nga mga pulong; sukad pa kaniadto sa karaan ang hukom kanila sa silot wala maghunong, ug ang ilang pagkalaglag wala magkatulog."* (2 Pedro 2:2-3).

Usab miingon niini sa 1 Juan 4:1-3, nga, *"Mga hinigugma, ayaw ninyo pagtoohi ang tanang espiritu, hinonoa sulayi ninyo ang mga espiritu sa pagsuta kon sila iya ba sa Dios, kay daghan ang mga dili tinuod nga mga manalagna nga nanagpamungha sa kalibotan. Inyong mahibaloan ang Espiritu sa Dios pinaagi niini: ang matag-usa ka espiritu nga magaila nga si Hesukristo niari sa unod mao ang gikan sa Dios; ug ang matag-usa ka espiritu nga wala magaila kang Hesus kini dili iya sa Dios; kini mao ang espiritu sa antikristo, nga inyong nadungog nga moanhi, ug kini siya ania na sa kalibotan."*

Sulayi ang Matag Usa nga Espiritu sa Pagsuta kon Niini Gikan ba sa Dios o Dili

Adunay maayong mga espiritu nga iyaha sa Dios nga magdala kanimo ngadto sa kaluwasan samtang aduna sad mga dautan nga mga espiritu nga maglimbong kanimo ngadto sa kagub-anan.

Sa usa ka bahin, ang usa nga gihatagan sa Espiritu sa Dios nag-ila nga si Hesukristo niari sa unod. Nagtoo siya sa Trinidad–ang Dios, si Hesukristo, ug ang Espiritu, busa siya giselyuhan nga anak sa Dios. Masabtan kaniya ang kamatuoran ug mabuhi suma sa kamatuoran uban sa tabang sa Espiritu.

Sa pikas nga bahin, ang usa nga adunay espiritu sa antikristo magbatok ni Hesukristo uban ang Pulong sa Dios ug magpanghimakak sa Iyang paglukat. Kinahanglan kang mainampingon ug mahimong makaila sa kalainan sa mga antikristo kay ang usa ka antikristo kanunay nagpaningkamot sa mga tumuloo paagi sa paggamit og sayop sa Pulong sa Dios.

Sa bisan unsa nga kaso, ang paghimakak ni Hesukristo walay hilain gikan sa pagpakig-away batok sa Dios kon kinsa ang nagpadala Kaniya niining kalibotan.

Ang Biblia nagpasidan-an nahanungod sa antikristo sa 2 Juan 1:7-8 maingon nga ang mga sumunod:

> *Kay daghang mga malimbongon nanungha karon sa kalibotan, katong mga tawo nga wala mag-ila nga si Hesukristo maingong nga niari sa unod. Mao niini ang malimbongon ug ang antikristo. Bantayi ninyo ang inyong kaugalingon, nga dili unta kamo kapildihan sa mga butang nga inyong gihagoan, kondili nga makadawat unta hinoon kamog hingpit nga ganti.*

Sa 1 John 2:19 mao ang usa pa nga pasidan-an alang kanato:

> *Sila namahawa gikan kanato, apan sila dili ato; kay kon sila ato pa, managpabilin sila unta uban kanato; apan namahawa sila, aron makita nga silang tanan dili diay ato.*

Adunay duha ka klase nga antikristo: ang tawo nga gisudlan sa espiritu sa antikristo ug ang tawo nga gilimbongan paagi sa espiritu sa antikristo. Silang duha magsulay og paglimbong sa mga tawo kon asa ang Espiritu Santo nagpuyo. Ilang sikupon ang mga tawo aron magbatok sa Pulong sa Dios ug limbongan sila paagi sa ilang mga hunahuna. Ang mga tawo kon asa ang ilang mga huhuna gidumala sa antikristo gitawag nga "gisudlan-sa-demonyo."

Kon ang usa ka ministro gitagaan sa espiritu sa antikristo, ang mga miyembro sa iglesia magpadayon og paggawi ngadto sa dalan sa pagkaguba nga gisikop paagi sa espiritu sa antikristo.

Busa, kinahanglan kanimong tin-aw nga masayod nahanungod sa Espiritu sa kamatuoran ug sa espiritu sa kasaypanan aron dili malimbongan paagi sa espiritu sa antikristo apan magkabuhi suma sa kamatuoran ug sa kahayag.

Unsaon man Pag-ila sa Kalainan sa mga Espiritu

Mabasa sa 1 Juan 4:5-6 nga, *"Sila gikan sa kalibotan; tungod niini ang ilang ginasulti iya sa kalibotan, ug ang kalibotan nagapatalinghug kanila. Kita gikan sa Dios; bisan kinsa nga nakaila sa Dios magapatalinghug kanato, siya nga dili iya sa Dios dili magapatalinghug kanato. Pinaagi niini maila kanato ang espiritu sa kamatuoran ug ang espiritu sa kasaypanan."*

Ang termino nga "kasaypanan" naghinambit sa "usa ka dili tinuod nga saysay nga usa ka bakak." Ang espiritu sa kasaypanan mao ang pangkalibotan nga espiritu nga maglimbong kanimo ngadto sa pagtoo kon unsa ang bakak maingon nga niini ang maong tinuod, ug naghimo niini kanimo nga magbiya sa utlanan sa pagtoo. Nga mao ang, ang usa nga gikan sa Dios nga nagpatalinghug sa Pulong sa kamatuoran, apan ang usa nga iya sa kalibotan nga nagpatalinghug sa mga pangkalibotan nga mga panaysayon, dili ang kamatuoran. Busa, sayon ra niini mamatngonan kanila. Mahimo kining dayag sa imo kon niini mao ang kahayag o ang kangitngit kon nasayod ka sa kamatuoran. Unya mahimo kang makaingon, "Kining tawhana anaa sa kamatuoran apan ang katong tawhana anaa sa kangitngit."

Pananglitan, kon ang usa moingon sa Domingo, "Adto ta sa usa ka piknik sa hapon. Sa buntag lang ta nga serbisyo mutambong. Dili ba maayo ra sad na?" o kon nagtinguha siya nga gub-on ang gingharian sa Dios nga naghimo og mga dautan nga mga panikas ug nag-angkon sa gihapon nga nagtoo sa Dios, mao kana ang buhat sa espiritu sa kasaypanan. Mahimo kang makasabot sa daghang mga butang nga gihatag og libre sa Dios kon imong dawaton ang Espiritu sa kamatuoran kon kinsa gikan sa Dios (1 Mga Taga-Corinto 2:12). Mao kana nganong ang Espiritu Santo nagpuyo kanimo—ang bilihon nga anak sa Dios. Siya mao ang Espiritu sa kamatuoran ug maggiya kanimo ngadto sa tanan nga kamatuoran. Wala Siya nagsulti lang sa Iyang kaugalingon; Iya lang gisulti ang unsang mapaminawan Kaniya, ug Iyang isulti kanimo kon unsa pa ang umalabot.

Busa, nag-ingon si Hesus sa Juan 14:17, *"Nga mao ang Espiritu sa kamatuoran, kang kinsa ang kalibotan dili makadawat, tungod kay ang kalibotan dili man makakita Kaniya ni makaila Kaniya, apan kamo nakaila na kaniya, kay siya nagapuyo man uban kaninyo, ug muanha siya sa sulod ninyo."* Sa Juan 15:26 naghatag kanato og usa ka pagpahinumdom sa Espiritu Santo: *"Apan inig-abot unya sa Manlalaban, ang akong igapadala kaninyo gikan sa Amahan, ang Espiritu sa kamatuoran nga magagikan sa Amahan, kini Siya mao ang magahimo og panghimatuod mahitungod Kanako."*

Usab mabasa sa 1 Mga Taga-Corinto 2:10 nga, *"Kay kini gikapadayag sa Dios kanato pinaagi sa Espiritu; kay ang Espiritu nagatugkad man sa tanang mga butang, lakip sa mga kinahiladman sa Dios."* Sa gikasulat, ang Espiritu Santo mao ang usa lang kon kinsa bug-os nga nasayod ug nakasabot sa pangisip sa Dios.

Busa, ang katong nidawat sa Espiritu sa kamatuoran nagpatalinghug sa Pulong sa kamatuoran ug nagmasinugtanon niini. Sa pagdugang og dako sa gingharian sa Dios ug sa Iyang pagkamatarong, nagdugang ang ilang pagmaya. Puno sila sa kinabuhi, nga nagpangandoy sa langitnon nga gingharian.

Apan, pipila nagtambong lang sa iglesia nga walay kalipay tungud wala sila nagkupot sa ginama-sa-Dios nga pagtoo. Sila iya pa gihapon sa kalibotan ug nagpalabi sa mga pangkalibotanon nga mga butang sama sa kuwarta ug kalingawan. Busa, dili sila mabuhi sa kamatuoran, magpangandoy sa langitnon nga gingharian, o higugmaon ang Dios sa tibuok nga kasingkasing.

Sa kataposan, kining mga tawhana magbiya sa Dios paagi sa espiritu sa kasaypanan tungod sila iya sa kalibotan ug walay Espiritu sa kamatuoran. Usab, kon ang usa ka tawo nagsulti og mga makadaot sa dungog o mga panabi nahanungod sa ubang mga igsoon nga mga lalake ug mga igsoon nga mga babaye sa patoo o nagsamok sa uban sa kaibog gikan sa pagkamatinuohon sa gingharian sa Dios ug sa Iyang pagkamatarong, dili siya gikan sa Espiritu sa kamatuoran.

Ayaw og Padala sa Bisan Kinsa nga Maghisalaag Kanimo

Gipadasig kita sa 1 Juan 3:7 nga musunod sa: *"Mga gagmay nga anak, seguroha nga walay magapahisalaag kaninyo; ang nagahimo og pagkamatarong matarong man, maingon nga kato Siya matarong."* Dili ka magtalikod gikan sa Pulong sa Dios aron nga dili ikaw malimbongan paagi sa mga pamakak nga kahibalo tungod walay uban apan ang Pulong sa Dios ang makatudlo kanimo. Mao lang, nga hingpit kanimong madawat ang kaluwasan, magmauswagon niining kalibotan, ug mangalipay sa walay-katapusan nga kinabuhi sa langitnon nga gingharian.

Busa, ang yawa maghimo og tagsatagsa nga mga paningkamot aron mapunggan ang mga anak sa Dios gikan sa pagkabuhi paagi sa Pulong, ug maghimo kanimong magkompromiso uban sa kalibotan, magtalikod sa Dios, magduda Kaniya, ug makigbato Kaniya. Sa 1 Pedro 5:8 miingon niini nga, *"Magmalinawon kamo sa hunahuna, managtukaw kamo. Ang inyong kaaway, nga mao ang yawa, nagalibotlibot sama sa leon nga nangangulob, nga nangitag iyang matukob."*

Unsaon man sa kaaway nga yawa ug ni Satanas maglimbong sa mga anak sa Dios? Mahimo kanimo kining ipatampo sa usa ka babaye nga gipanulayan sa usa ka lalake. Kon ang usa ka babaye magdala sa iyang kaugalingon uban ang kaambong ug kaligdong, ug naglihok paagi sa tukmang pamatasan, ang mga lalake dili maghagit og panulay kaniya. Kon dili, ang lalake sayon ra makapanulay kaniya nga wala maglihok og kaangay. Sa sama, ang kaaway nga yawa ug si Satanas muduol sa usa nga wala magbarog og kalig-on sa kamatuoran ug nagduda sa Dios. Ang yawa nagpanulay niining mga tawhana aron magtalikod gikan sa Dios ug magbatok Kaniya ug sa ulahi magdala kanila ngadto sa dalan sa kamatayon. Si Eva gipanulayan sad sa yawa tungod siya wala nakabantay pinaagi sa pagliso sa Pulong sa Dios.

Lagi, mahimo kang makatagbo og mga pagsulay bisan pa nga wala kay sayop. Niini tungod gusto sa Dios nga magpanalangin kanimo, sa paagi nga makita kanimo sa pagsulay ni Daniel sa paglabay ngadto sa langob sa mga leon o ang pagsulay ni Abraham sa pagsakripisyo sa iyang anak nga lalake maingon sa usa ka sinunog nga halad.

Kon mangatubang ka og mga pagsulay o mga kalisod tungod wala ka lig-on nga nagbarog sa kamatuoran, kinahanglan kanimong magtalikod dayun sa imong mga sala uban ang pagbasol, pagawason ang tanang mga pagpanulay ug mga pagsulay uban ang Pulong sa Dios, ug magsulay sa imong pinakamaayo nga magbarog og kalig-on sa bato sa kamatuoran.

Magbarog sa Kalig-on sa Kamatuoran; Ayaw og Palimbong

Sa 1 Timoteo 4:1-2, ang tagsulat nisulat nga, *"Apan ang Espiritu sa tin-aw nagapahayag nga sa kaulahiang mga panahon adunay managpamiya gikan sa pagtoo, pagtagad sa mga malimbongon nga espiritu ug sa mga tuloohan sa mga yawa, pinaagi sa mga pagminaut sa mga tawong bakakon kinsang mga kaisipan nangapaso nga maingon sa pinaagi og binagang puthaw."*

Kini naghinambit kaniadtong mga ulahi nga mga panahon kon asa ang pipila ka mga tawo nga nag-angkon nga adunay pagtoo magtalikod gikan sa ilang pagtoo paagi sa panglimbong sa mga espiritu ug mga butang nga gitudlo sa mga demonyo.

Ang mga gipanglimbong nagpagawal bisan pa nga ang ilang mga binuhatan maingon sa murag pagkamatinuohon ug pagkamatarong. Nag-ampo sila sa atubang sa uban, ug nagsulay nga magmatinuohon tungod sa kuwarta, dili sa pagpasalamat sa grasya sa Dios. Sa ulahi, ilang gibiyaan ang ilang pagtoo ug nangadto sa dalan sa kamatayon tungod ang ilang mga tanlag nangasunog maingon sa usa ka binagang puthaw paagi sa pagpamakak, nga nangabuhi nga walay kamatuoran, ug nag-apil-apil sa pangkalibotanon nga kalingawan.

Ang Dios pig-oton nga nagpaamping kanimo paagi sa Biblia nga dili malimbongan. Si Hesus nagpasidan-an kanato sa Mateo 7:15-16 nga: *"Magbantay kamo sa mga dili tinuod nga mga manalagna, nga moanha kaninyo nga managsapot sa pagka-karnero, apan diay sa sulod nila sila mga lobo nga manonukob. Maila ninyo sila pinaagi sa ilang mga bunga. Pagapopuon ba ang parras gikan sa mga kasampinitan o ang mga igos gikan sa kadyapaan?"*

Ang mga pulong sa usa ug ang lihok nagsunod sa iyang mga hunahuna ug pagbuot. Kana mao nga, mahimo kanimong mailhan ang mga tawo paagi sa ilang bunga. Kon ang usa anaay bunga sa dautan sama sa pagdumot, pagkaibog ug pagpangabugho imbes nga bunga sa kamatuoran, kamaayohan, ug pagkamatarong, siya usa ka dili-tinuod nga manalagna. Daghang dili tinuod nga mga manalagna, ang antikristo, anaa na nining kalibotan. Busa, ang mga anak sa Dios kinahanglan nga adunay hingpit nga pagsabot sa erehiya, ug pag-ila sa kalainan taliwala sa espiritu sa kamatuoran ug sa espiritu sa kasaypanan.

Ang kaaway nga yawa ug si Satanas dili magsipyat sa kahigayonan nga malimbongan ang mga anak sa Dios ug pakasad-on sila sa kon asa sila mangluya gikan sa kamatuoran. Kon ikaw malig-on sa kamatuoran ug masinugtanon niini, dili ikaw malimbongan paagi sa espiritu sa kasaypanan, apan sayon nga maglupig niini bisan pa nga muduol niini kanimo.

Kinahanglan dili kanimong pasudlon o tumanon ang bisan unsa nga mga panudlo o magpalimbong paagi sa katong mga panudlo, kon asa mao ang pagbatok sa kamatuoran. Hinoon, magmasinugtanon sa Pulong sa Dios ug magsunod sa mga paninguha sa Espiritu Santo aron ikaw mahimong madasig ug walay-kabasolan sa Ikaduhang Pag-abot sa Ginoong Hesukristo.

Nag-ingon si Hesus kanato nga, *"Ang maayong tawo magapagula og maayo gikan sa iyang maayong bahandi; ug ang dautang tawo magapagula og dautan gikan sa iyang dautang bahandi. Apan sultihan ko kamo nga sa adlaw sa hukom ang mga tawo magahatag unya og husay bahin sa matagpulong nga walay pulos nga ilang ginali-tok. Apan kay pinaagi sa imong mga pulong pagamatarungon ikaw, ug pinaagi sa imong mga pulong pagasudyaan ka"* (Mateo 12:35-37).

Ang maayong tawo adunay maayo nga kasingkasing ug dili makaingon sa dautan ug makahalit sa ubang tawo, kon ang paglihok makapauswag o dili alang kaniya. Apan, ang dautan nga tawo dili magkamaya sa kamatuoran. Nagdala siya og tagsatagsa nga klase sa dautan aron madagma ang uban gikan sa iyang pagkaibog ug pangabugho. Bisan pa nga ang iyang mga panultihon murag tul-id ug tarong, dili kanimo maingon sa siya usa ka maayo nga tawo kon siya may tuyo nga magsulti og kadaut sa uban o pahilayuon ang usa ka tawo gikan sa uban.

Busa, kinahanglan kanimong kanunay nga mag-ampo ug mabinntayanon aron dili ikaw malimbongan. Kinahanglan kanimong mailhan ang kalainan kon an mga espiritu tinuod o dili gayud maghukom sa uban. Sa dugang pa, angay kang magbarog sa pagtoo sa Trinidad—ang Amahan, ang Anak, ug ang Espiritu, motoo sa tibuok nga Biblia, ug mutuman ug mabuhi paagi niini.

"Anhi, Ginoong, Hesus!"

Ang Tagsulat:
Dr. Jaerock Lee

Si Dr. Jaerock Lee gipanganak sa Muan, Probinsiya sa Jeonnam, Republika sa Korea, kaniadtong 1943. Sa iyang kapin bayente nga pang-edaron, si Dr. Lee nag-antos gikan sa nagkalainlain nga dili-matambalan nga mga sakit alang sa pito ka mga tuig ug naghuwat sa kamatayon uban sa walay paglaom ga maulian pa. Usa ka adlaw sa tingpamulak kaniadtong 1974, nan, gidala siya sa usa ka iglesia sa iyang igsoon nga babaye ug unya sa iyang pagluhod aron mag-ampo, ang Buhing Dios sa labing madali nag-ayo kaniya sa tanan niyang mga sakit.

Gikan sa takna nga si Dr. Lee nakaila sa Buhing Dios pinaagi sa katong makatingalahan nga kasinatian, gihigugma na kaniya ang Dios sa tanan niyang kasingkasing ug katangkod, ug kaniadtong 1978 gitawag siya aron mag-alagad sa Dios. Madilaabon siya nga nag-ampo aron tin-aw niyang masabtan ang pagbuot sa Dios, bug-os nga matuman niini ug magmasinugtanon sa tanan nga Pulong sa Dios. Sa kaniadtong 1982, gitukod kaniya ang Manmin Central Church sa Seoul, Korea, ug ang dili-maihap nga mga buhat sa Dios, lakip ang mga milagroso nga mga pagpang-ayo ug mga katingalahan, nahitabo sa iyang iglesia.

Sa kaniadtong 1986, si Dr. Lee giordinahan nga usa ka pastor sa Annual Assembly of Jesus' Sungkyul Church sa Korea, ug upat ka tuig sa ulahi kaniadtong 1990, ang iyang mga wali gisugdan og pagsibya sa Australia, Russia, ang Pilipinas ug daghan pa pinaagi sa Far East Broadcasting Company, ang Asia Broadcast Station, ug ang Washington Christian Radio System.

Tulo ka tuig sa ulahi kaniadtong 1993, napili ang Manmin Central Church nga usa sa mga "50 ka Pinakataas nga mga Iglesias sa *Christian World* magazine (US) ug siya nagdawat sa usa ka Honorary Doctorate of Divinity gikan sa Christian Faith College, Florida, USA, ug kaniadtong 1996 usa ka Ph. D. sa Ministry gikan sa Kingsway Theological Seminary, Iowa, USA.

Sukad kaniadtong 1993, si Dr. Lee nagpanguna sa kalibotan nga mga misyon sa daghang pangdayo nga mga krusada sa Tanzania, Argentina, L.A., Siudad sa Baltimore, Hawaii, ug Siudad sa New York sa USA, Uganda, Japan, Pakistan, Kenya, ang Pilipinas, Honduras, India, Russia, Germany, Peru, Demokratiko nga Republika sa Congo, Israel, ug Estonia. Sa kaniadtong 2002 gitawag siya nga "tibuok kalibotan nga pastor" sa mga mayor nga Kristiyano nga mga pamantalaan sa Korea alang sa iyang buhat sa nagkalainlain nga pangdayo nga Great United Crusades.

Kutob sa Abril tuig sa 2013, ang Manmin Central Church adunay kongregasyon nga labi sa 120,000 nga mga miyembro. Adunay 10,000 nga pungsod ug sa pangdayo nga sanga sa mga iglesia sa tibuok nga globo, ug sa kalayuon labi sa 129 nga mga misyonaryo ang nakomisyon ngadto sa 23 ka mga pungsod, lakip ang Estados Unidos, Russia, Germany, Canada, Japan, China, France, India, Kenya, ug daghan pa.

Kutob sa petsa niining pagmantala, si Dr. Lee nakasulat na ug 84 ka mga libro, lakip ang mga pinakamabenta nga *Ang Pagtilaw sa Walay-Katapusan nga Kinabuhi Sa Wala Pa ang Kamatayon, Akong Kinabuhi Akong Pagtoo I & II, Ang Mensahe sa Krus, Ang Sukod sa Pagtoo, Langit I & II, Impiyerno,* ug *Ang Gahom sa Dios,* iyang mga binuhatan nga gihubad sa labi sa 75 nga mga lengguwahe.

Ang iyang Krisityano nga mga kolumna naggula sa *The Hankook Ilbo, The JoongAng Daily, The Dong-A Ilbo, The Munhwa Ilbo, The Seoul Shinmun, The Kyunghyang Shinmun, The Korea Economic Daily, The Korea Herald, The Shisa News,* ug *The Christian Press.*

Si Dr. Lee mao ang sa pagkakaron nagpanguna sa daghang misyonaryo nga mga organisasyon ug mga asosasyon: lakip ang Chairman, The United Holiness Church of Hesus Christ; President, Manmin World Mission; Permanent President, The World Christianity Revival Mission Association; Founder & Board Chairman, Global Christian Network (GCN); Founder & Board Chairman, World Christian Doctors Network (WCDN); and Founder & Board Chairman, Manmin International Seminary (MIS).

Langit I & II

Usa ka detalyado nga paglaraw sa matahom nga palibot nga puy-anan nga ang mga langitnon nga mga mulupyo mangalipay ug maaanyag nga paghulagway sa lainlain nga mga lebel sa langitnon nga mga gingharian.

Akong Kinabuhi, Akong Pagtoo I & II

Usa ka pinakahumot nga espirituwal nga alimyon nga gipuga gikan sa kinabuhi nga namulak uban sa usa ka dili maparisan nga gugma alang sa Dios, taliwala sa ngitngit nga mga balod, bugnaw nga pas-anon ug ang pinakailalom nga kawalay.

Pagtilaw sa Walay-Katapusan nga Kinabuhi sa wala pa ang Kamatayon

Usa ka pangsaksi nga pag-asoy sa kinaugalingong kasinatian ni Dr. Jaerock Lee, kon kinsa gipanganak og usab ug naluwas gikan sa kawalogan nga landong sa kamatayon ug nanguna sa usa ka hingpit nga dalaygong Kristiyano nga kinabuhi.

Ang Sukod sa Pagtoo

Unsa nga klase sa puluy-an nga duog, korona ug mga balos ang giandam alang kanimo sa langit? Kining libro naghatag uban ang kaalam ug ang pag-agak alang kanimo aron masukod ang imong pagtoo ug mapa-ugmad ang pinakamaayo ug pinakaguwang nga pagtoo.

Impiyerno

Usa ka maikagon nga mensahe sa tanan nga katawhan gikan sa Dios, kon kinsa nagpangandoy nga walay bisan usa ka kalag ang mahagbong ngadto sa kailauman nga mpiyerno! Imong makaplagan ang wala-pa-mapabutyag nga mga pag-asoy sa mapintas nga realidad sa Ubos nga Hades ug Impiyerno.